KB115612

오키나와 자립과
동아시아공동체

오키나와 자립과 동아시아공동체

초판 인쇄 2021년 10월 20일 **초판 발행** 2021년 10월 30일
엮은이 신도 에이이치 · 기무라 아키라 **옮긴이** 정선태 **펴낸이** 박성모 **펴낸곳** 소명출판
출판등록 제13-522호 **주소** 서울시 서초구 서초중앙로6길 15, 2층
전화 02-585-7840 **팩스** 02-585-7848
전자우편 somyungbooks@daum.net **홈페이지** www.somyong.co.kr

값 23,000원
ISBN 979-11-5905-631-4 93910
ⓒ 소명출판, 2021

오키나와 자립과

동아시아 공동체

THE INDEPENDENCE OF OKINAWA
AND EAST ASIAN COMMUNITY

신도 에이이치 · 기무라 아키라 엮음
정선태 옮김

　2009년 여름 정권교체로 등장한 하토야마 민주당 정권은 새로운 아시아의 경제 질서와 평화·협력의 틀을 만드는 데 기여할 구상으로서 '동아시아공동체 구축^{아시아 중시}'을 '대등한 미일 관계의 수립'과 나란히 5대 외교 과제^{국가 목표의 기둥}의 하나로 내걸고, 한중일삼극三極협력사무국 설립에서 아시아종합계발계획CADP, 아시아문화수도, 캠퍼스-아시아출발에 이르는 일련의 구상을 구체화하고자 했다. 또 오키나와의 민의를 수용하는 형태로 후텐마 비행장을 "가능하면 국외 이설, 최소한 현외縣外 이설"한다는 목표를 내걸고 이를 실현하기 위해 노력했지만, 결국 일본 안팎의 벽과 압력에 굴복하는 형태로 좌절하여 헤노코^{인؟}로 회귀해버리는 결과를 낳았다. 후텐마 비행장 이설 문제가 파행 끝에 좌절하고 9개월도 채 못 돼 하토야마 민주당 정권이 퇴진한 배후에는 정계, 관계, 재계, 학계, 언론계의 기득권층에 의한 다양한 책동뿐만 아니라 동아시아공동체 구상과 이에 연동한 '주둔 없는 안보유사시 주둔'론에 강하게 경계·반발하는 미국의 그림자가 어른거리며, 이와 함께 하토야마 민주당 정권 퇴진 전후부터 '구조적 오키나와 차별'이라는 목소리와 함께 '오키나와의 자주·독립'을 추구하는 움직임이 확산되어 왔다.

　동아시아공동체 구상은 아시아에서 EU형 국가 통합이 이루어지는 것을 전제로 하고 있으며, 이와 동시에 현행 미일 안보 체제의 축소·폐기와 같은 장래의 전망을 포함하는 것이다. 그것은 당연히 '자발적 종속'을 본질로 하는 현재의 비대칭적이고 주종적主從的인 미일 관계를 근본적으로 바로잡는 것으로 이어진다. 오늘날 동아시아 지역에서는 중국의 대두와 미일 양국의 쇠퇴라는 새로운 흐름 속에서 긴장 관계가 높아지는 한편 중국을 축으로 하여 아시아 각국의 경제적 의존 관계는 급속히 밀접해지고 있다. 동아시아 지역의 평화를 실현하는 데 중요한 열쇠를 쥐고 있는 것이 오키나와라는 존재다. 오키나와를 종래의 '군사의 요석要石'에서 '평화의 요석'으로 전환하여 동아시아 지역의 통합과 연대의 거점으로 삼는 것이 중요한 과제로 부상하고 있다. 하토야마 유키오鳩山由紀夫 전 총리의 다음과 같은 말이 이를 훌륭하게 표현하고 있는 듯하다.

동아시아공동체를 구상할 때 오키나와를 빼놓고서는 생각할 수가 없습니다. 지리적으로도 오키나와는 동아시아의 급소 한가운데 위치하며, 역사적으로도 오키나와는 동아시아의 다양한 문화가 융합해온 과거를 갖고 있습니다. 무엇보다 제2차 세계대전에서 괴멸적인 피해를 보았음에도 전후 70년 동안 주일 미군기지의 73.6퍼센트를 0.6퍼센트의 오키나와가 강제로 떠안고 있는 현실의 상황을 생각할 때, 이제는 오키나와를 '평화의 초석'으로 자리매김하지 않으면 안 될 것입니다.「동아시아공동체연구소 류큐·오키나와센터 기요紀要」 창간호, 2016.4.25 발행

이 책에서는 지금까지 '미국과 야마토일본 본토의 이중의 식민지 지배' 아래에서 미일 양국 정부에 의해 농락당해온 오키나와가 이제는 자기결정권을 찾아 나서려고 하는 현상現狀을 어떻게 받아들여야 할 것인지, 또 '영속 패전 구조시라이 사토시' 속에서 제한 없는 대미 종속을 이어온 일본이 그러한 현상을 부정·극복하고 참된 의미에서 독립을 실현하기 위해서는 무

엇을 추구해야 할 것인지 등등의 문제의식에서 동아시아공동체 구축–일본의 독립–오키나와의 자립(또는 동아시아공동체 구축–오키나와의 독립–일본의 자립)과 같은 세 가지 요소의 뒤얽힌 관계를 역사적으로 그리고 종합적으로 고찰함으로써 21세기 동아시아 국제질서의 존재 방식을 탐색하고자 한다.

기무라 아키라

차례

제1부

논고

'아시아 힘의 세기'에 생각한다

신도 에이이치進藤榮一
쓰쿠바대학 대학원 명예교수

1. 근대의 종언

대역전하는 세계

지금 21세기 정보혁명 하에서 '아시아 힘의 세기'가 등장하고 있습니다. 19세기 산업혁명, '제1의 산업혁명'이 대영제국의 세기, 팍스 브리타니카를 낳았듯이, 20세기 공업혁명, '제2의 산업혁명'이 대미제국의 세기, 팍스 아메리카나를 낳았습니다. 그러나 지금 21세기 정보혁명, '제3의 산업혁명'의 파도가 대미제국의 세기를 끝장내고 '아시아 힘의 세기', 팍스 아시아나를 낳고 있습니다.

그것은 새로운 강국으로 등장한 중국과 인도가 하나가 되어 세계를 석권하는 것을 의미하지 않습니다. 중국과 인도가 일본과 한국 그리고 ASEAN 각국 등과 상호 연쇄하고 보완하면서 아시아 지역의 힘을 강화하여 세계의 주축이 되는 것입니다. 그 새로운 세기가 도래하고 있는 가운데 국제관계의 주축은 계속 이동하고 있습니다.

IMF의 2014년 데이터에 따르면 중국과 인도, 브라질, 러시아 등 이른바 브릭스BRICs와 터키, 멕시코, 인도네시아를 더한 신흥 7개국의 GDP는 37조 8,000억 달러. 미국과 일본, EU 등 선진 7개국의 GDP 37조 5,000억 달러를 넘어섰습니다.

구매력 평가로 환산했을 때 중국의 GDP는 2014년에 미국을 넘어섰고, 2019년에는 일본의 다섯 배가 됩니다. 세계 경제에 대한 기여도에서 미국 15퍼센트, 중국은 28퍼센트를 기록하고 있습니다.

남북 역전과 동서 역전이 연동하고 있습니다. 이른바 대역전하는 세계입니다. 그것을 지각 변동하는 세계라고 바꿔 말할 수도 있겠지요. 우리들이 좋아하든 좋아하지 않든 지축이 북에서 남으로, 서에서 동으로 계속 이동하고 있는 것입니다. 그것을 16세기 이후의 '근대의 종언'이라고 부를 수 있을 것입니다.

'근대의 종언', 그것은 15세기 말 콜럼버스의 '아메리카 발견'1492 이래 서구 열강이 아시아, 아프리카, 라틴아메리카를 지배해온 '근대'의 종언입니다. 그 종언이 미국의 세기의 종언과 겹치고 있습니다. 21세기 팍스 아메리카나―미국의 힘에 의한 지배―의 끝입니다. 이언 브레머Ian Bre-mmer가 말하는 'G-제로 세계'의 등장입니다.

미국의 전통적 보수자유주의파의 외교지 『포린 어페어즈Foreign Affairs』 2015년 11월호 및 12월호는 혼미한 중동 정세를 해석한 특집호의 타이틀을 '미국 이후의 중동The Post-American Middle East'이라고 뽑았습니다. 구미가 5세기에 걸쳐 지배해온 중동과 아프리카 지역은 이미 유럽뿐만 아니라 특히 미국 패권의 손에서도 벗어나고 있습니다. 그것이 오늘날 중동 정세의 혼란과 혼

돈의 근저에 흐르는 지각변동이라는 얘기입니다.

근대의 종언이 대미제국의 종언과 겹치면서 팍스 아메리카나의 종말을 부르고 있습니다.

스코틀랜드, 카탈루냐, 동티모르 그리고 류큐/오키나와

그러나 지각변동의 파도가 중동의 혼란만 야기한 것은 아닙니다. 그것은 동아시아의 대두와 융성을 부르기도 했습니다. 혼란에 휩싸인 중동 및 아프리카와 융성하는 아시아가 미국의 세기의 종말과 표리관계를 이루고 있습니다. 그것이 16세기 이래 유럽과 미국이 세계를 도맡아 지배해온 '근대의 종언'과 겹치고 있는 것입니다.

이 점을 알아야 왜 지금 새삼스럽게 대영제국의 지배 아래 있던 스코틀랜드와 스페인 왕국에 흡수되었던 카탈루냐가 독립의 움직임을 강화하고 있는가, 또는 네덜란드제국에 병합되었던 동티모르가 냉전 종결 후 독립을 발걸음을 내디딜 수 있었는가와 같은 역사의 수수께끼를 풀 수 있습니다.

덧붙여 말하자면 동티모르는 1610년대 포르투갈에 정복된 후 1670년 네덜란드에 병합되었습니다. 스코틀랜드는 1707년 잉글랜드 왕국에 병합되었습니다. 카탈루냐는 카탈루냐의 반란1640~1645을 거쳐 스페인 왕국에 흡수됩니다. 그로부터 3년 후인 1648년, 유럽의 30년 전쟁의 막이 내리고 이른바 베스트팔렌조약이 체결됩니다. 역사가들은 베스트팔렌조약을 일컬어 근대 유럽 국제 시스템, 다시 말해 '근대의 탄생'이라고 부릅니다.

그때 왜 지금 류큐/오키나와가 자기결정권이라는 근대 국제법의 논리를 발판으로 하여 일본으로부터의 자립과 독립의 기운을 북돋우고 있는지 볼 수 있을 것입니다. 또, 왜 오키나와가 자신의 아이덴티티를 다시 묻고 있는지 명확해질 것입니다.

밑바닥에 흐르고 있는 것은 근대의 종언입니다.

대미제국의 패권이 중동뿐만 아니라 아시아·태평양 지역에서도 흔들리고 있는 지각변동의 흐름입니다. 대미제국—'근대'의 최후 담당자—의 종언의 시작입니다. 결국 '근대의 종언'인 셈이지요.

그것이 지금 동아시아의 대두를, 결국은 '아시아 힘의 세기'의 도래를 낳고 있습니다.

바로 그것이 동아시아에서 미국의 패권을 지탱하는 오키나와 기지 자체의 의미를 바꾸고 있습니다. 이 점을 알아야 오키나와 군사기지의 현재가, 본토만이 아니라 오키나와를 포함한 일본열도의 평화와 안전을 확보하는 것이 아니라 오히려 위협하고 있는 현실이 보입니다.

변화하는 류큐/오키나와의 위치

확실히 지구의 중심, 다시 말해 지축이 미국이나 유럽 중심의 대서양에서 아시아·태평양으로, 서쪽에서 동쪽으로 옮겨오고 있습니다.

예를 들면 오늘날 세계의 생산물, 물건의 총량 중 2/3가 아시아에서 만들어지고 있습니다. 물건의 거래 즉 무역 총액의 70퍼센트는 아시아 각국을 통해 이루어집니다. 시장도 마찬가지입니다. 아시아의 나라들이 부유해지고, 중간층이 형성되고, 왕성한 소비력을 가진 인구가 지속적으로 늘어나고 있습니다. 따라서 지금 중국을 비롯한 아시아 여러 나라는 과거의 값싸고 풍부한 노동력을 제공하는 '세계의 공장'에서 두터운 중간층을 지닌 '세계의 시장'으로, 나아가 '세계의 은행'으로 변모하기 시작했습니다.

과거에는 유럽 각국이나 미국이 세계의 생산과 무역과 시장의 중심이었습니다. 하지만 지금은 그 중심이 아시아로 이동하고 있는 것입니다.

그러한 이동은 세계 물류 동향의 변화를 보면 잘 알 수 있습니다. 오늘날에는 거대한 컨테이너선이 물류를 담당하고 있는데, 그 컨테이너선에 실려 운반되는 물량의 2/3는 아시아의 항만을 중심으로 운송된 다음 하역 작업을 거쳐 소비지로 옮겨집니다. 게다가 아시아의 항만에서 하역되는 물량의 절반, 세계 총량의 약 40퍼센트는 아시아 역내 교역이 차지합니다. 그러한 역내 교역에다 아시아와 북미 간, 아시아와 EU 간 교역을 더하면 아시아의 항만을 거치는 총거래는 세계 총물량의 3/4, 70퍼센트 이상에 이릅니다.

물류의 중심은 구미 세계에서 아시아 세계로 옮겨왔습니다.

그러한 움직임은 세계 컨테이너 하물 취급 항만 순위를 보면 잘 알 수 있습니다. 2012년 데이터에 따르면, 1위 상하이를 비롯하여 상위 12개 주요 항만 중 10개, 두바이까지 포함하면 11개가 광역 아시아의 항만입니다. 유럽의 항만은 딱 하나, 로테르담이 10위를 차지하고 있을 따름입니다.

더 이상 유럽의 시대도, 미국의 시대도 아닙니다. 지금으로부터 35년 전인 1980년의 항만 순위에 따르면, 상위 10개 항만 중 아시아에 속한 것은 고작 4개뿐이었습니다. 그야말로 금석지감이지요.

게다가 2012년 순위에서 고베는 세계 49위, 일본 3위인 요코하마는 세계 98위, 일본 1위인 도쿄마저 세계 24위입니다. 이는 아시아의 융성과 함께 쇠퇴하는 일본의 현재를 상징하고 있습니다. 그러나 동시에 그것은 구미 국가들의 상대적인 몰락을 의미하기도 합니다.

지금은 냉전하 미국과 소련의 양극체제도, 미국과 유럽과 일본의 삼극

체제도 아닙니다. 냉전 종식 후의 G7이나 G8도 아닙니다. 미국 단극單極체제도 미중 양대국 관계의 시대도 아닙니다. 중국을 비롯한 신흥국가들이 대두하기 시작한 시대입니다. BRICs[1]라고도 하고 VISTA[2]라고도 합니다.

그러나 시대의 뿌리에 있는 가장 근본적인 변화는 지축이 서쪽에서 동쪽으로 옮겨오고 있다는 것입니다. 무슨 일이든 이러한 현실을 직시하는 것에서부터 시작하지 않으면 안 됩니다.

20세기 '군사적 요석'으로서의 류큐/오키나와상

유럽을 중심으로 세계지도를 보면, 아시아는 동쪽에 있고 일본, 한국, 타이완은 동아시아의 동쪽 끝에 위치합니다. 머나먼 동쪽far-east, 다시 말해 극동인 것이지요. 동방의 끄트머리라는 뜻입니다. 물론 오키나와는 그 극동의 작은 제도의 하나입니다. 에누리 없이 변경입니다.

그것이 19세기 팍스 브리타니카대영제국의 힘의 의한 평화라는 세계질서 아래에서 그려진 류큐/오키나와의 모습입니다. 극동의 작은 섬으로서의 오키나와상像이지요.

20세기의 세계지도에서도 사정은 달라지지 않습니다. 20세기 중반부터 냉전 종결에 이르기까지 세계의 중심은 런던과 파리에서 워싱턴과 뉴욕으로 이동합니다. 대미제국의 세기의 등장입니다. 바로 그 미국에서 보면 아시아는 여전히 변경입니다. 더욱이 소련과 중국 등 '불구대천의 적'인 공산주의 국가와 싸우는 최전선에 있는 지역입니다. 그 최전선 중의 최첨단 거점이 오키나와입니다.

---

1   [옮긴이] 브라질, 러시아, 인도, 중국, 남아프리카공화국로 이루어진 신흥국가 모임.
2   [옮긴이] 베트남, 인도네시아, 남아프리카 공화국, 터키, 아르헨티나로 이루어진 신흥국가 모임.

이 지점에서 오키나와는 '군사적 요석'이라는 발상이 생겨납니다. 오키나와는 서쪽의 자유주의 세계와 자본주의 체제를 지키기 위한 군사방위의 거점으로 자리매김 됩니다. 그것이 미국의 정치가나 전략가 들의 기본적인 류큐/오키나와상입니다.

그것은 20세기 팍스 아메리카나 아래에서의 류큐/오키나와상입니다.

2. 오키나와 기지 요새화란 무엇인가

천황 메시지의 충격

그러한 류큐/오키나와상의 선구가 된 것이 패전 2년 후 '상징 천황'이 미국 총사령관에게 보낸 '천황 메시지'입니다. '천황 메시지'는 앞서 간행된 『천황실록』에도 기록됩니다.

1947년 9월 19일, 천황의 어용괘御用掛, 보좌관 데라사키 히데나리寺崎英成가 국무성 일본 대표 시볼드William Sebald를 찾아가 공산주의 소련에 의한 대일 군사 침공이나, '중국' 즉 중화인민공화국에 의한 대일 침투의 위협에 대처하기 위해 미국에 의한 오키나와의 장기 점령과 기지화를 요청하는데, 요지는 다음과 같습니다.

천황이 말하기를, 미국이 오키나와를 비롯해 류큐의 다른 섬들을 군사적으로 계속 점령할 것을 희망한다. 그 점령은 미국에 이익이 될 것이며, 일본을 공산주의로부터 지키는 데 도움이 되기도 할 것이다. (…중략…) 나아가 천황의 생각으로는, 미국에 의한 오키나와의 군사적 점령은 일본에 주권을 남겨둔 형태로 장기간—25년에서 50년 내지 그 이상—대여한다는 가정을 바탕으로 이루어져야 한다. 천황에 따르면, 이러한 점령 방식은 미국이 류큐열도에 항구적인 의도를 갖고 있지 않다는 것을 일본 국민에게 납득시키게 될 것이며, 다른 나라들, 특히 소련이나 중국이 같은 권리를 요구하는 것을 미리 막을 수 있을 것이다.

시볼드는 즉시 총사령관 맥아더와 국무장관 마샬 앞으로 극비 전문을 보냅니다. 그리고 다음과 같은 의견을 덧붙입니다. "이것은 의심의 여지 없이(천황과 그 측근 그룹의) 사익私益, self-interest에서 나온 것이다."

천황과 측근 그룹은 당시 진행 중이던 극동군사재판에서 천황을 전범으로 처형하려는 움직임을 회피하고 천황의 지위를 별 탈 없이 지키기 위해, 거래조건으로서 미국에 오키나와의 장기 점령과 항구적 기지화를 제안했다는 것을 시볼드와 미국 측은 적확하게 간파하고 있었습니다.

이 메시지를 기다리기라도 한 것처럼 미국 국무성과 백악관은 대일 정책의 근본을 대소 공존 체제에서 대소 대결 체제로 전환시키기 시작합니다.

전환하는 대일 정책

미국의 대일 점령 정책에 대해서 말하자면, 점령 초기 일본 비무장 정책에서 일본 무장 체제 정책으로 전환합니다. 일본의 민주화야말로 일본과 아시아의 평화와 번영을 확보하는 길이라는 평화 공존 노선에서 일본의 반공 군사 거점화야말로 일본과 아시아의 평화와 번영을 향한 길이라는 냉전 대결 노선으로, 180도 전환을 도모하는 것입니다. 그 아래에서 오키나와 항구恒久 기지화, 즉 기지 요새화를 모색합니다.

동시에 상징천황제에 집약된 일본 민주화 정책이 수정 괴리되는데, 그 과정에서 축의 역할을 한 것이 반공을 내세운 레드 퍼지red purge, 적색분자 숙청입니다.

그런데 냉전 종식 후 미국과 일본의 전후사 연구자들 사이에서 이 메시지는 오키나와에 대한 일본의 주권 상실을 의미하는 것이 아니라, 주권 확보를 도모할 수 있게 됐다는 점에서 일본 외교의 승리라는 해석이 나오기 시작합니다. 국사國事에 천황이 관여하는 것을 금지한 헌법의 위반을 문제 삼는 것이 아니라 거꾸로 천황의 예지叡智를 칭송하는 것이지요.

로버트 엘드리지Robert Eldridge, 전 오사카대학 준교수, 전 오키나와 주재 미군 해병대 정무외교부 차장가 주장하기 시작한 해석입니다.

그러나 엘드리지 등이 주장하는 '오키나와 주권 확보'론은 몇 가지 허구를 바탕으로 구성되어 있습니다. 그것을 상징하는 것이 천황 메시지 원문을 바꿔 번역하는 것입니다. 의도적인 개역改譯입니다. 그는 위에서 인용한 천황 메시지를 전달하는 전문電文의 원문 중에서 '사익self interest'이라는 말을 자신의 일본어 박사논문에서는 '국익national interest'으로 바꿔 번역합니다.

그러나 미국에 의한 오키나와의 장기 점령과 항구적 기지화를 요청한 것이 전문의 취지라는 사실은 부정할 수 없습니다. 'self interest'는 어떤 식으로 바꿔 번역하더라도 '국가적인 이익'이나 '국민적인 이익'이 될 수 없습니다. 어디까지나 '사적인 이익'인 것입니다.

천황 메시지란 무엇이었는가

게다가 천황 메시지는 한편으로는 오키나와를 소련이나 중국의 공산주의의 위협에 대처하는 최전선 기지로 삼을 것을 권합니다. 다른 한편으로는 그 항구적 기지화를 소련이나 중국이 참가하지 않는 형태로 맺어지는 미일 간 상호 약속에 의해 진행해야 한다고 제언합니다. 결국 단독 강화講和와 미일 안보를 권했던 것이지요.

대일 강화에 관해서 말하자면, 제2차 세계대전이라는 반파시즘·반군국주의 전쟁을 함께 치른 소련과 중국, 한국, 북한을 배제한 강화회의에서 결정되는, 이른바 단독 강화의 길입니다.

미일 안보에 관해서 말하자면, 소련이나 중국의 공산주의의 위협에 대처하기 위해 일본 재군비화를 추진하고, 이를 위해 일본과 미국 두 나라만의 안보조약을 대일 강화조약과 함께 체결하기로 합니다. 그 미일 양국 간의 안보조약에 의해 반소, 반공 전략 전개를 위한 오키나와 군사기지화를 보장하고 강화하는 길이지요.

더욱이 실제 조약 교섭 과정에서는 국회의 승인이 필요 없는 미일 두 정부 간 행정협정에 따라 재일 미군기지 안에 일본의 주권이 미치지 않는 치외법권적이고 방종한 행동을 미국에 보장합니다.

이리하여 단독 강화와 한 세트로 미국 정부의 최종 결정을 거쳐 오키나와 장기 점령화와 기지 고정화를 추진하기 시작했습니다.

기묘한 언설

그러나 이러한 현실의 전개에도 불구하고 오키나와 문제와 천황 메시지에 관하여 근년 또 하나의 기묘한 언설이 유포되고 있습니다. 즉, 오키나와 기지 요새화는 천황 메시지와 무관하게 이미 1년 반 이상 전, 그러니까 1946년 2월 시점에 맥아더가 제안했고, 평화헌법—헌법 9조의 '전쟁 포기, 전력 불보유' 조항—과 일체로 추진되었다는 언설입니다.

나아가 오키나와 기지 요새화는 또 상징천황제—헌법 1조—와 한 세트를 이뤄 일본 비무장화와 함께 이른바 삼위일체로서 추진되었다는 언설입니다.

게다가 일련의 결정들은 당시 워싱턴에 설치하기로 한 극동위원회의 동향을 사전에 저지하기 위한 '전략가' 맥아더의 탁월한 발상에 따른 것이라고 말합니다.

요약하자면 이렇습니다. 한편으로는 쇼와 천황의 전쟁 책임을 추궁, 전쟁 범죄자로서 재판에 회부되는 것을 저지하기 위해 일본의 국가 형태의 '평화 국가'화를 도모한다. 다른 한편으로는 군국주의적인 전전형戰前型 군주주의제를 평화적인 상징천황제로 바꿈으로써 극동위원회에 의한 천황의 전쟁 책임 추궁의 손길을 피한다. 그리고 쇼와 천황의 협력을 얻어 맥아더 자신의 주도 아래 점령 정책을 완수한다.

헌법 제정 과정을 이른바 맥아더 프로젝트로 왜소화하는 전후사의 모습입니다.

오키나와 기지 요새화는 맥아더의 주도 아래 평화헌법 및 상징천황제와 불가분의 관계에 있었다는 새로운 수법의 언설이고, 이는 평화헌법의 그림자를 고발합니다. 헌법제정사를 연구하는 고세키 쇼이치古關彰一가 『'평화 국가' 일본의 재검토』를 비롯한 일련의 저작에서 최근 반복적으로 펼치고 있는 '평화헌법' 고발 논의입니다.

고세키에 따르면, 전후 일본의 평화와 민주주의는 상징천황의 제정과 함께 오키나와 기지 요새화의 희생 위에 성립한 것입니다. 따라서 "평화헌법을 단순히 '자랑거리'로만 인식할 것이 아니라 그 그늘에서 인종忍從

을 강요받은 오키나와를 의식적으로 끌어안아, (…중략…) '철저한 평화주의를 표방함으로써 천황의 지위가 지켜졌고 또 오키나와 기지도 있었던' 것으로 인식해야 한다"[3]며 평화헌법의 그림자를 고발합니다. 마치 헌법제정학자가 높은 자리에서 헌법옹호론자들을 타이르는 것처럼 보입니다.

이러한 논의에 따르면, 평화헌법의 탄생과 유지는 오키나와 기지 요새화를 불가결한 요건으로 하며, 오키나와 기지 요새화 없이 성립하지 않는다는 말이 될 것입니다. 따라서 만약 오키나와 기지 철거나 감축을 요구하면 헌법 9조 개정도 고려하지 않을 수 없다는, 요즘 유행하는 '신 9조 개정'론으로 이어지게 되겠지요. 문예평론가 가토 노리히로加藤典洋가 주장하기 시작한 개헌론입니다.

왜곡되는 현실

이러한 헌법 제정의 역사 해석과 논리는 다음과 같은 현실과 역사적 사실을 왜곡한 독법입니다. 과거를 규탄하는 데 급급한 나머지 쉽게 빠져드는, 이른바 고발사관의 함정이지요.

첫째, 헌법 제정 당시 오키나와의 항구적 기지화와 영토 처리에 관하여 점령국 당국도 미 국무성과 대통령도 그 어떤 명확한 정책 결정에 이르지 못했던 사실을 사상捨象하고 있습니다.

그러나 실제로 미국이 오키나와를 군사기지로서 '점령'하고 '항구적으로 기지화'하는 정책을 결정하는 것은 앞에서 본 천황 메시지의 출발을 계기로 하여, 1948년 이후 본격화하는 미소 냉전의 전개와 궤를 같이하

---

3   豊下・古關, 『集團的自衛權と安全保障』, 岩派新書, 2014, 27면.

고 있었습니다.

헌법 제정 당시인 1946년 단계에서 미국은 오키나와전투 이래 건설한 군사기지를 오키나와에 남겨두긴 했지만, 그 규모는 아직 협소했고 장기적으로 고정화한 것도 아니었습니다. 미국도 미소 공생 노선의 틀 안에서 극동 군사 전략을 고려했고, 그 전략 구도 안에서 맥아더도 오키나와와 일본의 안전보장을 자리매김 시켰던 것입니다.

그러한 맥아더의 대일 안전보장 구상의 일단은 1947년 5월 6일 ─ 천황 메시지 4개월 전 ─ 의 제4회 천황─맥아더 회의록 안에 훌륭하게 응집되어 있습니다. 2002년 공개된 통역 마쓰이 아키라松井明의 기밀 메모를 보겠습니다.

천황이 "일본의 안전보장과 관련하여 앵글로색슨의 대표인 미국이 이니셔티브를 쥘 필요가 있다"며 미일동맹 노선의 전환을 요구합니다. 그러자 맥아더는 그 요청을 거절하고 유엔이 주도하는 평화주의적인 일본 안전보장 구상을 되풀이합니다. "일본을 지키는 가장 좋은 무기는 평화에 대한 세계의 여론이다. 나는 이를 위해 일본이 가능한 한 빨리 유엔의 일원이 되기를 희망한다."

따라서 '천황 메시지' 출발 이전, 헌법 제정에 착수한 점령 초기 단계에서는, 설령 미국 정부 안에 반공적인 대소 강경파가 숨 쉬고 있었다 해도 주류를 형성하고 있지는 않았습니다. 대소 대결파와 대소 공생파가 미국 정부 안에서 서로 싸우면서 공존했고, 미국 외교 노선은 여전히 유엔 주도의 미소 공생 공존 노선을 기조로 하고 있었습니다. 오키나와 문제도 그런 외교 노선의 맥락 속에 놓여 있었던 것입니다.

움직이기 시작한 톱니바퀴

그때 도쿄에서 천황 메시지가 나옵니다. 미일 안보에 의한 일본 무장 체제화를 권하고, 그 핵심으로 미국에 의한 오키나와의 장기적(만약 미국이 원한다면 반영구적) 영유와 군사기지 요새화를 제안했던 것입니다.

국무성 일본 대표 시볼드는 이 메시지를 반기며 힘을 얻습니다. 시볼드의 전임자는 개혁파로 '중국통'인 조지 애치슨George Atcheson Jr.이었습니다. 그는 일본 민주화를 진전시켰고 상징천황제에서부터 전쟁 포기 조항에 이르는 신헌법의 골자를 만들었으며, 헌법 제정의 이니셔티브를 쥐게 되는 캐디스, 로월, 노먼 등 점령군 내 GS민생국 소속 젊은 뉴딜러들을 적극적으로 지원했습니다.

그런데 애치슨은 천황 메시지가 나오기 한 달 전, 8월 17일 미국으로 돌아가던 길에 하와이 근처 바다에서 비행기 사고로 사망합니다. 이 사고의 배후에서 암약한 점령군 내 G2첩보부의 모략이 있었다는 얘기도 있습니다.

시볼드일본 독립 후 초대 주일 미국대사는 처남이기도 했던 G2의 일인자 윌로비Charles Willoughby와 가까웠고, 전전戰前 이래 궁정 그룹과 가까운 관계를 유지해오고 있었습니다. 시볼드가 세상을 떠나기 전인 1977년과 1978년 나는 플로리다주 탬퍼에 있는 대사의 별장과 은거지를 방문하여 이야기를 들었습니다. 그때 시볼드 저택 이웃집이 윌로비 저택이라는 것을 알고 두 사람이 얼마나 가까운지 놀랐으며, 저간의 사정을 한층 더 납득할 수 있었습니다.

G2의 일인자 윌로비를 맥아더는 '나의 사랑스런 파시스트'라고 불렀으며, 일본을 떠난 후 스페인의 독재자 프랑코 장군을 모시기도 했습니다.

이와 같은 점령군 내의 무시무시한 권력투쟁을 배경으로, 현실에서 천황 메시지를 계기로 하여 오키나와 군사기지 요새화를 향한 정책 결정의 톱니바퀴가 움직이기 시작합니다. 그리고 도쿄에서 온 메시지를 받고 정책기획국PPS 국장 조지 케넌George Kennan이 마셜 국무장관 및 군부와 협의에 나섭니다.

일본 국내에서 대미 종속파와 대미 자립파, 보수반동파와 민주중도파가 점령군 내의 군부강경파와 민주개혁파와 각각 연결되었고, 미소 냉전의 전개와 서로 뒤엉켜 있었던 것입니다.

시볼드는 천황 메시지를 즉각 맥아더에게 전하고 워싱턴에 조언합니다. 그리고 워싱턴은 움직이기 시작합니다. 오키나와의 항구적 기지화 구상의 역사적 톱니바퀴가 움직이기 시작했던 것입니다.

1948년 2월 26일 데라사키는 재차 시볼드를 방문합니다. 그리고 류큐를 일본 본토에서 떼어내 "남한, 일본, 류큐, 필리핀, 그리고 가능하다면 타이완을 미국의 방위선으로 하여" 군사기지망을 만들 것을 권합니다. 두 번째 천황 메시지입니다.

이리하여 미국 개혁파가 관여하여 추진한 헌법 체제와는 완전히 이질적인 미일 안보 체제의 길이 열리게 됩니다. 이 안보 체제를 근간으로 항구적인 오키나와 기지 요새화 시나리오가 작성됩니다.

정책기획국은 그 후 국가안전보장회의NSC로 재편, 격상됩니다. 아베 내각 하에서 미국에 70년 늦게 미국을 흉내 내 신설한 '국가안전보장회의'의 원판입니다.

1948년 3월, 케넌과 육군차관 드레이퍼의 방일을 거쳐 같은 해 9월의 SWNNCC국무성·육군성·해군성합동정책조사위원회 결정(SWNNCC1483), 다음해 2월 28일의 JSC통합참모본부 결정을 경유하여 1949년 5월 NSC13/3으로서 최종 승인됩니다. 거기에서 미국이 "북위 29도 이남의 류큐열도를 장기적으로 보유하고, 오키나와의 군사기지를 확장 강화"하는 것이 정식 결정됩니다. 오키나와 기지 요새화는 바로 여기에서 시작하며, 오키나와의 항구적 기지화 구상과 관련된 역사의 톱니바퀴가 돌아가기 시작합니다.

오키나와 기지 장기 요새화로

어찌됐든 오키나와의 군사기지가 요새화하고 대규모로 견고해지는 것은 미소 냉전이 본격화하는 1949년 후반 이후의 일입니다. 1950년도 예산에서 오키나와 '군민軍民 시설 부흥비'로 5,800만 달러208.8억 엔를 편성하여 오키나와 기지 요새화를 위한 본격적인 공사에 착수합니다.

하지만 1950년 단계에서 오키나와 주둔 미군 병사 수는 2만 1,249명, 일본 본토의 미군 병사 수 11만 306명의 17퍼센트에 지나지 않았습니다. 대일 강화 체결 3년 후인 1954년에도 오키나와 주둔 미군 병사 2만 4,530명은 일본 본토 주둔 병사 18만 5,705명의 12.5퍼센트밖에 되지 않았습니다.

일본 본토에는 이미 요코스카, 스나가와, 요코타, 이와쿠니, 미사와, 지토세 등 각지에 미군의 견고한 기지가 설치되어 있었던 것입니다.

오키나와 기지의 미군 병사 수가 본토 기지의 미군 병사 수를 웃도는 것은 베트남전쟁이 격화하는 1964년 이후의 일입니다(1964년 들어 처음으로 본토 주둔 미군 병사 수 3만 8,923명, 오키나와 주둔 병사 수 4만 5,760명으로 역전됩니다).[4]

4　林博史, 『米軍基地の歴史』, 吉川弘文館, 2012, 35~37면.

춘추필법또는 고세키 식의 논리을 구사해 보자면, "평화헌법 9조와 상징천황제는 패전 이래 본토에 건설된 십수 곳의 미군기지 위에 처음으로 성립했던"것입니다. 그리고 "본토의 미군기지가 없었더라면 9조도 상징천황제도 없었던"게 되지요. 바꿔 말하면 본토의 미군기지가 철거되면 9조와 평화헌법을 개정해야만 합니다. 이리하여 헌법 제정 시에 미국 민주개혁파가 관여하여 추진한 헌법 체제와는 완전히 이질적인 미일 안보 체제의 길이 천황의 메시지를 기점으로 열리게 됩니다. 그 안보 체제를 근간으로 항구적인 오키나와 기지 요새화의 시나리오가 쓰입니다.

그런 의미에서 오늘날에 이르는 미국의 류큐/오키나와상은 천황 메시지의 잔상과 공산주의 위협론의 연장선상에서 생겨난 것이라 할 수 있습니다. 그것이 대미제국 지배 하에서, 팍스 아메리카나 아래에서 볼 수 있는 류큐/오키나와상의 원형입니다.

따라서 오키나와의 사실상 영구 점령과 기지 요새화는 일본국 헌법 체제의 시나리오가 아닙니다. 미일 안보 체제의 시나리오입니다. 평화주의적이고 민주주의적인 헌법의 기능부전의 귀결입니다. 동시에 안보 체제가 안고 있는 모순의 결절점이기도 합니다. 그 모순이 지금 임계점에 이르게 된 것이지요.

탈아입구론 속에서

대미제국 지배 하에서 군사기지로 요새화되는 오키나와상은 또 메이지유신 이래 '탈아입구론脫亞入歐論'이 요구한 오키나와상이기도 합니다. 즉, 대영제국이든 대미제국이든 우리들 야마토추[5]는 '아시아의 악우惡友'와 손을 끊고, 구미 각국처럼 '부국강병'을 통해 아시아를 침략하고 영토를 확장하여 구미 세계와 한패가 되어야 한다는 '탈아입구론'입니다.

아시아와 함께 아시아 안에서 살아간다는 세계상世界像이 아닙니다. 류큐/오키나와를 비롯해 '열등한 아시아'를 발판 삼아 영토를 확대해가는, 식민지주의 하의 세계상입니다.

그 세계상의 단서가 1872년에서 1879년에 이르는 두 차례의 류큐처분, 즉 류큐 왕국 침략 및 병합의 역사였습니다. 그 세계상의 연장선상에서 일본은 청일전쟁을 치렀고, 1895년 1월 14일 전쟁의 와중에 댜오위다오釣魚島, 1890년 센카쿠제도로 개칭를 가고시마현으로 편입했습니다. 전쟁에서 승리한 후 시모노세키조약을 맺어 타이완과 그 주변 섬들을 병합했습니다. 나아가 러일전쟁이 한창이던 1905년 2월 15일 독도1906년 다케시마로 개칭를 시마네현으로 편입했고, 전쟁에서 승리한 후 조선 왕조의 외교권을 박탈하더니 1910년 한국을 병합했습니다.

시바 료타로가 말하는 '언덕 위의 흰 구름'을 보고 준엄한 언덕을 구미 열강과 어깨를 나란히 하며 올랐던, 전전 일본의 식민지주의 역사입니다. 단, 시바가 말하는 것과 달리 일본이 식민지주의로 돌아서는 것은 결코 러일전쟁 후의 '어두운 메이지'에 이르러서부터가 아니라, 그 이전 삿초薩長 체제6하 '밝은 메이지'부터였습니다. 그것을 류큐/오키나와 병합의 역사가 상징하고 있지요.

그 역사가 제2차 세계대전에서 패하면서 막을 내리기 시작합니다.

---

5 [옮긴이] 일본 본토 사람을 일컫는 오키나와 말. 야마토추에 대해 오키나와 사람은 우치난추라
   한다.
6 [옮긴이] 사쓰마번과 조슈번 출신이 지배하던 메이지 초기의 정치 체제.

포츠담선언에서 '3D'로

1945년 8월 천황은 포츠담선언을 수락하고 일본의 영토를 네 개의 섬과 "우리연합국가 결정하는 작은 섬들로 한정"합니다. 그리고 신국가 건설의 역사를 시작합니다. 그 근간이 신헌법이지요.

그것은 세 개의 D를 기초로 합니다. 민주주의화democratization, 탈군사화demilitarization, 탈식민주의화decolonization입니다. 민주 정치와 평화 외교와 영토 불확대의 3원칙입니다.

1972년 일본 복귀 후의 오키나와에 관해 말하자면, 헌법 92조부터 95조에 이르는 제8장에 따라 지방자치체로서 오키나와의 민의를 존중하고, 헌법 9조에 의해 미군기지를 삭감 축소하며, 헌법 전문에 의해 류큐열도를 포함하는 동중국해의 긴장을 완화하고 영토를 변경하지 않는 것을 의미합니다.

그것이 일본국 헌법이 본래 명하는 류큐/오키나와의 위치입니다. 따라서 험악해지고 있는 오키나와 문제는 평화민주헌법이 작동하지 않고 있다는 것을 잘 보여줍니다. 그것은 군사 안보가 안고 있는 모순의 결절점이라 할 수 있지요.

그러나 '아시아 힘의 세기'가 도래하는 가운데 그 모순은 더 이상 견딜수 없는 임계점에 도달하고 있습니다. 그 모순이 오키나와 기지 문제를 첨예하게 드러내며, '미국의 세기'가 끝나가는 가운데 류큐/오키나와의 아이덴티티를 다시 물을 것을 요구하고 있습니다. 마치 스코틀랜드, 카탈루냐, 동티모르가 근대가 종언을 고하는 가운데 스스로의 아이덴티티를 재고할 것을 요구했듯이 말입니다.

이리하여 류큐/오키나와는 안보 체제로부터의 이탈뿐만 아니라 헌법

체제로부터의 이탈까지, 결국은 자기결정권의 현실화—오키나와 독립
—까지 요구하기 시작합니다. 주술과도 같은 대미 종속 하에서 헌법 체제
마저 왜곡되어왔기 때문입니다. 류큐인의 평화적 생존권을 지속적으로
박탈해왔기 때문입니다.

이렇듯 오키나와의 자기결정권의 현실화가, 쇠퇴하고 혼미해지는 팍스
아메리카나와 새롭게 대두하여 흥륭하고 있는 팍스 아시아나의 21세기
세계에서, 그리고 안보 체제의 모순이 첨예화하고 헌법 체제가 공동화空洞
化하는 가운데, 요구되기 시작한 것입니다.

3. 동아시아공동체는 왜 만들어졌는가

아시아 힘의 세기에

실제로 세계의 지축이 서에서 동으로 움직이고 있다면 어떻게 될까요?
세계의 중심이 유럽도 아메리카도 아니고 아시아라면 어떻게 될까요?

더욱이 아시아 경제 일체화가 현실화하고 있으며, 동아시아에서도 지역
통합의 움직임이 진전되어왔습니다. 공산주의 소련은 더 이상 지상에 존
재하지 않습니다. 공산주의 중국도 존재하지 않습니다. 공산당 일당독재
를 유지하고 있긴 하지만, 그곳에 존재하는 것은 지금은 GDP로 세계 1, 2
위를 다투는 경제 대국이 된 자본주의 중국입니다.

2012년 일본의 대중국 무역의존도는 홍콩 경유를 포함하면 23.5퍼센
트입니다. 일본의 대아시아 무역의존도는 50퍼센트를 넘어 60퍼센트에
가까워지고 있습니다. 이에 비해 대미 무역의존도는 13퍼센트 안팎입니

다. 미국 경제의 '부활'로 비율은 18퍼센트에 가깝지만, 그것도 대아시아 무역의 1/3입니다. 일본과 중국, 한국, ASEAN 국가들과의 무역 및 인적 이동, 물적 이동이 왕성해지면서 상호의존도가 점점 높아지고 있습니다. 중국인의 '싹쓸이 쇼핑'과 아시아 각국의 관광객이 일본의 불황과, 특히 지방 경제를 구하고 있습니다. 중국이 일본을 공격해 올 것이라는 얘기는 어제 세계의 픽션에 지나지 않습니다. 펜타곤이나 무기 상인이나 어용학자들의 미친 소리에 지나지 않습니다.

그러나 만약 세계의 시장이나 교역, 생산이나 금융의 중심이 동아시아로 옮겨오고 있다면 오키나와의 위치는 어떻게 될까요. 아시아가 지축의 중심이 되어가고 있다면, 그리고 그 중심에 류큐/오키나와가 위치하고 있다고 하면 어떻게 되겠습니까.

말할 것도 없이 류큐/오키나와가 난생처음 아시아 지역 공동체의 중심 자리에 놓이지 않을 수 없을 것입니다. 역사와 지리의 종언이 새로운 세계 지도를 그리고 있으며, 그 새로운 지도 한가운데 류큐/오키나와가 위치하고 있기 때문입니다.

변화하는 류큐/오키나와의 위치

류큐/오키나와의 북쪽에는 일본열도와 한반도, 극동 러시아가 있습니다. 류큐열도의 동쪽에는 괌, 필리핀, 하와이를 거쳐 광대한 태평양이 펼쳐지다가 미국 서해안에 이릅니다. 남쪽에는 타이완에서 동남아시아, 그리고 오세아니아 세계가 펼쳐집니다. 그리고 서쪽에는 중국에서부터 중앙아시아, 인도, 서아시아, 멀리 유라시아 대륙이 펼쳐져 있습니다.

그야말로 류큐/오키나와는 잠재적으로 21세기 세계의, 특히 새롭게 대

首相講演

日米基軸にアジア外交

「共同体」で過去和解へ

【シンガポール共同＝内田恭司】鳩山由紀夫首相は15日午後（日本時間同）、シンガポールでアジア政策に関し講演した。鳩山政権のアジア外交重視方針を宣言するとともに、オバマ米大統領が先の演説で示した対アジア関係強化を「歓迎したい」と表明。日米同盟を基軸に地域へ関与していく考えを明確にした。自らの「東アジア共同体」構想により、過去の戦争で被害を与えた諸国との「和解」達成を目指す姿勢を示した。災害救援や医療活動に自衛艦を活用、民間人も乗船する「友愛ボート」を来年から始めることも表明した。

災害時 自衛艦を活用

首相はこれまで「米国に依存し過ぎていた」として共同体の核を日中韓3カ国と位置付けるなど、米国からの自立志向も示してきたが、オバマ演説を受けアジア政策でも日米基軸を鮮明にした。講演後の記者会見では「米国が共同で共同体メンバーについて「理想と夢を共にする人々」

と幅広く受け入れる姿勢を示した。
首相は東アジア共同体構想を「アジア外交の柱」とし、「開かれた地域協力」の原則に基づいて①経済発展②環境保護③災害・医療④海賊・海難事故対策──で協力を進めるとした。
また過去の戦争にも触れ「日本がアジアの人々に多大の損害と苦痛を与えた後、60年以上かかった今も真の和解が達成されたとは考えられない」と表明。欧州諸国が2度の大戦を経て欧州連合（EU）に至った例を挙げ「欧州の経験こそが私の構想の原型」と述べた。
首相は会見で友愛ボートに関し「災害時の救助が中心。紛争地域の真ん中に乗り込んで行くわけではない」と説明

す」と強調した。
講演では「アジアにおける米国のプレゼンス（存在）は、アジアの平和と繁栄に重要な役割を果たしてきており、今後も果たすだろう」と指摘。米国も参加するソマリア沖の海賊対策での協力を例に挙げ、アジア太平洋地域の海を「友愛の海」にしようと呼び掛けた。その上した。

【講演要旨4面に】

두하고 있는 아시아의 '통상의 요석', 결국은 '평화의 요석'으로 떠오르고 있습니다. 이 책 제1장에 실린 하토야마의 논문이 그 점을 잘 보여주고 있습니다.

그 논문을 보면 왜, 하토야마 전 수상이 재임 시에 후텐마 미군기지의 "국외, 적어도 현외 이설"을 내세우면서 동아시아공동체를 제창하자, 미일 쌍방의 미일동맹파가 격렬한 비난을 퍼부으면서 '하토야마 깎아내리기'에 나섰는지를 알 수 있습니다.

하토야마가 싱가포르 연설에서 '동아시아공동체'를 제창할 때, 그 구상이 '미일 기축'을 전제로 한다고 분명하게 말하고, 그 구상에서 미국을 배제하는 것은 아니라고 주장했음에도 불구하고 말입니다.

오랜 역사의 시간축 속에서 다시 그 위치를 가늠해보면 류큐 왕국의 복권이나 류큐 공화국 독립론과 같은 언설은 단순한 낭만이 아닌 현실입니다. '근대의 종언' — 또는 '아메리카 시대'의 끝 — 의 귀결인 것입니다. 임계점에 이른 미일 안보의 귀결입니다. 그 귀결이 류큐 독립론에 현실감을 주는 것이지요.

그렇다 해도 도대체 왜 지금 동아시아공동체일까요. 왜 동아시아공동체를 구상하고 그 구상을 추진해야 하는 것일까요. 그리고 그 구상의 축에 류큐/오키나와를 위치시키려고 하는 것일까요.

'엄연히 살아 있는' 동아시아공동체

동아시아공동체를 만들어야 한다는 논의는 이미 끝났습니다. 최근 십수 년 동안 동아시아공동체 형성의 움직임을 이른바 트랙 1.5 외교, 반관반민 외교의 현장에서 빠짐없이 지켜본 실감입니다.

2000년대 초반 우리는 동아시아공동체를 만들 것인가 말 것인가, 만들 필요가 있는가 없는가 등등을 논의했습니다. 하지만 오늘날 필요성이나 가능성과 같은 말로 동아시아공동체 구상을 얘기하는 경우는 거의 없습니다. 오히려 어떻게 하면 동아시아 지역 협력의 제도화를 추진할 수 있을까, 또는 그 제도화는 어디까지 와 있는가, 동아시아 지역 통합 즉 공동체 구축의 진전을 방해하는 것은 무엇이고 그것을 어떻게 제거할 것인가 등등의 형태로 논의되기에 이르렀습니다.

동아시아공동체는 '죽었다'라고들 하지만 동아시아공동체 형성과 관련된 움직임이 실제로 진전되어왔고 '엄연히 살아 있는' 것입니다. 얼핏 보면 모순되는 이 현상을 해명하기 위해 다음과 같은 가장 근원적인 물음에 답하고자 합니다. 왜 사람은 공동체를 만드는가라는 물음입니다.

왜 '상상의 공동체'를 만드는가

도대체 왜 본 적도 없고 알지도 못하는 사람들이 산과 강, 바다를 넘어 국가라는 이름의 '상상의 공동체'를 만들까요. 베네딕트 앤더슨은 국가의 형성 과정을 조사하고 형성의 역학을 밝혔습니다. 이 연구에 의거하여 우리도 마을이든, 나라든, 지역공동체든 사람들이 '상상의 공동체'를 만드는 역학을 다음과 같이 요약할 수 있습니다.

사람들은 공통의 리스크 또는 위협과 공통의 이익 그리고 공통의 문화를 가졌을 때 공동체 형성으로 움직이기 시작한다라고 말이지요.

21세기 정보혁명은 신흥 아시아의 성장과 대두를 초래했습니다. 그러나 동시에 그것은 아메리칸 글로벌리즘의 위협과 리스크를 낳기도 했습니다.

먼저 금융 카지노 자본주의에 의한, 국경을 넘어선 금융 글로벌리즘의 리스크입니다.

1997년 7월 12일, 홍콩 반환의 날을 겨냥하기라도 한 것처럼 미국의 헤지펀드가 태국 통화 바트를 시작으로 아시아 통화 매매에 나서 엄청난 돈을 벌어들였습니다. 아시아 통화 위기입니다. 특히 태국과 인도네시아, 한국이 국경을 넘어선 달러의 글로벌한 발호跋扈에 도탄의 고통을 맛보았습니다.

그 위기의 고난 속에서 ASEAN 국가들은 한중일 세 나라를 끌어들여 ASEAN+3, 13개국 정상회의의 장을 만듭니다. 그 열매가 2000년 5월 태국의 치앙마이에서 체결한 치앙마이 이니셔티브, 즉 아시아통화교환협정입니다. 지역 통합 추진을 향한 금융 공동체 형성의 시작이지요.

미국발 금융 글로벌리즘의 리스크는 냉전 종결 이후의 미국 단독 패권주의의 리스크 및 위협과 겹칩니다. 1994년 6월 미군기의 주유고슬라비아 중국대사관 '오폭', 2003년 미국의 이라크 '침공'이 그 리스크를 상징합니다.

더욱이 정보기술 혁명은 사람과 물자와 돈이 순식간에 이동할 수 있는 글로벌화한 세계를 만들고, 그 세계 안에서 국경을 넘어선 감염증이나 연기 피해에 따른 식량 위기, 해적의 빈발 등에 직면하게 됩니다. 소국 연합 ASEAN 10개국과 동북아시아의 대국 한중일 3국은 이러한 일련의 위협과 리스크에 대처하기 위해 감염증 예방 대책, 긴급 쌀 지원 시스템, 해적 공동 대책을 마련하고 있습니다.

아시아 지역 협력 제도화—지역 통합—의 역사가 움직이기 시작합니다. 동아시아 지역 통합과 동아시아공동체 형성의 계절 '봄'이 찾아온 것입니다. 다만 유럽 통합과는 달리 그것은 1955년 반둥회의 이래 소국 주도의 통합 프로세스입니다. 소국 연합 ASEAN이 '운전석'에 앉아 지역 통합이라는 자동차를 운전합니다.

게다가 동아시아공동체 형성의 움직임은 EU 형성의 역사와 달리 법제도적인 이른바 법에 따른De jure 형성 과정이 아닙니다. 통상이나 생산, 개발이나 문화 등 각각의 영역에서 기능주의적인 연결의 연쇄로서 전개되고 있습니다. 말하자면 사실상의De facto 형성 과정입니다. 그것을 확대함으로써 지역의 평화와 번영을 도모하는 기능주의functionalism입니다. 각 영역의 사실상의 기능function의 축적이 나라들과 사람들의 상호 의존을 낳고, 평화와 질서를 낳으며, 통합을 촉진한다는 사고방식입니다.

21세기 정보 혁명이 야기한 공통의 리스크가 냉전 종결 후의 동아시아 13개국을 축으로 각각의 영역에서 지역 협력의 제도화와 기능주의적인 지역 통합을 촉구하고 있는 것입니다.

아시아 통상 생산 공동체를 향하여

이제 "자동차 한 대가 한 나라 안에서 생산되는" 시대는 끝났습니다. 여러 나라에서 부품을 만들고 그것을 조립하여 완성하는 시대로 바뀌었습니다. 모듈화부품조립화라고 일컬어지는 부품 가공 생산화에 의한 새로운 생산 공정의 시대로 접어든 것입니다. 퍼스널 컴퓨터에서 자동차에 이르기까지 레고를 짜맞추듯이 여러 부품을 조립하여 완성품으로 만들어내는 '생산 대공정 시대'의 전개입니다.

그 전개가 국경을 넘어선 부가가치 연쇄, 이른바 서플라이 체인supply chain에 의한 국제 부품 생산 가공 공정의 구축을 요구합니다. 생산 대공정은 부품뿐만 아니라 자본과 인력과 물자, 정보와 테크놀로지의 국경을 넘는 이동을 가로막는 벽을 가능한 한 낮출 것을 요구합니다.

한 나라에서만 생산이 완결되는 '일국 생산 시대'도, 일국 번영주의 시대도 끝났습니다. 그런 시대를 앞두고 국가들과 기업들은 무역과 투자를 자유화하고, 이를 위해 자유무역협정FTA의 그물망을 만들어 그것을 확대합니다. 상호 의존과 상호 연쇄의 기능을 넓히고 심화함으로써 지역의 평화와 안전보장의 틀을 짜고자 하는 것입니다.

동아시아 FTA망의 형성

2001년 이래 ASEAN을 축으로 하고 중국, 일본, 한국, 오스트레일리아, 뉴질랜드, 인도를 바퀴살로 하는 'ASEAN+6'로 이루어진 동아시아 FTA 네트워크를 만들어왔습니다. 동아시아 통상 공동체의 형성입니다. EU와 NAFTA북미자유무역협정에 이어 아시아 지역 통합을 향한 또 하나의 움직임입니다. 그것이 아시아 생산 공동체의 형성과 연동합니다. 아시아 지역 대大 서플라이 체인의 형성입니다. 그것이 지역 안정보장 공동체의 형성을 촉구하고 있습니다.

게다가 동아시아는 30억 명이 넘는 싸고 부지런한 노동력을 갖추고 있습니다. 그것을 기반으로 한 정보혁명의 진전을 계기로 아시아는 '세계의 공장'으로 뛰어오릅니다.

사람과 돈, 물자와 기술의 국경을 넘는 상호 교류와 상호 보완의 물결이 서플라이 체인의 그물망을 촘촘하게 하고 가속도를 높입니다. 이에 더해 자본 이동과 기술 이전이 진전되면서 중국과 ASEAN 국가들, 인도와 같은 개발도상국 사회와 일본이나 한국과 같은 선진국 사회의 경제 격차가 계속 줄어들고 있습니다.

지금 동아시아에는 두터운 중간층—자동차 한 대를 살 수 있는 계층—이 생겨나고 있습니다. 그 중간층 인구는 2015년 현재 20억 명에 이르는 것으로 추정됩니다. 동아시아는 거대한 소비 인구를 포함한 '세계의 시장'으로 바뀌고 있기도 한 것입니다.

일찍이 과잉 인구는 빈곤과 저개발의 속성이었습니다. 이른바 '인구 오너스demographic onus'[7]입니다. 그런데 정보혁명의 진전을 계기로 풍요로움과 발전의 조건으로 바뀌었습니다. '인구 보너스'입니다. 그 인구 보너스가 동아시아의 통상 공동체와 생산 공동체의 형성을 촉진하고 있습니다.

개발 건설 공동체로

도쿄에서 방콕까지 4,500킬로미터, 뉴욕에서 로마까지의 거리와 같습니다. 그 공간의 넓이 안에서 아시아의 여러 국가들은 상호 보완과 상호 연쇄와 상호 의존을 위해 선을 긋고, 선을 면으로 바꿔가고 있습니다. 점에서 선, 선에서 면으로의 움직임입니다. 지역이 크게 넓어지는 면의 형성입니다. 국가들은 공통의 리스크에 대처하면서 공통의 이익의 최대화를 도모하는 협동 작업을 추진합니다.

그 협동 작업 중에 개발 공동체와 건설 공동체를 향한 움직임이 포함되어 있습니다. 동아시아에는 인프라 정비가 뒤처진 광대한 해양과 넓은 지역 공간이 있습니다. 메콩강유역공동개발계획GMDP에서 포괄적아시아종합개발ACDP을 향한 움직임입니다. 금융 공동체에서 통상 공동체를 거쳐 건설 공동체에 이르는 동아시아공동체 형성의 전개입니다.

---

7   [옮긴이] 한 나라의 인구 구성에서 생산 연령 인구가 줄고 노인 인구가 급증하면서 경제 성장이 둔화되는 현상.

그 연장선상에 인도와 오스트레일리아를 더한 ASEAN+6에 의한 역내포괄적경제동반자협정RCEP의 시나리오가 그려졌고, 2012년에 원칙적인 합의를 보았습니다. 동아시아공동체에 '여름'이 도래한 것입니다.

세계적인 경제학자 모리시마 미치오森嶋通夫 런던대학 교수는 일찍이 일본의 몰락을 막는 유일한 길은 동아시아공동체의 구축이라면서, 그 축은 '건설' 공동체에 있다고 설파했습니다. 중국 서부 지역 등 광대한 저개발 지역에 일본의 자본과 기술을 투자함으로써 서로 윈−윈하는 상호 보완 관계를 형성하여 지역 '건설' 공동체의 핵심이 된다는 정책 구상입니다.

나아가 모리시마 교수는 발걸음을 내딛기 시작한 동아시아공동체의 수도를 오키나와의 나하에 둘 것을 제창합니다. 유럽 공동체의 수도가 근대 이래 강대국 간 전쟁에서 고통을 겪은 벨기에의 브뤼셀로 정해졌듯이 말입니다. 또 유럽 의회가 강대국 사이에서 군사적 디딤돌이 되었던 독일− 프랑스 국경에 있는 알자스 지방의 스트라스부르로 정해졌듯이 말입니다.

그러한 동아시아 건설 공동체 구상이 지금 확대 심화한 형태로 중국 주도의 AIIB아시아인프라투자은행의 발족과 함께 새로운 단계로 접어들고 있습니다.

AIIB라는 선택

이 구상은 원래 아시아 지역 통합의 기본 전략으로 제시된 '연결성conn-ectivity' 강화 전략을 기초로 한 것이었습니다. 우리는 이 점에 주목하지 않으면 안 됩니다.

이제까지 아시아의 공간은 많은 바다와 하천, 사막과 산악 등으로 사실상 분단되어 있었기 때문에 빈곤과 저개발을 낳는 공간으로 인식되어왔습니다. '공간 오너스'입니다. 그러나 정보 기술 혁명 하에서 첨단 토목건설 공법의 진전과 역내에 쌓여 있는 풍부한 자금에 의해 지리적으로 분단된 아시아의 광대한 공간은 연결성의 강화를 통해 저개발 공간에서 발전 공간으로 변화합니다. '공간 보너스'로의 역전입니다. 그 역전이 생산 대공정 하에서 전개되는, 아시아 생산 건설 공동체를 향한 움직임을 한층 강화합니다.

더욱이 지금 공간 보너스를 낳는 영역이 협의의 동아시아에서 동남아시아 여러 섬과 인도 대륙, 몽골과 중앙아시아에서 중동, 터키를 넘어 멀리 유럽 대륙으로 이어지고 있습니다.

바로 그렇기 때문에 AIIB의 융자 대상이 동아시아에 머물지 않고 두 개의 실크로드를 통해 유럽까지 확대되는, 일체로서의 유라시아 발전 전략으로서 의미를 갖는 것입니다. '연통연혜連通連惠'입니다.

아시아 문화 사회 공동체로

오늘날 아라시[8]와 AKB48,[9] 무라카미 하루키와 다카쿠라 겐[10]은 국경을 넘어 아시아의 젊은이들 사이에서 많은 인기를 끌고 있습니다. 21세기 정보 혁명이 동아시아의 풍요로운 도시 중간층에 공통되는 문화를 만들고 있습니다.

그러한 도시 중간층의 문화가 유교와 불교 등 아시아의 유구한 역사 속에서 민중에게 뿌리 내리고 있는 문화의 기층을 이어줍니다. 게다가 그것이 수천 년의 역사와 아시아 특유의 풍토 속에서 배양된 문화의 고층古層

---

8 [옮긴이] 남성 아이돌 그룹.
9 [옮긴이] 여성 아이돌 그룹.
10 [옮긴이] 영화배우.

— 대립하는 것을 끌어안는 '불이일원不二元' 문화의 고층 — 과 화학적으로 결합합니다.

이러한 아시아 공통의 문화가 다음과 같은 형태로 사회 문화 공동체의 형성을 촉진합니다. 2010년에 발족한 '아시아문화도시' 구상, '캠퍼스아시아Collective Action for Mobility Program of University Students in Asia, 한중일 거점 대학 간 교류 프로그램', 그리고 서울에 개설된 국제기관 한중일 협력 사무국TCS에 의한 교류 활동입니다.

모두 하토야마 전 수상이 한중 정상의 찬성과 협력을 얻어 출발하게 한 것입니다.

지금 아시아의 해외여행자 수는 연간 2억 명이 넘을 정도로 증가했고, 70퍼센트가 동아시아 역내 관광지를 여행합니다. 동아시아 역내 관광 산업이 만드는 '동아시아 사회 문화 공동체'가 형성되고 있는 것입니다.

4. '엄동의 계절'을 넘어서

'겨울'의 도래

그러나 이와 같은 경제 사회적이고 문화적인 지역 협력의 제도화를 향한 움직임에도 불구하고, 지역 통합 추진 움직임을 억누르는 움직임이 미군이 아프간에서 철수한 후 오바마 정권 하에서 동시에 진행되고 있습니다. 대미 제국 측으로부터의 역습, 아시아 재균형화 전략의 전개입니다.

한편에서는 미국이 주도하는 TPP환태평양경제동반자협정 추진 움직임이 진전되고 있습니다. 미국이 아시아와 일본 시장을 어지럽히려는 움직임입니다.

다른 한편에서는 대중 군사 포위 형성과 대중 견제 움직임이 진전되고 있습니다. 그것이 남중국해에서의 '팽창주의적'인 중국의 동향과 결합합니다.

그 동향이 고도성장에 따르는 에너지 수요의 증대 및 중국식 '군산복합체'의 대두와 결합합니다. 센카쿠 국유화와 종군위안부 문제에서 발단한 동북아시아 역내의 영토 역사 문제가 험악해지면서 군산복합체를 향한 발길도 빨라지고 있습니다.

미국식 글로벌리즘이라는 아시아 역외의 '공통 리스크'는 아시아 역내 지역 협력의 제도화에 의해 줄어듭니다. 그 대신 아시아 역내의 '분단 리스크'가 생겨나기 시작합니다. 역내 리스크가 동아시아공동체 형성의 움직임에 제동을 걸고, 지역을 갈라놓기 시작합니다. '따뜻한 겨울'에서 '추운 겨울'로의 역류입니다.

아시아 분단 리스크

아시아 분단 리스크는 세 가지로 나눌 수 있습니다.

첫째, 영토 역사 문제를 둘러싼 중일 간 일촉즉발의 리스크와 한일 간 상호 불신 심화의 리스크입니다. 역내 내셔널리즘 폭발의 리스크이지요.

종군위안부 문제에 관해서는 2015년 12월 한일 합의로 리스크는 회피, 제어되었습니다. 한일 외교의 성공 사례입니다. 하지만 센카쿠와 다케시마에 관해서는 여전히 잠재적 리스크가 남아 있습니다.

둘째, 북한의 핵미사일 폭발 리스크입니다. 그 리스크에 대한 대응을 둘러싸고 한미일이 대북 제재를 강화하는 한편 삼국 간 군사 동맹 노선을 강고하게 합니다. 그것이 북한의 체제 이행의 연착륙을 도모하는 중국 외교와 한일 외교 사이에 균열을 낳습니다. 그 균열이 동북아시아 3국의 잠재적인 대립

요인이 되어 동아시아 지역 통합의 움직임을 방해합니다.

셋째, 남중국해의 암초 매립과 영해권을 둘러싼 ASEAN 국가들과 중국의 충돌 리스크입니다. 그 리스크에 대처하기 위해 미국이 '교활한 중개인honest broker'으로서 등장합니다. 일찍이 대영제국이 중동에서 중앙아시아에 이르는 지역의 지배를 둘러싼 프랑스와 러시아의 대립 항쟁에서 '교활한 중개인' 역할을 했던 것처럼 말이지요.

그리고 2016년 2월, 미국과 ASEAN이 군사 협력 협정을 맺습니다. 이러한 일련의 움직임이 중국과 ASEAN 사이에 균열을 일으켜 아시아 지역 통합 움직임에 제동을 겁니다. 동아시아공동체에 '엄동의 계절'이 도래한 것이지요. 그렇다면 지금 우리는 무엇을 해야 할까요.

세 가지 처방전

적어도 우리는 다음과 같은 세 가지 처방전을 제시할 수 있습니다.

첫째, 동중국해에서든 남중국해에서든 해양과 영토 영해 문제에 관하여 국경을 넘어서 역사가들이 함께 철저하게 역사적 사실을 실증하는 것입니다. 그런 후에야 유럽이 그랬던 것처럼 '공통역사' 집필을 위한 프로젝트의 시나리오를 쓸 수가 있습니다. 유럽이 할 수 있었던 것을 아시아가 못 할 이유가 없습니다. 적어도 우리에게는 2년 천에 걸친 상호 교류의 역사가 있지 않습니까.

그 중축에 류큐 왕국에서 오키나와 군사기지화로 이어지는 역사를 놓는 것입니다. 그러기 위해서는 한중일 공통의 역사교과서를 둘러싼 민간역사가의 움직임과 협력하여 그것을 심화 확대해야 합니다. 그리고 그것을 동아시아 지식 공동체 형성의 기반으로 삼아야 합니다. 내셔널리즘에 간혀 있는 어용역사가들의 역사상에서 빠져나와 열린 공통의 역사 기반을 쌓아가야 합니다.

남중국해 문제에 관해서도 똑같이 말할 수 있습니다. 중국이 주장하는 '고유의 영토'론을 억지라고 일축하는 것은 문제 해결에도, 리스크 삭감에도 도움이 되지 않습니다. 군사저널리스트 다오카 슌지田岡俊次가 잘 지적했듯이 중국의 입장에서도 당연히 할 말이 있을 터입니다. 게다가 2000년 당초부터 중국 측은 베트남과 필리핀에 공동개발을 제안해 왔습니다. 유럽에서 보았듯이 동아시아에서도 위기 관리와 평화 구축을 위한 역내 평화안전보장회의를 만들 필요가 있습니다.

이러한 일련의 시도를 중단하고서 동중국해 가스전에 관한 중일 공동사업 실시로 이동하는 것입니다. 사업의 골격은 이미 2008년 후쿠다 정권 때 합의되었고, 2010년 하토야마 정권 때 재확인됩니다. 그것을 마잉주 타이완 전 총통의 동중국해 평화 이니셔티브 구상과 연결시킬 수도 있을 것입니다. 그리고 그 중축에 류큐열도 해역의 평화화平和化와 오키나와 '무장 체제'의 삭감화削減化 플랜을 연결시키는 것입니다.

제재가 아니라 교류를

둘째, 북한 문제입니다. 우리는 '제재는 아무것도 해결하지 못한다'라는 역사의 법칙을 겸허하게 받아들일 필요가 있습니다. 미국이 1951년 이후 65년간 쿠바에, 또 1979년 이후 37년간 이란에 부과한 수십 년에 걸친 제재가 전혀 기능하지 못했던 역사에서 우리는 그 교훈을 배울 수 있습니다.

또, 그 교훈을 미얀마 제재의 역사에서도 배웁니다. 미국과 미국에 동조한 일본이 미얀마 군사정권을 비난하면서 제재를 가했었지요. ASEAN 국가들은 거꾸로 제재에 동참한 게 아니라 미얀마와 경제 교류를 진척시켜 ASEAN 지역공동체의 일원으로서 경제 발전에 협력하여 미얀마의 민주화 이행에 성공했습니다. ASEAN이 보여준 독특한 외교의 지혜입니다. 그 지혜를 북한 문제에 대처하는 전략 구축에 응용해야만 합니다.

현실적으로 북한이 가장 두려워하는 것은 미국의 공중폭격에 의한 북한 '왕조'의 붕괴 위기입니다. 드론 병기에 의한 김정은 살해입니다. 리비아의 카다피 정권과 이라크의 후세인 정권 붕괴의 공포와 리스크를 피하기 위해 김정은 정권은 핵미사일 실험과 위협을 되풀이하고 있는 것입니다.

우리가 해야 할 일은 오히려 북한에 대한 경제 제재를 풀고 북한과 경제적, 사회적 상호의존을 제도화하고 인적 교류와 물적 교류를 활발하게 하여 체제의 개방화와 근대화로 연착륙할 수 있도록 하는 것입니다. 설령 몇십 년의 시간이 필요할지라도 말입니다.

그것이 아시아 역내 리스크를 최소화하기 위한 외교의 지혜입니다. 일찍이 김대중 대통령이 실천한 '햇볕정책'입니다. 아시아 군확軍擴의 나선 spiral을 군축軍縮과 위기 삭감의 나선으로 전환시키는 지혜입니다.

그 단서로 여기에서도 오키나와 기지 삭감 시나리오를 놓는 것입니다. 쉬운 일부터 시작해야 합니다. 우선 오키나와 기지 삭감부터 시작하는 것입니다.

RCEP를 진전시켜야

셋째, RCEP역내포괄적경제동반자협정을 진전시키는 것입니다.

TPP는 5년 반 동안의 어려운 교섭 과정을 거쳐 2015년 큰 줄기에 합의, 2016년 12개 참가국이 조인을 마치고 지금은 각국의 비준을 기다리고 있는 중입니다. 그런데 이제 와서 TPP의 중심국인 미국에서 TPP 비판이 거세지고 있습니다. 국민이 없는 비밀 외교 교섭 때문입니다. 민주 공화 양당의 대통령 주요 후보가 모두 반대론을 펼치기 시작하면서 TPP가 다시 표류할 기미를 보이고 있습니다. 난산 끝에 제왕절개로 낳은 아기가 죽어버릴 수도 있는 상황입니다.

이와 전혀 다른 방향에서 또 하나의 아시아 지역 협력의 메커니즘을 만드는 움직임, RCEP가 2012년 교섭 개시 이후 지금까지 완만하지만 착실한 진전을 보이고 있습니다.

RCEP는 치앙마이 이니셔티브 이래 'ASEAN+3'에 의한, 금융 통화 분야를 핵심으로 개발, 식료, 교육 분야에 이르는 동아시아 지역 협력의 발전형입니다. 인도, 오스트레일리아, 뉴질랜드가 협정 참가국에 가세하면서 'ASEAN+6'으로 확대되어 보다 포괄적인 통상 경제 사회 공동체 형성을 목표로 합니다.

미국이 주도하는 TPP와 달리, 아시아 개발도상국의 국내 사정을 감안한 완만한 관세 삭감을 축으로 소국가 연합이 주도하는 점진적이고 기능주의적인 지역 통합을 목표로, 2020년 국제기구로서 동아시아공동체를 정식 발족시키는 프로그램을 따르고 있습니다. 그 전단계로서 2016년 1월, ASEAN 경제 공동체가 발족했습니다.

더욱이 RCEP는 통상 경제 공동체뿐만 아니라 농업과 환경, 문화, 교육 등 여러 분야에서 협력 관계를 제도화하는 것을 정책 아젠다에 포함시켰습니다. 아울러 AIIB에 의한 아시아 인프라 정비에 따른 '연결성' 강화가 RCEP 추진의 보완 기능을 강화하고 있습니다.

그리고 류큐/오키나와는 포괄적인 경제 통상 공동체에서 자원 에너지 문화 공동체로 나아가기 위한 동아시아 지역 협력에서 허브가 될 정책 시나리오를 제시할 수도 있을 것입니다.

경제 통상의 파급력

유럽의 지역 통합 이론에 따르면, 설령 안전보장 분야에서 관련 국가들이 대립 항쟁한다 해도, 경제 통상 영역과 사회 문화 영역에서 통합 프로세스가 진전되면 그 통합 프로세스가 안전보장 분야로 흘러넘쳐 대립 항쟁이 긴장 완화로 향하지 않을 수 없습니다.

경제 사회 영역의 윈-윈 관계의 효과가 안전보장 분야로 흘러넘쳐 대립을 협력으로 바꿔간다는 이론입니다. 이러한 통합이론에 따라 지역 통합의 움직임을 지탱하는 것이 전문가 집단이 만드는 '지식 공동체epistemic community'입니다. 국경의 벽을 넘어, 국가를 짊어지지 않는, 전문 지식 공동체가 지역 협력에 의한 윈-윈 관계의 협력을 만들어가는 것입니다.

환경과 군축을 둘러싼 동서 전문가 회의의 협력과 전문 지식의 진전이 유럽안보협력회의CSCE의 형태를 취하면서 동서 긴장을 줄였고, 그것이 베를린 장벽의 붕괴로 이어졌습니다. 냉전 종결과 '하나의 유럽'을 만든 역사입니다.

그러한 유럽의 역사에서 우리가 배울 것은 얼마든지 있습니다. 그 축에 RCEP를 두고, 그것을 진전시키는 것입니다. 아울러 국경을 넘어선 '지의 집합체'을 만들어 발전시키는 것입니다.

그때 2015년 8월 서울에서 하토야마 전 수상이 제창한 동아시아 평화 회의의 의미가 보다 분명해집니다. 당파를 넘어 좁은 국익에 갇히지 않는, 과학자와 문학자까지 포함하는 탁월한 지적 집단에 의한, 탈국가적인 '지의 공동체'를 세우는 것, 그것이 엄동의 계절을 살아내야 할 우리들 지식인의 역사적 사명입니다.

우리가 지금 해야 할 일은 새로운 아시아의 구축을 향하여, 일찍이 유럽 공동체가 그렇게 했듯이, 부전不戰 공동체를 동아시아 지역 통합의 이념으로 내거는 것입니다. 그리고 중국 위협론과 미일동맹 기축론의 저주와도 같은 속박에서 벗어나 아시아와 공생하면서 살아갈 각오를 새롭게 다지는 것이지요.

헌법 9조의 원점으로 되돌아가 1928년 부전조약과 1945년 유엔헌장에 체현된 인도적 평화주의와 국제협조주의의 21세기 판을 만들어내야 합니다. 비무장 중립론과 같은 일국 절대평화주의로는 안 됩니다. 아시아의 군축 군비 관리와 인간 안전보장을 목표로 한 아시아 공생의 시나리오를 써야 합니다. 그리고 그 시나리오를 동아시아공동체 구축의 구상 속에 포함시켜야 합니다.

바로 거기에 일본이 '영속 패전'에서 빠져나와 참된 풍요로움을 되찾을 수 있는 길이 있습니다. 일국 평화주의가 아니라 안과 밖으로 열린 '평화적 생존권'―구조적 폭력이 없는 상태―이 실현되도록 해야 합니다. 미일 군사 안보라는 저주의 사슬을 끊는 것, 그것은 탈아입구脫亞入歐에서 탈미입아脫米入亞로 가는 길 또는 '연구연아連歐連亞'의 길이라고 바꿔 말해도 좋을 것입니다.

그때 류큐/오키나와는 대미제국의 군사기지 또는 '군사의 요석'이 아니라 통상과 문류文流와 물류에 의한 '평화의 요석'이라는 새로운 아이덴티티를 갖기 시작할 터입니다. 그것이 동아시아공동체의 수도로서 오키나와 나하의 새로운 역할입니다.

제1장

오키나와를 군사의 요석에서 평화의 요석으로

하토야마 유키오鳩山友紀夫

전 수상 · 동아시아공동체연구소 이사장

시작하며

2015년 가을도 깊은 어느 날, 나는 평화학회에 참석하기 위해 오키나와 행 비행기를 타고 있었다. 비행기가 나하공항에 가까워졌을 때쯤, 옆자리의 남성이 조심스럽게 말을 걸어왔다. 미야코지마宮古島 출신인 그는 가족과 함께 괌 여행을 다녀왔다. "오키나와 사람들도 괌에 가고 싶어 합니까?" 등등 가벼운 대화를 즐겁게 나누다가, 그는 조금 진지한 표정으로 "아내는 우라소에浦添 출신인데……"라며 이야기를 꺼내더니 이어서 "아내의 외할아버지는 쓰시마마루對馬丸에 타고 있었는데, 1944년 8월 22일 미국 잠수함의 어뢰 공격으로 목숨을 잃었다"고 말했다. 보통 행복한 가족처럼 보이지만 오키나와 사람들은 어딘지 전쟁의 상처를 안고 있다는 것을 느낀 순간이었다.

그 다음날, 나는 귀중한 체험을 할 수 있었다. 기노자宜野座촌의 해변에서 가까운 곳에서 유골 수집 작업이 진행되고 있다는 것을 알고, 얼마 안 되는 시간이었지만 손을 보탤 수 있었다. 전쟁 말기, 오키나와의 많은 사람들은 미군 상륙이 다가오자 북부로 피난했다. 그곳에서 많은 사람들이 말라리아 등 병으로 사망하거나 미군에게 죽임을 당했고, 수용된 후에는 식료품 부족 등으로 목숨을 잃었다. 그 사람들이 매장된 임시 공동묘지에는 아직도 많은 유골이 묻혀 있다고 한다.

'순부쿠하라スンブク原 공동묘지' 터 주변을 '가마후야'라는 유골 수집 자원봉사단 단원 3, 4명이 삽으로 파고 있었다. 유골 수집 작업은 자원봉사자들이 도맡아 하고 있었다. 나는 그 작업을 한나절쯤 거들었을 뿐이다. 오키나와에서는 지금도 매년 100구에서 150구의 유골이 수집되고 있으며, 더욱이 3,200구 정도의 유골이 잠들어 있다고 하는데도 국가는 유골 수집을 종료했다고 선언하고 예산도 배정하지 않고 있다. 헤노코辺野古의 캠프 슈와브에도 매장지가 있는데 상당수의 유골이 아직 유족에게 돌아가지 못하고 있다고 한다. 유골 위에 기지를 조성하려는 것이다. 결코 허용해서는 안 된다. 이번에 보잘 것 없을망정 힘을 보태긴 했으나 그 정도의 수고로는 유골이 발견될 리 없었다. 그러던 중 2016년 3월 24일 '전몰자유해수집추진법'이 가결, 4월 1일부터 시행되기에 이르렀다. 하루라도 빨리 국가의 책무로서 유골 수집이 진행되기를 빈다. 그러나 이 작업을 경험하고서 나는 왜 오키나와 사람들이 새로운 기지 건설을 반대하는 것인지 그 원점을 본 것만 같았다.

이와 같은 전쟁이 할퀴고 간 상처가 지금도 남아 있는 오키나와 현민에게 아베 정권은 그야말로 문답무용問答無用, 새로운 기지를 제공하라며 억지를 부리고 있다. 후텐마 비행장은 세계에서 가장 위험한 비행장이기 때문에 이설移設되지 않으면 안 된다. 옮길 곳과 관련해서 말하자면, 안전보장은 국가의 전권 사항이기 때문에 정부가 결정한다. 그리고 일단 미일 양국이 헤노코로 옮길 것을 결정했기 때문에 무슨 일이 있어도 헤노코로 옮겨야만 한다라는 논리이다. 여기에는 오키나와 현민의 의사가 전혀 반영되어 있지 않다. 아니, 내가 총리직에 있을 때 오키나와 현민의 의사를 존중하려다가 실패했기 때문에 그에 대한 반동이 한층 더한 것처럼 보인다. 이 점에 대해 큰 책임을 느낀다. 그래서 더욱 오키나와의 장래에 조금이라도 도움이 되는 삶을 살아야만 한다는 것을 통감하고 있다.

　현재 국가와 오키나와현 사이에 법정 투쟁이 진행되고 있다. 오나가 다케시翁長雄志 지사가 헤노코의 매립을 취소한 것은 위법이라 하여 국가가 철회를 요구하며 '대집행代執行' 소송을 제기한 것이다. 오나가 지사는 '혼이 굶주린 듯한 느낌魂の饑餓感'이라고 하여, 오키나와현이 역사적으로 그리고 지금까지 자유, 평등, 인권, 자기결정권을 무시당해온 상황을 표현하고, 오늘날까지 오직 오키나와현만 기지의 부담을 강요당해온 현상을 국민에게 물었다. 이에 대해 국가 측은 "법정은 기지의 실정을 의론하는 곳이 아니"라고 퇴짜를 놓으면서, "국가 존망과 관련되는 일을 지사가 판단할 수 있을 리 없다"라며 대단히 거만한 주장을 되풀이하고 있다. 해병대의 존재 그 자체가 미국에서마저 논란이 되고 있는 마당에 국가 존망이라는 말은 너무 나간 것이라고 생각하지만, 국가 존망과 관련되는 일이라 해서 한 사람 한 사람의 의사를 존중해서는 안 되는 것일까. 스나가와 재판砂川裁判[1]의 사례가 있을 뿐이어서 재판의 행방은 전혀 낙관할 수는 없지만, 민주주

1　[옮긴이] 1957년 7월 8일 도쿄도 기타타마군(東京都 北多摩郡) 스나가와에 있던 다치카와 미군 비행장 확장 반대운동 중에 발생한 사건에 대한 재판.

의의 근본을 묻는 재판이기 때문에 오키나와뿐만 아니라 모든 국민이 관심을 가져주기를 바란다.

우애의 이념

사람은 그 누구도 혼자서는 살 수가 없다. 많은 사람들에게 의지하여 살아간다. 따라서 자신의 존엄을 존중하는 것도 중요하지만 타자의 존엄을 존중하는 마음을 갖는 것 역시 대단히 중요하다. 그것이 자립과 공생의 우애 정신이다. 우애의 이념은 개인과 개인 사이뿐만 아니라 국가 사이에도 성립한다. 국가로서의 자립과 타국과의 공생이 우애이다. 오키나와에 편중된 미군기지의 존재는 일본이 자립하고 있지 못하다는 것을 여실하게 보여주며, 비밀리에 개최되는 미일 합동위원회가 사실상 일본 헌법 위에 존재하고 있다는 야베 고지矢部宏治의 충격적인 지적은 일본이 미국과 공생하는 것이 아니라 미국에 종속되어 있는 원인을 폭로한다. 즉, 일본은 유감스럽게도 우애국가라고는 도저히 말할 수 없는 상황에 처해 있는 것이다.

일본이 자립하기 위해서는 방위력을 강화하지 않으면 안 된다고 주장하는 자가 있지만 나는 그 입장에 동의하지 않는다. 무력이 아니라 대화와 협력에 의해 평화를 쌓는 노력이야말로 일본이 택해야 할 길이다. 평화는 무력에 의해 달성되는 것이 아니다. 그것은 역사가 증명하고 있거니와 아프가니스탄, 이라크, 리비아, 시리아 등의 상황을 보면 한눈에 분명하게 알 수 있을 것이다. 거꾸로 이라크 침공이 과격파 조직 IS를 낳았고, 일본을 포함하여 언제 어디에서 테러가 발생해도 이상할 게 없는 상황을 초래하고 말았다. 아베 총리는 적극적 평화주의라는 이름 아래 미국이 수행하는 전쟁에 협력하는 길을 열었지만, 적극적 평화주의란 단지 전쟁이 없는 상태를 평화로 간주하고 만족하는 것이 아니라 분쟁의 원인이 되는 빈곤, 차별, 인권유린 등 구조적 폭력을 대화와 협력을 통해 제거하고자 하는 사고방식을 말하는 것이므로, 정부는 듣기 좋은 말로 국민을 전쟁으로 끌어들여서는 안 된다.

나는 자위를 위해 필요한 최소한의 방위력을 부정하는 것은 아니다. 그러나 억지력이라 칭하며 군사력을 강화하다 보면 군사력 경쟁으로 이어져 군수산업은 웃겠지만 오히려 충돌의 위기는 높아지고 억지력은 거꾸로 떨어질 것이다. 아베 정권은 집단적 자위권 행사를 인정하는 법안을 통과시키고 싶은 나머지 쓸데없이 중국 위협론을 부추기고 센카쿠열도 주변의 자위력을 강화하려고 하지만, 그것은 중국 국민을 자극할 뿐 바람직한 일은 아니다. 이러한 상황에도 불구하고 중국의 시진핑 주석은 항일 승리 70주년 식전에서 30만 명의 병력 삭감을 약속했다. 나는 주변국가들 특히 일본은 이 병력 삭감 계획을 적극적으로 배워야 한다고 생각한다.

상시 주둔 없는 안보론

나는 미국에 오랫동안 유학한 경험이 있고, 미국인의 너그러움이나 좋은 점은 솔직하게 평가하는 성격을 좋아한다. 질투의 문화를 가지고 있는 일본인이 배워야만 할 점도 많다. 다만 그것이 일본이라는 나라의 '목숨'을 미국에 맡겨도 좋다는 것을 의미하지는 않는다. 아니, 독립국이라면 어떤 나라에도 종속되지 않고 자립해야만 한다는 것은 말할 것도 없다. 만약 그렇다면 미일 안보 체제에 안주하여 일본의 국토에 미국의 군대가 계속 존재하고 있는 것을 지극히 당연한 일이라 하여 사고정지 상태에 빠져 있는 것은 바람직한 일이 아니다. 한 나라의 국토에 타국의 군대가 존재하는 것은 역사적으로 이상한 일이라는 인식을 가질 필요가 있다. 그러하다면 아무리 오랜 시간이 걸린다 해도, 그러니까 50년, 100년이 걸린다 해도 일본에 타국의 기지가 없는 상태를 실현하기 위해 지금부터 노력을 기울이는 것이 대단히 중요하다.

그러한 발상에 기초하여 1999년 민주당옛 민주당을 만들 때 나는 상시 주둔 없는 안전보장을 제창했다. 미군이 평상시에는 일본의 국토에 머무르지 않고, 유사시에만 미군에 자위대 기지 등 일본의 시설 사용을 허가하여 일본의 안전을 보장받는 유사 주둔이다. 이러한 형태를 완전한 독립이라고는 말할 수 없겠지만 독립에 가까운 상태라고는 말할 수 있을 듯하다. 상시 주둔 없는 안보론은 옛 민주당이 확대 발전해가는 과정에서 동의를 얻을 수 없었고, 지금의 민주당에서는 들을 수도 없게 되어 버렸지만, 지금 다시 한 번 정식 무대에 올라야 할 때를 맞이하고 있는 것은 아닐까 생각한다.

세계 정세에 비춰볼 때, 일본에서 이미 미군기지를 완전히 철수시키는 것은 비현실적이라는 것은 이해하고 있었다. 그러나 후텐마 비행장 이설 문제가 떠오르고 있는 때, 아무렇지도 않은 듯 안이하게 그 대체 기지를 오키나와에서 찾는 것은 석연치 않다고 생각한 것은 이상과 같은 맥락에서이다. 이 문제에서 적어도 일본을 자립의 방향으로 나아가게 하려면 어떤 해결책이 있을 수 있을까. 그런 생각을 하고 있을 무렵, 2009년 정권교체 선거가 치러졌다. 그때 내가 오키나와 현민 앞에서 맹세한 것이 후텐마 비행장 이설지移設地는 "가능하면 국외, 최저 현외縣外"로 하겠다는 발언이었다.

후텐마 비행장 이설 문제에서 '최저 현외' 발언

'최저 현외' 발언은 전혀 갑작스런 것이 아니었다. 이미 민주당의 '오키나와 비전' 안에서 같은 논의가 오가고 있었고, 2006년 선거에서는 '매니페스토'에도 기재되어 있었다. 그러나 정권교체 선거의 '매니페스토'에는 거기까지 파고든 기술은 없었다. 내가 오키나와의 선거 응원 열기 앞에서 "오키나와 현민 전체의 뜻이라면 후텐마 이설지는 가능하면 국외, 최저 현외로 하고 싶다"라고 말했던 것이다. 어떻게든 실현시키고 싶은 나의 '공약'이었다.

이 '공약'은 유감스럽게도 나의 총리 재임 중에 지킬 수가 없었다. 자민당 정권 시절에 결정한 나고시名護市 헤노코 이외의 적절한 부지를 찾을 수 없었고, 바라지 않았던 헤노코로 되돌아오는 결과를 낳고 말았다. 아베 정권은 후텐마의 유일한 이설지를 헤노코로 못 박았고, 현재에 이르기까지 강행 자세를 포기하지 않고 있다. 이러한 상황에 이르고만 것에 대하여 깊은 사과의 말씀을 드린다. 전적으로 나의 역량이 부족한 탓이다.

나는 관계 대신大臣들을 나의 뜻에 따라 움직이게 할 수가 없었다. 한번 결정한 헤노코에서 다른 곳으로 옮기는 것은 전혀 생각하려고도 하지 않았던 방위성과 외무성 관료들의 생각을 뒤집을 수가 없었다. 헤노코를 고집한 것은 미국 측보다 오히려 일본 측이었다. 그것은, 나중에 위키리스크를 통해 폭로되었지만, 일본의 방위정책국장이 미국 측에 "미국 쪽에서 조기에 새로운 정권에 유연함을 보여서는 안 된다"라고 진언한 것을 보아도 명백하다. 또, 이 문제를 해결하기 위해 비밀리에 행동하고 싶다는 뜻에서 내가 방위성과 외무성 관료를 소집한 회합이 어떻게 된 일인지 다음날 신문에 흘러나간 적도 있었다. 나는 누구를 믿어야 좋을지 알 수가 없었다.

예산위원회가 끝나고, 5월말까지 결정하라고 내가 기한을 정한 후텐마 문제에 더욱 본격적으로 전념하기 시작한 2010년 4월 19일, 도쿄의 미국 대사관에서 열린 후텐마 이설 문제에 관한 미일 워킹그룹 담당자 회의 결과를 보고받고서 나는 큰 충격을 받았다. 극비라고 도장이 찍힌 보고서에는 거리의 문제'65해리(약 120킬로미터)'의 문제라고 적혀 있었다. 당시 나는 고령화로 활력을 잃어가고 있는 '섬의 활성화를 위해 기지를 설치하자'라는 도쿠노시마德之島 청년들의 요청을 받아들여 대체지로 도쿠노시마를 염두에 두고 있었다. 보고서에는 헬기 항공부대의 거점예컨대 도쿠노시마과, 육상부대와 항상적으로 훈련을 실시하는 거점오키나와의 북부 훈련장 사이의 거리는 '65해리'까지라고 미군의 매뉴얼에 명기되어 있다고 적혀 있었다. 훈련의 일체성一體性으로부터 오는 제약이라는 것이었다. 도쿠노시마의 경우 거리가 104해리여서 한 시간 훈련을 위해 네 시간 이상 가야 하기 때문에 지속 가능성이 없다는 것이었다. 그리고 가령 일부를 오스프레이osprey, 미 해병대 수직 이착륙 수송기로 대체한다 해도 헬기 부대 중에서 가장 느린 헬기에 맞춰야만 하기 때문에 결론은 마찬가지라고 서술되어 있었다. 만사휴의, 손을 써볼 도리가 없었다. 왜냐하면 도쿠노시마뿐만 아니라 북부 훈련장으로부터 '65해리' 안에는 오키나와 이외에 기지의 가능성은 있을 수 없었기 때문이다. 이리하여 '최저 현외'가 무너지고 헤노코로 되돌아오고 말았다. 그리고 나는 '공약'을 지킬 수 없게 되었으며, 이에 책임을 지고 총리직에서 물러났다.

그런데 후일담이 있다. 그 후 이 극비문서의 출처를 류큐신보에서 조사했는데, 출처 불명이었다. '65해리'는 미군의 매뉴얼에 명기되어 있다고 적혀 있지만 매뉴얼에 없다는 것을 미군이 직접 인정했으며, '65해리'에 관해서는 미군도 방위성도 외무성도 모르쇠로 일관하고 있다. 그렇다면 내가 '최저 현외'라는 '공약'을 단념하도록 하기 위해 어딘가에서 의도적으로 만들어진 보고서였을까. 아직 수수께끼는 풀리지 않고 있다.

동아시아공동체 구상의 제안과 현상

앞에서도 얘기했듯이 나는 일본이 자립의 길로 나아가기 위해 군사력을 강화해야 한다는 입장을 취하지 않는다. 대화와 협조를 통해 주변 국가들과 우호를 강화하여 주위의 긴장관계를 줄여나감으로써 일본의 군사적인 대미 의존도를 낮추고 일본을 자립하게 하는 것이 나의 입장이다.

그렇다면 어떻게 주변 국가들과 협조해 나갈까. 나는 일본이 동아시아공동체 구상을 제창하는 것이 주변 국가들과의 대화와 협조의 노선을 이끄는 가장 유효한 수단이라고 생각했다. 동아시아가 공동체를 목표로 삼음으로써 운명 공동체 의식이 높아지고, 동아시아에서 전쟁이 일어나는 일이 없어질 것이라고 믿는다.

유럽에서는 이미 EU라는 공동체가 만들어져 있다. 유럽에 전체주의의 바람이 거칠게 몰아치고 있을 때, 어머니가 일본인인 오스트리아의 쿠덴호프 칼레르기Coudenhove Kalergi 백작이 우애 정신의 필요성을 설파하고 범유럽주의를 제창했다. 그것이 우여곡절 끝에 EU로 열매를 맺었던 것이다. 물론 EU도 여러 가지 문제를 안고 있다. 그리스의 금융 위기는 유로로 통화를 통합하는 것이 과연 옳은 해법이었는지 의문을 던지고 있다. 또, 시리아 난민의 극단적인 유입이나 파리 등지에서 발생하고 있는 IS의 테러는 EU 내의 사람과 물자의 자유왕래가 지나친 것은 아닌가라는 정치적 문제를 야기하고 있는 것도 사실이다. 다만 EU의 존재에 의해 현재 유럽은 사실상 부전不戰 공동체가 되었다는 것 역시 사실이다. 전쟁이 일어나지 않을 틀을 만드는 것이 가장 의의가 깊다고 나는 생각한다.

나는 쿠덴호프 칼레르기 백작이 제창했고, 그의 영향을 입은 나의 조부 하토야마 이치로鳩山一郎가 일본에 도입한 우애의 이념이야말로 전쟁이 아직 멈추지 않은 현대의 세계에 가장 필요한 사상이라고 믿는다. 그리고 우애의 이념 아래 지역공동체를 만드는 것이 세계평화로 향하는 현실적인 길이라고 생각한다. 유럽에서는 그것이 실현되고 있다. 유럽에서 가능한데 동아시아에서 불가능할 리 없다. 그렇게 믿고서 나는 정권 교체 즈음에 그러한 취지의 논문을 발표했고, 총리 취임 직후 유엔총회에서도 동아시아공동체 구상을 피력했다.

그런데 그것이 생각지도 못한 곳에서 불을 뿜었다. 아시아 시장 진출을 강하게 바라고 있던 오바마 정권에게 하토야마는 아메리카 제외 정책을 취하는 것처럼 비쳤던 듯하다. 나의 유엔 연설을 들은 미 정부 고위관리는 격노했다고 한다. 실은 그것은 오해 때문이었는데, 내가 제창하는 동아시아

공동체 구상은 한중일 및 ASEAN 10개국을 축으로 하지만 미국을 배제하는 것은 아니다. 내가 제안하는 새로운 공동체는 과거의 관세동맹과 같은 배외적인 것이어서는 안 된다. 게다가 공동체 구성 국가를 고정할 필요조차 없다고 생각한다. 동아시아 안전보장을 생각할 때 미국을 도외시하는 것은 불가능하다. 그러한 의미에서 필요에 따라 미국과 러시아 등도 동아시아공동체에 들어올 수도 있다고 생각한다.

그러나 유감스럽게도 나의 동아시아공동체 구상의 진의를 충분히 이해하지 못한 채, 나의 총리 재임 중 미국 정부는 내가 반미일지도 모른다며 지속적으로 우려하지 않았을까 추측한다. 나는 반미는커녕 미국 유학 중 미식축구에 열광했던 사람이며, 원래 내가 정치의 세계에 발을 들여놓은 계기는 유학 중 미국 독립 200주년과 조우하여 미국인의 조국을 사랑하는 마음을 접한 것이었다.

나는 후텐마 기지 이설 문제의 책임을 지고 사임했는데, 미국의 입장에서는 '최저 현외'보다 '동아시아공동체 구상' 쪽이 큰 우려였다고 주장하는 사람들로 많다. 그랬을지도 모른다. 그리고 미국의 뜻을 짐작한 일본 외무성은 내가 총리직을 사임한 후 동아시아공동체라는 말을 전혀 사용하지 않게 되었다. 너무도 안타까운 일이다.

류큐/오키나와 센터 개설과 헤노코 이설 문제

나는 총리 재임 중 '최저 현외'도 '동아시아공동체'도 실현할 수는 없었지만 결코 체념한 것은 아니다. 지금도 방향성은 옳다고 생각하기 때문에 그것을 실현하기 위해 미력이나마 보태고 싶다. 그래서 3년 전 '일반재단법인 동아시아공동체연구소'를 도쿄에 개설했고, 2년 전에는 연구소 산하 '류큐/오키나와 센터'를 나하시에 열었다. 연구소에서는 동아시아공동체구상을 진전시키는 데 필요한 이론을 만들 뿐만 아니라 그 실현을 위해 구체적인 행동을 해나가려 한다. 동아시아공동체 구상 속에서 오키나와는 대단히 중요한 역할을 담당하게 될 것이다. 류큐 시대에는 동아시아의 문화적, 경제적 교류의 결절점 역할을 했었다. 따라서 역사적, 지정학적인 의미에서 동아시아공동체가 만들어질 때쯤이면 오키나와는 다시금 그 역할을 담당할 가능성이 충분하다. 그러기 위해서는 오키나와의 군사적인 부담을 줄여나가야만 한다. 다시 말해 오키나와를 미군기지의 73.8퍼센트가 집중되어 있는 현상으로부터 해방시키는 것이 대단히 긴급한 과제이다. 그래서 류큐/오키나와 센터에는 동아시아공동체 안에서 오키나와가 차지하는 위치를 연구하는 역할과 동시에 위험한 후텐마 기지를 조기에 폐쇄시키고 현내縣內 헤노코 이설을 불허하기 위한 생각과 행동이 요구되고 있다.

2014년 12월, 헤노코 이설 반대를 내세운 오나가 다케시 현정縣政이 탄생했다. 오나가 지사는 나카이마 히로카즈仲井眞弘多 전 지사가 공약을 깨고 헤노코 매립을 승인한 것에 의문을 제기하고, 전문가의 검토 결과를 바탕으로 다음해 10월 매립 승인을 취소했다. 그러자 아베 정권은 매립 승인 취소의 효력을 동결하는 집행 정지를 행한 다음, 그곳 주민의 반대 목소리에 전혀 귀를 기울이지 않은 채 헤노코에서 기지 건설 공사를 강행하고 있다. 안보는 국가의 전권 사항이라는 고집불통의 태도로, 지방의 선거 결과는 완전히 무시하는 민주주의의 근간을 뒤흔드는 사태가 벌어지고 있다.

한 걸음 더 나아가 정부는 지사를 상대로 승인 취소를 철회하라는 대집행代執行 소송을 제기했다. 이에 대해 오키나와현도 국가를 상대로 항고 소송을 제기하면서, 국가와 현이 서로 상대를 제소하는 법정 투쟁이 시작되었다.

오나가 지사가 헤노코 대집행 소송에서 행한 의견 진술은 역사에 남을 정도로 훌륭한 연설이었다. 오나가 지사는 오키나와 현민의 자유·평등·인권·자기결정권이 역사적으로뿐만 아니라 지금도 무시당하고 있는 상태를 '혼이 굶주린 듯한 느낌'이라고 표현했다. 그리고 '혼이 굶주린 듯한 느낌'을 이해하지 못하면 문제는 풀릴 수 없다고 말했다. 정부가 그것을 이해하지 못하고 있다는 증거로, 1952년 샌프란시스코 강화조약에 따라 일본이 독립을 한 4월 28일을, 오키나와 입장에서는 미군의 시정권施政權 아래 놓인 그날을, '주권 회복의 날'이라고 부른 것을 들었다. 나아가 오나가 지사는, 전후 오키나와 현민 대부분이 수용소에 수용되어 있을 때 토지를 강제적으로 접수당했고, 그 후에도 '총검과 불도저'에 강제적으로 접수되어 미군기지가 만들어졌다는 사실을 언급하면서, 오키나와가 미군에 자발적으로 토지를 제공한 적은 한 번도 없다고 분명하게 말했다. 그럼에도 불구하고 어이없게도 일본 정부는 해상에서 총검과 불도저를 동원한 것이나 다름없는 행위로 아름다운 바다를 매립하고, 내용耐用 연한이 200년에 이른다는 기지를 만들려 하고 있다며 오나가 지사는 헤노코의 현상을 호소했다. 그래서 국내외로부터 일본의 참된 독립은 신화라는 소리를 듣는 것이라며 정부를 통렬하게 비판했다. 정말로 맞는 말이다.

그 후의 기자회견에서 오나가 지사는 재판관으로부터도 "알아듣기 쉬웠다"는 말을 들었다고 밝혔다. 재판관의 마음에도 뭔가 울리는 게 있었을 터이다. 하지만 금후의 상황은 결코 낙관을 허용하지 않는다. 국가와 지방이 안전보장 문제로 재판을 하는 경우, 스나가와 재판에서 볼 수 있듯이, 재판소는 판단을 내리지 않을 가능성이 높다. 그것은 국가의 주장이 부정되지 않는다는 것을 의미하며, 헤노코의 건설 공사를 멈추게 할 수는 없다.

헤노코 이설 문제를 해결하기 위하여

그렇다면 헤노코 바다 매립 공사는 진행되고 말 것인가. 나는 절대로 그런 일은 있을 수 없을 것이라고 믿는다. 왜냐 하면 오나가 지사가 오키나와 현민의 선두에 서서 헤노코에 기지를 조성하지 못하게 하겠다는 각오를 다지고 있고, 또 헤노코의 문 앞에서 연일 '헤노코 NO' 시위를 이어가고 있는 사람들뿐만 아니라 오키나와 현민 대다수도 조용히 각오를 새롭게 하고 있기 때문이다. 만약 국가가 기지 건설 공사를 계속 강행한다면 오키나와 현민은 독립도 불사한다는 결의로 임하고 있음에 틀림없다. 그런 지경까지 그들을 몰아붙여서는 안 된다.

그렇다면 후텐마를 고정화하고 헤노코에 새로운 기지를 조성하지 않는 해결법은 있는 것일까. 있다. 우선, 미국 쪽에서도 해병대의 필요성에 관한 논의가 있다. 현재의 세계 정세를 보면 해병대의 감축은 충분히 가능하고, 특히 지정학적으로 오키나와에 있는 해병대를 줄인다 해도 충분히 역할을 할 수 있다. 오히려 오키나와 미군기지는 중국에 너무 가까워서 취약하다는 얘기도 있다. 최근 미국의 랜드 코퍼레이션 보고서에 따르면, 동중국해에서 충돌이 일어났을 경우, 중국의 미사일 정밀도가 현격하게 높아졌기 때문에 미사일 공격으로 가데나 비행장이 사용 불능 상태에 빠져, 미군기가 당장 이륙하지 못하는 상황에 처할 것이다. 즉, 센카쿠나 타이완 주변에서 충돌이 발생해도 미국은 중국을 이기지 못할 것이기 때문에 싸우지 않을 것이라는 말과 마찬가지이다. 원래 미국은 센카쿠열도에 관하여 일본이 현재 실효 지배를 하고 있는 까닭에 미일 안보의 대상으로 간주하고 있긴 하지만, 센카쿠의 영유권에 관해서는 중립의 입장이며, 오바마 대통령은 작은 바위 문제로 일본과 중국이 다투지 않았으면 좋겠다라고 아베 수상에게 충고했다. 또, 뜻밖에도 이 보고서에서는 헤노코에 새로운 기지를 만들어 봐야 유사시에는 쓸모없는 비행장이 될 것이라는 의미의 말을 하고 있다. 후텐마 비행장은 괌, 티니안, 하와이, 오스트레일리아 등 해병대가 희망하는 지역으로 옮기는 것이 가장 현실적이고, 또 이들 지역을 수개월 단위로 돌아가면서 사용하는 방법도 하나의 방안이라고 생각한다. 그러기 위해서는, 후텐마 비행장 이설 문제에 관하여 지금까지는 워싱턴과 도쿄만 대화를 해왔지만, 이제는 여기에 오키나와, 괌, 티니안, 오스트레일리아 등 관계하는 지역까지 포함하여 해결책을 강구하는 것이 중요하다고 생각한다. 미국 정부의 공식적인 대응과는 별도로 아메리카의 양식 있는 사람들과 연대와 제휴를 강화해야 한다. 아메리카는 일본보다 민주주의를 중시하는 나라이다. 이 문제에 관해서는 일본의 관료들보다 미국 정부 쪽이 유연했다고도 할 수 있다. 미국 정부에 오키나와의 신념을 확실하게 전하고 안보 정책의 방향을 올바르게 주장함으로써 미국 정부가 새로운 길을 찾아내어 뒤엉킨 실타래가 풀리기를 기대한다.

동아시아공동체를 방해하는 요인

동아시아공동체 구상 이야기로 돌아가자. 앞에서도 얘기했듯이 나는 동아시아에서 전쟁을 영원히 없애는 것을 목표로 하여 한중일과 ASEAN 10개국이 핵심이 되는 대화와 협조의 개방적이고 유연한 공동체를 만들고 싶다. ASEAN 10개국은 경제를 주체로 통합되었고, 한중일 각국과 ASEAN 사이에는 FTA가 체결되어 있기 때문에 미래는 한중일 3개국이 어떻게 대화와 협조의 틀을 구축해나갈 것인가에 달려 있다. 내가 총리 재임 중에 서울에서 한중일 협력사무국을 설치할 것을 결정하여 3국의 평화와 번영을 목적으로 활동하고 있지만, 아직까지는 소기의 목적을 달성하는 수준에 이르지 못한 실정이다. 그 원인은 주로 일본 정부가 협력에 전향적이 않았기 때문이다. 그 사이 한국과 중국은 FTA를 체결하는 지점까지 나아갔지만, 중국과 일본, 한국과 일본의 FTA는 일본이 TPP로 기우는 바람에 뒤로 밀리고 말았다. 작년 후반에야 어렵사리 재개되었지만 아베 수상의 역사수정주의가 발목을 잡아 3년 반이 넘는 장기간에 걸쳐 중일, 한중 정상회담이 열리지 못하는 이상한 상태가 계속된 것은 참으로 불행한 일이었다. 양국과 일본의 관계는 아직 정상으로 돌아갔다고 말하기 어려우며, 국익의 손실은 헤아리기 어려울 정도이다.

동아시아공동체 창설을 방해하는 몇 가지 요인을 생각해 보자. 우선, 역사 인식 문제가 있다. 역사를 어떻게 해석할 것인가는 나라에 따라 당연히 차이가 있다. 그러나 역사의 사실은 하나이고, 해석의 여지는 없다. 그런데 왕왕 역사의 사실을 충분히 이해하지 못한 채 그것이 마치 역사 인식의 차이인 것처럼 착각하는 자가 많다. 역사의 사실에 충실하지 않은 교과서로 배운 것을 스스로 조사해보지도 않은 채 옳다고 믿는 사람이 많은 것이다.

영토 문제를 예로 들 수 있다. 일본이 포츠담선언을 수락하면서 제2차 세계대전은 종결되었다. 그것을 모르는 사람은 없다. 그러나 아베 총리는 말할 것도 없고 포츠담선언의 내용을 이해하고 있는 사람은 극히 적은 게 아닐까. 포츠담선언에는 일본의 영토는 혼슈, 홋카이도, 규슈 및 시코쿠와 연합국 측이 정하는 작은 섬들로 제한한다고 적혀 있다. 즉, 일본이 고유의 영토로서 주권을 주장할 수 있는 것은 혼슈, 홋카이도, 규슈 및 시코쿠뿐이다. 다케시마독도와 센카쿠열도댜오위댜오의 영유권은 실체적으로는 미국이 정하는 것으로 되어 있었던 것이다. 우리가 다케시마와 센카쿠열도를 단순히 고유의 영토라고 주장해도 국제적으로 통할 리가 없다. 그렇다면 미국은 어떻게 결정했던가. 다케시마에 관해서 미국 정부는 1951년 "우리의 정보에 따르면 1905년 이후 시마네현 오키隱岐섬 소관이다"라고 일본에 유리한 보고를 한다. 그런데 2008년 부시 대통령 방한 때 미국 정부의 지명위원회가 다케시마를 한국령으로 하고 말았다. 이 사실을 전제로 하여 서로 어떻게 영유권을 주장할 것인지를 물어야 한다. 센카쿠의 경우는 앞에서 서술했듯이 일본이 실효 지배하고 있지만, 영유권에 관하여 미국의 입장은 중립이다. 영토 문제의 실상은 이와 같으며, 각 당사국이 조기에 납득할 수 있는 결론을 끌어내기는 어렵다. 따라서 나는 과거의 현명한 지도자들이 '보류棚上げ'라는 방법을 끌어냈듯이, 한중일 3개국이 보다 우호적인 관계를 쌓아가기 위해 영토 문제의 해결은 우리들보다 우수한 장래의 세대에 맡기는 쪽이 좋다고 생각한다.

서로 상대의 마음을 이해하는 노력을 하는 것이 역사 인식 문제를 해결하는 실마리가 될 것이다. 특히 상처를 입힌 자가 상처를 입은 자의 마음을 헤아릴 수 있어야 한다. 나는 2013년 겨울, 난징대학살기념관을 찾았고, 2015년 여름에는 일본의 식민지 시대에 정치범을 수용했던 서울의 서대문형무소를 방문했다. 일본에서는 비판적인 기사가 많았던 듯하지만, 일본군이 많은 난징 시민을 학살한 것과 일본이 한반도의 독립운동가를 고문하거나 죽인 사실을 부정하거나 외면해서는 안 된다. 사실을 사실로 받아들이고, 상처 입은 사람들에게 솔직하게 사죄의 마음을 표하면 그들은 용서해줄 것이라 믿는다. 정치지도자들 중에 사실을 인정하려 하지 않는 자가 있으면 그들은 일본이 다시 과거의 잘못을 저지르는 것은 아닐지 불안해한다. 그것은 종군위안부 문제에 관해서도 마찬가지이다. 강제성이 있었느냐 없었느냐는 문제가 아니다. 일본이라는 시스템 안에서 젊은 여성들이 일본군의 노리개가 되었다는 사실이 문제인 것이다.

역사 인식 문제를 완전히 해결하는 것은 쉽지 않을 것이다. 그러나 문제를 최소화해가는 것이 결코 불가능하지는 않다. 예컨대 나의 총리 재임 중에는 역사 인식 문제가 크게 거론된 적이 없었고, 중국이 동중국해에서 영해를 침범한 사례 역시 한 번도 없었다. 과거에 가능했던 일이 지금 불가능할 리 없다.

내가 총리를 마치기 직전에 중국의 원자바오溫家宝 총리가 일본을 방문해, 잠시 끊겼던 동중국해 가스전의 중일 공동개발에 관한 대화를 재개하자고 제안했다. 나는 가스전 공동개발이 제2차 세계대전 후 독일과 프랑스가 중심이 되어 석탄과 철강을 유럽이 공동으로 생산하고 관리하는 공동체를 만들고 그것이 EU의 전신이 된 것과 아주 유사한 사업이라고 생각한다. 재개된 대화는 내가 물러나고 얼마 지나지 않아 다시 중단되고 말았다. 일본은 중국의 동중국해 가스전 개발을 말도 안 되는 일이라고 비판만 할 게 아니라, 공동개발에 협력할 자세를 보임으로써 얼어붙은 중일 정치 대화에 훈풍을 불어넣어 동아시아공동체 실현에 큰 걸음을 내디뎌야 할 것이다.

북한을 어떻게 취급할 것인가는 동아시아공동체를 구상할 때 대단히 중요한 테마이다. 핵과 미사일 개발을 그만두지 않은 상황에서는 북한을 즉시 동반자로 끌어들이는 데 저항이 클 것이라고 생각한다. 그러나 다른 한편 문화와 환경, 에너지 등 북한과 협력할 수 있는 분야도 있다. 협력이 쉬운 분야에서 북한과 협력을 강화해나가면서 정치와 안보에 관한 논의로 진전시켜, 북한이 핵 개발을 단념해야 경제적으로도 발전한다는 확신을 갖게 된다면 동아시아는 평화를 향해 성큼 다가갈 수 있을 것이다.

동아시아공동체회의를 오키나와에

동아시아 국가들이 분쟁을 해결하고 다양한 협력을 해나가기 위해서는 서로 만나 이야기를 나누는 장을 마련할 필요가 있다. 그래서 나는 가칭 '동아시아공동체회의'를 제안한다. EU를 보아도 정부의 대표 기관인 EU위원회 외에 민간 의원들의 논의의 장인 EU의회가 있다. 초기 단계에서는 EU의회가 중요시되지 않았지만, 서서히 기능이 강화되어 존재 의의도 커지고 있다. '동아시아공동체회의'는 우선 미래 포럼과 같은 형식으로 출발해 한중일 3국을 축으로 협의의 장을 제공하고, 협의체의 성격을 갖춰감에 따라 EU회의와 같은 공식적인 회의체로 성장시키는 것을 목적으로 삼고 싶다. 따라서 미래 포럼은 한중일 3개국에 ASEAN의 대표를 더하는 수준에서 출발하는 것이 타당할 것이다. 본격적인 '동아시아공동체회의'의 구성 국가는 ASEAN 10개국에 한중일을 더한 13개국으로 출발한 다음 적절하게 늘려 가면 될 것이다. 구성원은 각국 20명 정도로 하되 다양한 직종을 대표하는 것이 바람직하다. 국가의 규모에 따라 약간의 차이를 두어도 좋을 것이다.

'동아시아공동체회의'에서는 교육, 문화, 환경, 에너지, 경제, 의료, 복지, 방재 그리고 안전보장 등 모든 분야를 다루고, 차이를 인정하면서 상호부조의 정신으로 협력해 나가는 것이 중요하다. 이미 교육 분야에서는 캠퍼스아시아 구상이 현실화하고 있다. 이 구상을 동아시아 전역으로 확대해 나가면 놀라운 결과를 얻을 수 있을 것이다. 문화 분야에서는 내가 제안한 동아시아 문화도시 구상이 한중일 3개국의 세 도시에서 실현되어 세 나라의 다채로운 문화 예술 이벤트가 열리고 있다. 동아시아로 더욱 확대되는 것은 대단히 흥미롭다. 베이징의 하늘을 보면 알 수 있듯이 중국의 경우 경제 발전의 그늘에서 환경 파괴의 심각성이 분명해지고 있다. 공해 선진국 일본의 환경 기술은 틀림없이 중국과 개발도상국의 지속가능한 발전에 기여할 것이다. 또, 천연 에너지를 현지에서 전기로 바꾸어 전선으로 공급하는 아시아 슈퍼그리드super grid, 광역 전송 네트워크 구상도 논의해 볼 가치가 있는 장대한 계획이다. 한중일 FTA 체결은 가장 긴급한 과제이다. 공통 통화에 관한 논의는 시기상조라고 생각한다. 이처럼 논의할 일은 끝이 없다. 그리고 논의의 결과를 정리하여 각국 정부에 제안하고, 영향력을 행사하여 시행하도록 하는 것이다. 특히 안보에 관해서는 '동아시아평화회의'라고 부를 수 있는 회의체를 의회 안에 만들어 집중적으로 안전보장 문제를 논의하는 것이 좋지 않을까 생각한다. 각국에서도 '동아시아평화회의'의 논의를 받아들일 수 있는 회의체가 필요하게 될 것이다. 장기적으로는 유럽의 OSCE유럽안보협력기구와 같은 조기 경계, 분쟁 예방, 분쟁 후 재건 등에 중점을 두는 새로운 기구를 만들 준비를 하는 게 좋을 것이다.

이러한 '동아시아공동체회의'를 설치할 지역으로서 나는 오키나와가 가장 잘 어울린다고 생각한다. 왜냐하면 오키나와는 일찍이 류큐 시대에 중국과 일본은 물론 동남아시아 나라들과 경제적, 인적 교류를 통해 번영을 누린 역사가 있기 때문이다. 그러한 과거의 역사를 되살리고, 나아가 전쟁으로 많은 생명을 잃은 과거로부터 벗어나게 하는 것이다. 그러기 위해서는 무엇보다 미군기지가 과도하게 집중되어 있는 오키나와의 현재를 과거의 것이 되게 하지 않으면 안 된다. 그리고 오키나와를 군사의 요석에서 평화의 요석으로 바꾸는 것이다. 이와 같은 강한 의지와 행동을 오키나와가 보인다면 오키나와에 의회를 유치하는 것에 대하여 중국과 한국 등 이웃 나라들도 틀림없이 이해할 것이다.

'동아시아공동체회의'가 그 역할을 충분히 다하여 동아시아 국가들 간의 이해와 협력이 진전되고, 경제적인 일체화 속에서 윈-윈하는 관계가 강화되며, 운명 공동체 의식이 높아져서 동아시아가 안고 있는 몇몇 분쟁의 씨앗이 메말라 갈 때 '동아시아공동체'는 실현될 수 있을 것이다. 그때 오키나와가 그 중심에 있다는 것을 모두가 알아챌 것이다.

제2장

아베 정권이 만지작거리는 '중국 위협론'의 허상

다카노 하지메高野孟
더 저널 주간 · 동아시아공동체연구소 이사

나의 문제의식

집단적 자위권의 해금을 노리는 신안보법제新安保法制에 관하여 아베 신조 수상은 "정중하게 설명하여 국민의 이해를 구해 나간다"라고 여러 차례 공약했음에도 불구하고, 국회 심의가 진행됨에 따라 아베 자신을 비롯해 정부 측의 답변이 점점 지리멸렬해지고 있을 뿐만 아니라, 헌법학자로부터 법안 자체가 위헌이라는 지적까지 받으면서 오히려 정반대 방향으로 '국민의 이해'가 깊어져 반대 여론이 들끓게 되었다.

통상적인 국회 폐막 직후의 조사를 보면 정부의 안보법제에 관한 설명이 '불충분하다'라고 답한 자가 78퍼센트에 달하며, 이에 대해 익명의 정부 관계자는 "안보법이 필요한 이유는 중국의 대두 등 안보 환경의 변화 때문이다. 하지만 외교적 배려 때문에 구체적인 것은 설명할 수 없었다"라며 억울해했다2015년 9월 21일자 『니혼게이자이신문』. 실제로 아베가 이 법제를 어떻게든 통과시키려고 기를 쓰는 근저에는, 중국의 군사력 확대가 놀라울 정도인데 이는 틀림없이 센카쿠열도를 시작점으로 하여 요론섬与論島, 이시가키섬石垣島을 징검다리 삼아 일본 본토로 침략하고, 동중국해뿐만 아니라 남중국해까지 내해內海처럼 지배하고자 하기 때문이라는, 공포에 가까운 절박한 위기가 있다는 것은 의심의 여지가 없다. 그러나 그와 같은 노골적인 '중국 위협론'을 일국의 수상이 언급할 수는 없는 노릇이어서 "우리나라를 둘러싼 안전보장 환경이 점점 엄중해지고 있다"라는 틀에 박힌 말을 되풀이하는 것으로 우물쩍 넘어온 것이다.

　다만, 긴 국회 회기 중 딱 한 번 그 선을 넘어선 적이 있는데 그것은 심의가 참의원 특별위원회로 넘어간 직후의 일이었다. 아마도 중의원의 심의가 생각처럼 전개되지 않자 초조해진 나머지 참의원에서는 속내를 숨기지 않고 직구를 던져 정면 돌파를 도모하겠다는 패기를 억누르지 못했던 것이리라(그런데 그마저도 오래 가지 못하고 앞에서 말한 정부 관계자가 탄식한 것과 같은 결과를 낳고 말았지만). 예를 들면 7월 28일의 참의원 특별위원회에서 자위대 출신인 사토 마사히사佐藤正久 의원이 중국 위협론을 격하게 펼친 끝에, "우리나라를 둘러싼 안전보장 환경은 더욱 엄중해지고 있고, 우리가 사는 이시가키시의 행정구역인 센카쿠제도에서도 중국 공선公船의 영해 침범이 일상다반사인 상태에 있다. 이런 상황에서 어민뿐만 아니라 일반 시민도 큰 불안을 느끼고 있다"라면서 안보법제의 성립을 요망한 이시가키 시의회의 결의를 낭독한 다음 아베의 소견을 물었다. 그러자 아베는 다음과 같은 요지의 말을 했다.

　우리나라를 둘러싼 바다의 환경이 크게 변화하고 있다. 남중국해에서 중국은 대규모 매립을 행하고 있으며, 또 동중국해의 가스전 문제에 관해서는 2008년의 합의가 지켜지지 않고 있다. 그리고 센카쿠의 영해를 공선이 몇 차례씩이나 침범하는 상황 속에서 이시가키 시민 여러분은 우리나라의 안전보장 환경의 변화에 날마다 피부에 닿는 위기감을 갖고 있을 것이다. 이러한 안전보장 환경의 큰 변화 속에서 우리나라만으로는 일본을 지켜낼 수가 없다. 견고한 동맹 관계가 더욱 잘 작동하게 함으로써 억지력을 강화하고, 사전에 전쟁을 막아야 한다. 결국 평화적인 발전의 길을 가기 위해 방침을 서둘러 변경하는 것도 중요하지 않겠는가. 그렇기 때문에 확실하게 준비를 하여 빈틈없는 평화 안전법제를 정비해나갈 것이며, 그리고 미일동맹이 흔들림 없다는 것을 내외에 보여줌으로써 이 해역까지 포함한 우리나라의 평화와 안전을 끝까지 지킬 수 있을 것이라고 확신한다.

여기에서 ① 중국 공선의 센카쿠 영해 침입, 동중국해 가스전 개발, 남중국해에서의 매립 등과 같은 행동은 일본의 입장에서 보면 위협이다, ② 그러나 우리의 힘만으로는 그러한 중국의 위협으로부터 우리나라를 지킬 수가 없다, ③ 그렇기 때문에 집단적 자위권을 해금하여 미일동맹이 흔들림 없다는 것을 내외에 보여주지 않으면 안 된다라는, 아베가 안보법제를 추진하기 위해 고심참담하면서 구축해온 기본적인 논리가 드러난다. 이 가운데 ②는 꽤 문제가 되는데, 정말로 일본의 자위력만으로 지켜낼 수 없는지 어떤지는 반드시 자명하지 않으며 엄밀한 검증이 필요하다. 또, ③은 일본이 이 정도의 법제로 집단적 자위권의 대미 발동을 단행할 수 있기 때문이라고 하지만, 미국이 센카쿠나 가스전 같은 중일 간 분쟁의 경우에 대국적인 전략적 이해를 내팽개치고서 집단적 자위권을 발동하여 미중 전쟁으로 돌입할지 여부는 전혀 보증할 수 없을뿐더러, 내가 보기에 그 가능성은 제로이다.

그것에 대한 검토는 다른 기회에 맡기기로 하고, 여기에서는 ①지금 중국은 일본에 정말로 군사적인 위협인가, 위협이라면 그것은 군사적 수단으로밖에 억제할 수 없는 정도의 것인가 그렇지 않은가에 관하여 개략적으로 검토해 보기로 한다. 가령 군사적 수단으로밖에 대응할 수 없는 성질의 것일 경우, 그 지점에서 비로소 ②의 그것은 일본 단독으로는 대응할 수 있는가 없는가, 그리고 ③의 대응할 수 없을 경우 미국이 도와줄 가능성이 있는가 없는가라는 검토로 나아가지 않으면 안 된다. ①이 '그렇지 않다'면 ②도 ③도 물음 자체가 성립하지 않으며, 따라서 안보법제를 구상한 것 자체가 난센스였다는 말이 된다.

이것은 내가 작년의 안보 국회에 관하여 정말로 유감스럽게 생각해온 것인데, 아베가 노골적으로 드러낸 '중국 위협론'을 당당하게 이야기하고 야당과 정면으로 붙어서 논전을 펼쳐나갔더라면 일본의 안전보장에서 무엇이 정말 중요한지에 대한 '국민의 이해'는 훨씬 깊어졌을 것이다. 대체로 안전보장 논의의 출발점은 '위협'을 냉정하게 평가하는 것이고, 그것을 결여한 채 정부와 어용 매스컴이 "이 나라가 무서워. 저 나라도 위험해"와 같은 정서적인 선동을 일삼아서는 거꾸로 '이 나라'가 위험하다.

아래에서는 중국 공선의 센카쿠 해역 출몰, 중국의 센카쿠를 포함하는 방공식별권 설정, 동중국해의 가스전 개발, 남중국해의 미중 군사 긴장에 관하여 고찰한다.

센카쿠 주변에서는 지금 무슨 일이 일어나고 있는가

센카쿠 주변 해역의 최근 정세는 어떻게 흘러가고 있을까. 2015년 7월 20일 '바다의 날', 아베 수상은 해상보안청 순시정 '마쓰나미'에 승선하여 바다 위에서의 테러 용의선 포착과 방수 훈련 등을 시찰한 후, 요코하마 해상 방재 기지에서 해상보안청 직원들을 격려하면서 "외딴섬, 영해를 둘러싼 환경은 유례가 없을 정도로 엄중해지고 있다. 여러분이 긴장의 끈을 놓지 않고 임무를 다하고 있는 데 대해 다시금 경의를 표한다"고 강조했다. 실제로 매스컴에서도 때마침 "중국 공선이 또 센카쿠 주변 영해에 침입, 해상보안청이 경고" 등의 뉴스를 내보내고 있어서 중국이 여전히 활발한 무법활동을 계속하고 있다는 인상이 퍼져 있지만, 실상은 대부분 이와 다르다.

〈그림 1〉은 해상보안청 홈페이지에 게재되어 있는 '센카쿠제도 주변 해역에서 중국 공선 등의 동향과 우리나라의 대처'[1]인데, 막대그래프가 중국 공선이 센카쿠 주변 영해에 침입한 월별 연척수延隻數, 꺾은선그래프가 영해에 접한 '접속수역'[2]에서 확인된 척수이다. 중국 공선의 영해 침입은 2012년 9월 11일 노다野田 내각이 센카쿠 일부 국유화라는 어리석은 도발 행위를 하기 이전에는 거의 없었지만, 그 직후 급증하여 1년 후인 2013년 8월에 28척으로 정점에 도달한다. 그러나 그 후에는 상당히 줄어 2014년 1월 이후에는 매월 4~10척 정도로 수습되고 있다. 그래도 이 그래프만

---

1   海上保安廳・尖角ページ : http://www.kaiho.mlit.go.jp/mission/senkaku.html
2   연안의 기선(基線)에서 12해리 이내가 '영해'인 데 대하여 그 바깥쪽에 접하는 12해리까지가 '접속수역'인데, 통관・재정・출입국 관리・위생 등에 관한 국내법에 따라 위반할 경우 체포 가능하다는 것이 유엔 해양법 조약으로 정해져 있다. 한편 '배타적 경제수역'은 기선으로부터 200해리이다.

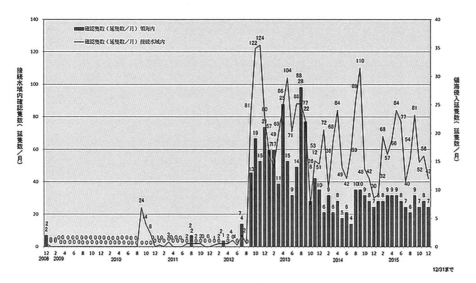

〈그림 1〉 센카쿠제도 주변 해역에서 중국 공선 등의 동향과 우리나라의 대처

보면 "뭐야, 상당히 많잖아!"라는 인상을 받을 수 있겠지만, 이 그래프 아래 게재되어 있는 월별 표에서 영해 침입 부분의 숫자를 뽑아보면(〈그림 2〉) 뭔가 이상한 리듬이 있다는 것을 알 수 있다.

매월 표준 3회, 드물게 2회인 적도 있지만 4회는 없다. 1회에 표준 3척, 2척인 경우도 있지만 4척인 경우는 예외적으로 한 번뿐이다. 해상보안청 관계자에게 물어도 "영해 침입이 상태화常態化하고 있다"라고만 말할 뿐 그 의미를 설명해주지는 않는다. 그런데 중국 측 소식통에게 슬쩍 물어보았더니 다음과 같은 놀랄 만한 대답이 돌아왔다.

"상태화라는 것은 일정한 룰에 따라 일상적으로 이루어지고 있다는 뜻이다. 중국으로서는 체면상 일본의 센카쿠 영유를 인정해서는 안 되기 때문에 상징적인 의미에서 월 2~3회, 1회당 2~3척의 해경선을 일본이 주장하는 영해 안으로 들여보내지만 반드시 두세 시간 후에 밖으로 나온다."

〈그림 2〉

월별	횟수	일회척수	합계척수
14년 1월	2	3+3	6
2월	3	3+3+3	9
3회	2	3+3	6
4월	3	3+2+3	8
5회	2	3+2	5
6월	3	3+3+2	8
7회	2	2+2	4
8월	3	3+3+3	10
9회	3	3+4+3	10
10월	3	3+3+3	9
11회	3	2+3+3	8
12월	3	2+2+3	7
15년 1월	3	3+3+2	8
2월	3	2+3+3	8
3월	3	3+3+3	9
4월	3	3+3+3	9
5월	3	3+3+3	9
6월	2	3+3+2	8
7월	3	3+2+2	7
8월	3	3+3	6
9월	3	3+3+3	9
10월	3	3+2+2	7
11월	3	2+3+3	8
12월	3	2+2+3	7

하지만 왜 표준 3회인가?

중국의 해경국海警局은 칭타오의 북해 분국分局, 상하이의 동해 분국, 광저우의 남해 분국으로 나뉘어 있는데, 센카쿠는 동해 분국 담당이다. 동해 분국 하의 상하이 총대總隊, 푸젠 총대가 순번으로 월 1회씩 나가기 때문에

월 3회가 된다. 게다가 2015년 들어서부터라고 생각하는데, 그 진입을 일본의 해상보안청에 '사전 통고'하고 있을 것이다. 해상보안청으로서는 언제 올지 모르면 상시로 일정한 척수를 보내 경계해야 하겠지만 사전에 통고를 하니까 그 시간에 나와 보면 될 터이므로 이전보다 훨씬 나아진 게 아닌가. 결국 센카쿠 문제는 사실상 '보류' 상태로 두는 것이 해결의 실마리가 될 것이라는 말이다.

물론 때로는 이러한 일상적인 순찰 이외의 사태도 일어난 적이 있는데, 2015년 11월에는 중국의 정보수집함이 센카쿠 남쪽 해역에서 거의 하루 종일 동서로 왔다 갔다 하는 수수께끼 같은 행동을 했다. 이에 대해 일본 정부는 금후 이러한 케이스에 관해서는 해상자위대의 '해상 경비 행동'을 발령하여 퇴거를 촉구하기로 결정하고 그 뜻을 중국 정부에 통고했다라고 『요미우리신문』이 2016년 1월 12일 1면 톱으로 어마어마하게 보도했지만, 그 중국함은 영해는 물론 그 바깥쪽 접속수역에도 들어온 적이 없다. 도대체 이 무슨 난리란 말인가. 또, 같은 해 12월에는 일상적인 계획에 따라 한때 영해에 침입한 중국 해경국 공선이 기관포를 탑재하고 있다는 것이 크게 보도되었다. 기관포를 싣고 있는 해경선도 있을 수 있겠지만 특별히 사격을 한 것도 아니다. 문제는 이러한 대수롭지 않은 돌출적인 사실을 일부 미디어가 '큰일'인 것처럼 과장 보도하여 '중국은 두렵다'라는 선동적인 선전을 하는 반면, '월 3회, 2~3척, 두세 시간 한정, 사전통고제'와 같은 '영해 침범'의 일상화라는 중요한 사실은(내가 주재하는 『인사이더』 말고는) 어디에서도 보도한 적이 없어서, 국민은 균형 잡힌 정보에 기초하여 냉정하게 사물을 비판할 기회를 부당하게 박탈당하고 있다는 점이다.

이런 상태를 "외딴섬, 영해를 둘러싼 환경은 유례가 없을 정도로 엄중해지고 있다'라고 두루뭉술하게 말하는 것은 아무리 생각해도 무리이다. 물론 일본의 입장에서 보면 영해 침범이 틀림없기 때문에 표면적으로는 '괘씸하다'고 말하는 것이 당연하지만, 실체적으로는 중국 해경이 일방적으로 이러한 행위를 룰로 정하자는 제안을 하고 일본 해상보안청이 암묵리에 그것을 받아들이는 형태로 위기관리 협력이 수면 아래에서 시작되고 있다. 그렇다면 이것을 더욱 확실한 것으로 자리 잡게 하는 외교적 노력이 중요할 터인데도 일본은 센카쿠에 관하여 "영유권 문제는 존재하지 않는다"는 입장, 다시 말해 외교 교섭의 여지는 전혀 없다는 입장이기 때문에 이와 같은 룰에 의한 일상화가 시작되고 있는 사실을 국민에게 알려서 조금이라도 안심시키는 일은 굳이 하지 않는다. 거꾸로 센카쿠를 조만간 중국에 빼앗길 것이라는 말을 해두지 않으면 안보법제도, 헤노코 기지 건설도, 자위대에 의한 도서島嶼 방위 전략도 성립하지 않을 터이므로 『요미우리신문』나 『산케이신문』에 '또 중국 공선 침범' 운운하는 기사를 쓰게 하여 국민을 세뇌시키고 있는 것이다.

중국이 돌연 동중국해의 '방공식별권'을 설정?

중국 국방성이 2013년 11월 23일 센카쿠제도 상공 등을 포함하는 동중국해의 넓은 범위에 전투기 긴급 발진의 기준이 되는 '방공식별권'을 설정했다고 발표하면서 큰 소동이 일었다. 아베 수상은 이틀 후 참의원 결산위원회에서 중국이 센카쿠 상공을 포함해 방공식별권을 설정한 것과 관련하여 "마치 중국 영공인 것처럼 표시하고 있어서 도저히 받아들일 수 없다"면서 철회를 요구했다. 켈리 미 국무장관도 곧바로 성명을 발표, "이러한 일방적인 행동은 동중국해의 현상을 바꾸려는 시도이다. 사태를 악화시킬 가능성이 있는 행동은 지역의 긴장을 높이고 분쟁 위험을 낳을 뿐이다"라고 비난했다. 그 후 일본 매스컴도 습관처럼 이것을 '일방적'이고 '갑작스럽다'고 표현하는데 과연 그럴까.

첫째, 방위식별권을 공공상公海上이나 이웃 국가의 영토·영해 안까지 확장하여 설정하는 것은 흔히 있는 일이며, 영공 라인 이내에서 식별한다 해도 그 때는 이미 정체불명의 비행기가 영공 안에 침입한 후이기 때문에 아무런 의미도 없다.

예를 들어 한국의 식별권은 북한의 영내로 깊이 들어가 북위 39도인 평양까지 도달하지만, 이를 두고 북한이 침략이라고 떠들거나 이 때문에 무슨 문제가 일어났다는 이야기는 들은 적이 없다. 또, 타이완의 식별권을 보면 둥사東沙제도 주변에서부터 북쪽으로 대륙 내부로 들어가 후젠성과 저장성 전역을 포함하고 있지만, 그것이 타이완과 중국 사이의 분쟁의 불씨가 되었던 적은 없다.

그렇다면 특별히 이상할 게 없는 중국의 식별권 설정을 처음부터 끝까지 '일방적'이라는 표현을 사용하여 설명함으로써 왠지 국제법이나 관례를 무시한 채 힘만 믿고 난폭한 공격적인 행동으로 나오는 것 같은 인상을 주려 하는 것은 너무 선정적이지 않은가.

둘째, '일방적'이라는 표현에 '갑자기'라든가 '뜻밖에'와 같은 말을 덧붙임으로써 중국이 국제 사회의 룰을 돌아보지 않으면 안 되는 국가라는 인상은 한층 강화된다. 그러나 이것은 갑작스럽게 일어난 일이 아니었다. 2014년 1월 1일자 『마이니치신문』이 '중국, 방공권 3년 전에 제시'라는 제목 아래 1면 톱으로 보도한 것을 보면, 2010년 5월 베이징에서 열린 중국 군부와 자위대 간부를 포함한 두 정부 관계자의 비공식 회합 '중일안전보장연구회의' 석상에서, 중국 측이 방공식별권안을 그림으로 제시하면서 "센카쿠제도 등 동중국해에서 일본의 식별권과 겹치는 부분이 있으므로 양국 공군기에 의한 예측하지 못한 사태를 막기 위해 룰을 만드는 작업을 진행했으면 한다"라고 제안했다. 중국 측에서 이 제안을 한 사람은 중국 해군의 싱크탱크인 해군군사학술연구소 소속의 준장과 중국 3군의 최고 학술기관인 군사과학원 소속의 다른 준장이었다.

이 문제는 2012년 6월 베이징에서 열린 자위대 장관將官 OB와 중국군 현역 간부의 회합에서도 깊이 논의되어 '중일해공海空 연락메커니즘'의 기본합의에 이르렀고, 다음해 2013년에는 중국의 군 간부가 일본을 방문하여 조인할 준비까지 갖춰져 있었다. 그런데 2012년 9월 노다 정권이 센카쿠를 국유화하면서 중일 관계가 갑자기 어두워진 와중에 12월에는 '중국위협론'을 주장하는 아베 정권이 등장하고, 더욱이 2013년 1월에는 동중국해에서 중국 해군 프리깃함이 해상자위대의 호위함에 사격 관제 레이더를 쏘는 위험 행위를 하는 등 중일 쌍방의 어리석은 행동이 맞부딪힘으로써 문제 해결의 길이 요원해지고, 그러한 교착 상태 아래에서 2013년 11월 중국이 식별권 설정을 '일방적으로' 발표한 것이다.

『마이니치신문』 기사에서 말하는 '2012년 6월 회합'이란 사실 중일 간 해공海空 연락 메커니즘에 관한 제3차 실무급 협의를 가리킨다. 재밌게도 이것을 제기한 것은 제1차 아베 정권이었다.[3] 아베는 2007년 4월에 열린

---

3 생각건대 제1차 아베 정권은 다니우치 쇼타로(谷内正太郎) 외무사무차관의 선도로 맨 먼저 중국을 방문지로 선정하는 등 대중 관계의 타개에 강한 의욕을 보였다. 바로 그 다니우치가

중일 정상회담에서 원자바오溫家宝 총리에게 '전략적 호혜관계'의 일환으로 '해공 연락 메커니즘'에 관한 협의를 시작하자고 제안, 합의에 이르렀다. 이에 기초하여 2008년 4월 제1차 협의가 열렸고, 『마이니치신문』에서 '2010년 5월의 회합'이라 한 것은 제2차 협의였다.

결국 일본 정부의 입장에서나 아베의 입장에서나 식별권은 갑작스럽고 어쩌고 할 게 없는, 2010년부터 알 만한 사람은 다 아는 중일 간의 협의 사항이었던 것이다. 그런데 왜 일방적이라느니 갑작스럽다느니 운운하는 것일까. 추측에 지나지 않지만, 그것은 중국 위협론을 강조하고 싶은 외무성이 기자클럽에서 그러한 뉘앙스로 발표하면 공부도 취재도 하지 않는 기자들이 그대로 받아서 쓰기 때문이다. 일본 국민은 친미 · 반중 · 반소의 냉전 이데올로기를 질질 끌면서 놓지 않았던 시대착오적인 외무성이 어둡고 어리석은 매스컴을 이용하여 이러한 정보조작＝마인드 콘트롤을 일상적으로 끊임없이 저지르고 있다는 점을 알아둬야 한다.

한편 미국은 이 문제를 방치하지 않고, 동중국해뿐만 아니라 남중국해까지 포함하여 미중 쌍방이 중대한 군사 행동을 할 경우 사전에 통보하는 메커니즘의 구축, 해상과 공중에서 불의의 사고를 방지하는 위기 회피 규정 등을 포함한 포괄적인 '신뢰 양성 조치'에 관한 교섭을 진행, 2014년 11월 오바마가 중국을 방문했을 때 기본합의에 도달했고, 2015년 9월 시진핑이 미국을 방문했을 때 공식 조인했다. 그것을 보고 당황한 일본의 외무성과 방위성은 2011년 1월 이후 끊겨 있던 중일 간 '안보 대화'를 제2차 아베 정권 성립 후 처음으로 재개했고, 2015년 3월 '해공 연락 메커니

지금은 국가안전보장국장 겸 내각특별고문으로 일하고 있는데도 제2차 아베 정권이 왜 '중국 위협론'으로 빠져들고 말았는지 수수께끼가 아닐 수 없다.

즘'의 조정 작업을 서두르기로 합의했다. 하지만 아베는 그 무렵에 이미 중국과의 전쟁을 부를 수도 있는 안보법제를 마무리하는 꿈을 꾸느라 그 합의를 돌아볼 겨를이 없었다.

미국과 중국 사이에서는 쓸데없는 대립과 예측불허의 전쟁을 막기 위한 메커니즘 구축이 진행되고 있었고 일본과 중국도 이와 관련된 협의가 벌써 실마리를 찾아가고 있었는데도, 그것을 무시하고 미일동맹으로 중국과 군사적 대결을 초래할 수도 있는 법 정비와 자위대의 남방 중시 전략으로 돌진하고 있는 것이 아베다. 그리고 매스컴으로 말하자면, 미중 간뿐만 아니라 중일 간에도 중국과 전쟁을 피하기 위한 관계 구축의 가능성이 무르익어가고 있는데도, 그 기조를 중요하게 키워가고자 하는 입장에서 아베 정권에 근본적인 비판을 가히기는커녕, 결국은 일방적이라는 둥 당돌하다는 둥 갑작스럽다는 둥 가볍기 짝이 없는 말을 쏟아내며 아베의 중국 위협론 망상을 부추기고 있는 실정이다.

중국도 너무나 무지하고 무신경했다

셋째, 물론 중국의 방공식별권 설정에 아무런 하자도 없었다고 말하는 것은 아니다.

당초 중국 측의 발표는 너무나 유치하고 비상식적인데다 무신경했는데, 그것은 식별권을 설정한 것 그 자체와 그것이 중간선 이동以東과 센카쿠를 포함하고 있었던 데 있었던 것이 아니라, 식별권을 비행하는 항공기에 대하여 "중국 외교부 또는 민간 항공국에 비행 계획을 제출할 것", "식별권

관리 기관 또는 그것에 의해 권한을 부여받은 조직의 지시에 따를 것", "식별에 협력하지 않는 또는 지시에 따르지 않는 항공기에 대해 중국은 무력으로 방어적인 긴급조치를 강구한다" 운운하며 그 권역 내에서의 강제 조치를 공고公告한 데 있다.

이미 말했듯이 식별권은 공해상公海上＝공공상公空上이나 경우에 따라서는 타국의 영토 안에까지 설정될 수 있는 것이며, 그곳을 통과하는 모든 항공기에 대하여 무력에 의한 강제 조치를 취할 수 있는 것도 아니다. 많은 전문가들이 중국은 방공식별권의 의미를 모르는 게 아니냐고 의문을 표명한 것도 당연하다.

맨앞에서 일부 인용한 켈리 미 국무장관의 "이러한 일방적인 행동은 동중국해의 현상을 바꾸려는 시도이다. 사태를 악화시킬 가능성이 있는 행동은 지역의 긴장을 높이고 분쟁 위험을 낳을 뿐이다"라는 말도, 그것만 보면 식별권의 설정 그 자체를 비난하고 있는 것처럼 들리지만 실은 그렇지 않다. 켈리는 이어서 이렇게 말한다.

해역海域과 공역空域의 상공 통과 및 기타 국제법상 합법적인 사용의 자유는 태평양 여러 나라들의 번영, 안정 및 안전보장에 불가결하다. 미국은 어떤 나라든 영공 내 침입을 의도하지 않는 외국의 항공기에 대해 방공식별권에 기초한 절차를 적용하고자 하는 행위를 지지하지 않는다. 또, 미국의 영공 내 침입을 의도하지 않는 외국의 항공기에 대해 미국은 방공식별권에 기초한 절차를 적용하지 않는다. 우리는 중국에 대해 국적 불명 또는 중국 정부 지령에 따르지 않는 항공기에 대해 조치를 강구한다는 위협을 실행으로 옮기지 말 것을 강력하게 요구한다.

주의 깊게 읽으면 알 수 있듯이, 식별권은 영공 안에 침입할지도 모르는 국적 불명의 항공기를 조기에 식별하고 필요하다면 경고를 발하여 퇴거를 권고함으로써 트러블을 미연에 방지하기 위한 것이기 때문에, ① 국적 불명이 아닌 민간 항공기의 경우 중국 군부에서 설정한 식별권을 통과할 때마다 "중국 외교부 또는 민용 항공국에 비행 계획을 제출할" 필요가 없으며, ② 그 민간 항공기가 "식별권 관리 기관의 지시에 따를" 필요도 없고, ③ "지시에 따르지 않는 항공기에 대하여 중국은 무력으로 방어적인 긴급조치를 강구하는" 일도 있을 리 없다. 이와 같은 식별권에 관한 국제 상식에 비추어 켈리는 중국의 언동을 '일방적'이라고 말한다.

결국 방공식별권을 설정하면 그 범위의 공공상公空上＝공해상公海上의 자유항행권을 침해할 수 있다는 식의 중국 쪽의 당초 발표는 무지 탓이거나 조잡한 위협에 의한 흥정이었을 것이다. 어쩔 수 없이 일본의 민간 항공 회사도 안전보장을 위해 일단은 비행 계획을 중국 당국에 제출하는 조치를 취했지만, 이는 미일 양국을 비롯한 나라들과 중국 사이의 흥정 결과 굳이 그럴 필요가 없다는 것을 중국 쪽에 확인해주는 꼴이었기 때문에 4일 후인 11월 27일에는 그것을 중단했다. 또 한미일 공군도 26일부터 28일까지 각각 중국이 주장하는 식별권 내에 일부러 폭격기와 전투기를 진입시켜 중국 측이 이상한 반응을 보이지 않는 것을 확인했다.

이어서 28일에는 중국 국방부 간부가 기자회견을 열어 다음과 같이 앞에서 했던 말을 사실상 정정하면서 이 문제는 일단락되었다.

방공식별권은 영공이 아니며 '비행 금지 공역空域'도 아니다. 나라의 영공 밖에 확정한 공역의 범위인데, 그 범위를 설정함으로써 조기 경계의 시간을 확보하고 국가의 방공 안전에 노력하는 것이다. 국제법과 국제 관습에 따라 외국 항공기는 타국의 방공식별권에 들어갈 수 있고, 동시에 방공식별권을 설정한 나라는 타국의 항공기를 식별할 권한이 있으며, 그 비행의 의도나 속성을 명확히 하여 상황에 따라 대응한다.

중국의 방공식별권 설정은 국제 관습에 합치하며, 중국 측은 변함없이 국제법상의 각국의 비행 권리를 존중한다. 방공식별권 설정으로 달라지는 것은 아무것도 없다. 국제 비행은 방공식별권으로 아무런 영향도 받지 않는다. 방공식별권을 비행하는 미확인 물체에 대하여 중국 측은 즉시 식별, 감시, 관제 등의 조치를 취한다. 구체적으로 어떤 조치를 취할지는 상황에 따라 다르다.

가스전 기지가 군사시설이 된다?

아베는 중국 위협론의 입장에서 안보법제를 추진하는 한편, 미국의 강한 압력이 있고 해서 중일 관계의 개선에도 손을 쓰지 않을 수 없었다. 그리하여 2015년 7월 관저에서 야치 쇼타로谷內正太郎 국가안전보장국장을 베이징으로 보내 양제츠陽潔篪 국무위원과 회담하게 했다. 그런데 외무성은 야치가 귀국한 다음날, 기다렸다는 듯이 중국이 동중국해의 해저 가스전 개발에서 새롭게 12기의 플랫폼을 건설 중이라는 내용의 글을 항공사진 열네 장까지 첨부하여 홈페이지에 공표했다.[4] 중국을 대하는 아베의 일관성 없는 자세가 관저와 외무성의 다툼이라는 형태로 드러난 꼴사나운 모습인데, 중국

---

4 http://www.mofa.go.jp/mofaj/area/china/higashi_shina/tachiba.html

외무성은 즉각 "고의로 대립을 부추기려는 의도가 있으며 양국의 관계 개선에 건설적이지 않다"라고 반발했다.

외무성의 행위는 중국의 가스전 개발을 위한 플랫폼 건설이 일본에 '군사적 위협'이 되는 것처럼 말하는 극우세력의 주장에 동조한 것으로 상식의 수준에서 벗어난다.

첫째, 중국이 추진하고 있는 가스전 개발은, 최근 확실히 숫자가 늘어나고 있는 것은 사실이지만, 그 지점은 일본이 주장하는 '중일 중간선'의 서쪽에 거의 한정되어 있다. 이전부터 중국이 주장해온 권익선權益線은 그 선을 훨씬 넘어 난세이제도南西諸島에 가까운 대륙붕 맨끝 '오키나와 주상해분舟狀海盆, trough'까지인데, 그곳까지 나오지는 않고 있다. 이는 일단 일본 측의 주장을 존중한다는 의미이거나 적어도 그것을 무시하고서 개발 영역을 확대하지는 않겠다는 뜻이라 할 수 있다.

둘째, 아베는 참의원 회의 답변에서 "2008년의 중일 간의 공동개발 합의가 지켜지지 않고 있다"고 말했는데, 2008년 6월 후쿠다 내각 당시에 기본합의에 이르고 2010년 5월 하토야마 내각 당시에 원자바오 수상이 일본을 방문했을 때에도 그 구체화에 관한 재확인이 있었음에도 불구하고, 2010년 9월 간 나오토菅直人 내각 당시의 센카쿠 해역 중국 어선 충돌 사건 처리, 2012년 9월 노다 내각 당시의 센카쿠 국유화 조치 등을 통하여 공동합의가 이행 불능 상태에 빠져 있었던 것이 진실이며, 특별히 중국 쪽만 합의를 지키지 않고 일방적으로 부당한 행위를 한 것이 아니라 일본도 그 합의를 지키려는 노력을 하지 않았다.

이러한 중국의 개발 행위에 대처하는 방법은 두 가지이다. 하나는 일본도 '중일 중간선'에서 활발하게 가스전을 개발하면 되겠지만, 멀리서 기체 상태로 파이프라인을 통해 일본까지 끌어오기에는 수지타산이 맞지 않는다. 다른 하나는 공동개발에 참여하여 개발 몫은 중국에 공급하고 할당받은 몫을 받는 것이 훨씬 이익이다. 어느 쪽이든 군사력으로 대항하거나 대처할 문제는 있을 수 없다.

셋째, 이 가스전 기지에 군사적 의미가 있다고 하는 것은 사쿠라이 요시코 등이 얼마 전부터 『산케이신문』 칼럼 등을 통해 쏟아내고 있는 유치하기 짝이 없는 망상인데, 그런 말에 속아넘어가 나카타니 전 방위상이 "플랫폼에 레이더나 수중음파탐지기SONAR를 설치할 가능성이 있다"고 답변한 것은 비웃음거리라 할 수 있다. 그런 곳에 레이더를 설치하지 않으면 안 될 정도로 중국의 방공 태세는 허약하지 않으며, 가령 설치한다 해도 해면상 고작 수십 미터 지점에 있는 레이더는 기껏해야 50~60킬로미터 범위의 저공 침입기를 탐지할 수 있을 뿐 거의 의미가 없는데다, 그렇게 해상에 따로 떨어져 고정된 레이더는 간단하게 공격 목표가 될 것이어서 실전에서는 무력하다. 더욱이 이 플랫폼에 "탄도미사일 발사 장치 등이 갖춰지면 오키나와, 난세이제도 전역이 그 사정권 안에 들어갈 것이 명확하다"사쿠라이 요시코라는 말은 망상의 극치라 할 수 있는데, 도대체 어떤 멍청이가 그런 곳에 미사일을 배치하여 맨 먼저 공격당할 것을 기다린단 말인가. 중국의 미사일은 마음만 먹으면 언제라도 난세이제도뿐만 아니라 일본 전역을 공격할 수 있다.

'미중, 남중국해에서 일촉즉발'이라는 말은 사실일까?

중국이 난사제도의 암초에 인공섬을 조성하여 비행장과 같은 시설의 건설을 추진하고 있다는 데 대하여 미국은 2015년 10월 27일, 이지스함 라센Lassen을 파견하여 그 근해를 '자유항행'하게 했다. 『석간 후지』나 스포츠지를 보면 '미중 일촉즉발', '개전 전야'와 같은 무시무시한 제목이 난무하지만, 양국은 센카쿠에서든 존슨 남초南礁에서든 이런 바위덩어리 하나 때문에 세계 1위와 2위인 경제대국의 떼려야 뗄 수 없는 모든 상호 의존 관계를 내던지고 전쟁을 할 생각 따위는 털끝만큼도 없다. 미국의 관심사는 중국에 '공해상의 항행 자유'가 국제적인 보편 원칙이라는 것, 가령 중국이 그곳을 영해로 인식하고 있다 해도 군함의 타국 영해 내 '무해無害 통과'는 방해할 수 없다는 것을 재확인시키는 것이어서 그 뜻을 중국 측에 사전 통고했으며, 또 그것을 명백하게 증명하기 위해 암초 주변에서는 레이더의 스위치를 차단하고 헬리콥터는 격납고에 넣어두었다. 그랬기 때문에 중국 측의 함선도 거리를 두고 지켜볼 뿐 위험한 접근은 피했다.

이것은 중국이 방공식별권을 설정한 후 미국이 폭격기를 식별권 내에 '자유항행'하게 하여 중국이 국제적 규칙에 반한 행동을 취하지 않는 것을 확인한 것과 궤를 함께하는 일관된 대처 방법이다. 게다가 이로부터 3일 후인 29일에는 미국 해군의 존 리처드슨 작전부장과 중국 해군의 우성리吳勝利 사령관이 남중국해 정세를 돌아보고 미중 핫라인 채널의 하나인 화상회담 시스템을 활용하여 의견을 교환했고, 5일 후인 11월 3일에는 미중 국방장관이 베이징에서 회담을 가졌다. 11월 7일에는 이전부터 예정되어 있었던 중국 함정의 미 대서양안 친선 방문이 이루어졌고, 플로리다 앞바다에서는 미중 해군의 합동 통신 훈련도 실시되었다. 11월 16일에는 미 이지스함 '스테뎀Stethem'이 상하이를 친선 방문하여 교류와 합동 통신 훈련, 승무원 간의 친선 농구 시합까지 가졌다. 두 차례의 합동 훈련이 모두 '통신 훈련'인 것은 미중 간의 우발 전투 예방을 위한 현장 함장 사이의 '연락 메커니즘' 구축이 구체화하고 있다는 것을 보여준다.

이러한 일련의 동향을 보면 '일촉즉발'이니 '개전 전야'니 하는 소리는 웃기는 얘기라는 것이 분명하지만, 아베도 정부도 그리고 이들을 추종하는 매스컴도 그와 같은 미국과 중국의 친하다고 말해도 좋을 정도의 군사 교류 기조를 정확하게 전하고 그것을 바탕으로 이 사태 전체의 의미를 일깨워주는 것이 아니라, 돌출적인 사건만을 제멋대로 선택하여 미중이 당장이라도 전쟁에 돌입할 것 같은 허구를 뿌려대고 있는 것이다.

이렇게 보면 최근 수년 동안의 미중 관계뿐만 아니라 중일 관계까지도 실은 대립보다 협조가 기조라는 것을 엿볼 수 있을 것이다. 중일 양국 관계를 포함하는 동아시아의 전면적인 평화 구축의 구상을 그려야 할 때이다.

제3장

'동아시아공동체' 형성의 전제

오타 마사히데大田昌秀
전 오키나와현 지사

'만국진량의 종'

오키나와에는 많은 사람들이 자랑스럽게 여기는 '만국진량萬國津梁의 종' 이 있습니다. 이 종은 무로마치 시대인 1458년류큐에서는 첫 번째 尙氏 왕조 6대 임금 尙泰久 재위 시절에 주조되어 슈리성 정전正殿에 걸려 있었던 큰 범종으로, 높이 154.5센티미터, 지름 93.1센티미터, 무게는 약 21킬로그램이나 됩니다

필자는 전쟁 전, 슈리성 언덕에 있었던 오키나와사범학교를 다녔는데, 이 학교 학생들에게 만국진량의 종만국을 이어주는 종은 아주 친숙했습니다. 오키나와전투에서 학생들 대부분이 희생되었음에도 불구하고 기이하게도 이 종은 포탄을 맞고서도 기적적으로 불에 타 없어지지는 않았습니다. 현재는 국가의 중요문화재로 지정되어 오키나와현립박물관에서 전시하고 있는데, 옛 류큐 시대의 귀중한 유품으로서 중요한 보물 대접을 받고 있습니다.

이 종을 주조한 사람은 후지와라노 구니요시藤原國善이고, 명문銘文을 지은 사람은 쇼코쿠지相國寺 주지였던 '케이인 안센溪隱安潛'이라는 선승이라고 합니다.[1]

이 종은 부처님의 가호加護로 류큐 국내를 안정시키려는 소원을 담아 주조된 것인 듯합니다만, 특히 유명한 그 명문은 15세기 류큐가 배를 다리 삼아 거친 파도를 헤치고 중국, 조선, 일본, 동남아시아 등 해외 각국과 활발한 무역을 펼쳤던 고대 류큐인의 강인한 기개를 오늘날까지 전하고 있습니다. 명문을 알기 쉽게 쓰면 다음과 같습니다.

류큐국은 남쪽 바다의 빼어난 땅으로 삼한三韓, 조선의 우수한 문물을 모으며, 대명大明, 중국을 보거輔車로 삼고, 일역日域, 일본을 순치脣齒로 삼는다(보거와 순치는 모두 대단히 깊은 관계를 의미한다). 이 두 나라 사이에 솟아오른 봉래도蓬萊島, 신선이 사는 불로불사의 이상향이고, 배를 세계를 잇는 다리로 삼으며, 이국의 물산과 재보가 곳곳에 가득하다. 땅은 영험하여 사람들은 번성하고, 멀리 일본과 중국의 인풍仁風, 學問文化와 人德美風으로 마음을 북돋는다. 따라서 우리의 왕 오요노메시大世王, 尙泰久의 神號는 왕위를 고천高天에서 받고, 인민을 좋은 땅에서 기른다. 불교를 융성하게 하고 사은四恩에 보답하기 위해 새롭게 큰 종을 만들어 본주本州, 류큐 중산국왕전中山國王殿 앞에 나아가 이 종을 건다.

헌장憲章을 삼대三代, 고대 중국 왕조인 하·은·주를 이어 정하고, 문무文武, 前漢의 文帝와 武帝 같은 뛰어난 인물을 백왕百王 앞에 모아, 아래로는 삼계三界, 이 세상의 모든 살아 있는 것들을 구제하고 위로는 만세의 보위寶位를 기원한다. (…중략…) 수미須彌, 세계의

---

1 高宮廣衛 외 감수, 『沖繩風土記』, 眞榮平房昭 집필 참조.

중심에 있다는 산의 남쪽에 위치하는 세계(류큐)는 홍굉洪宏하다. 우리의 왕이 출현하여 고통 받는 모든 중생인간과 모든 생물을 구제한다. 종의 소리는 사해四海에 넘쳐 흘러 긴 밤의 꿈을 깨우고, 감천感天의 정성을 다한다. 요순堯舜, 정치의 이상형으로 간주되는 중국 고대의 황제 시대와 같이 평화롭고 훌륭한 정치가 베풀어질 것이다.[2]

어찌 기개와 도량이 장대한 명문銘文이라 아니할 수 있겠습니까.

필자는 아주 익숙한 이 명문에 자극을 받아 미국 유학을 마치고 귀국한 1960년대에 인도를 비롯해 동남아시아 8개국을 다섯 차례 정도 돌아다닌 적이 있습니다. 오카쿠라 텐신岡倉天心이 '아시아는 하나'라고 말하는 것을 듣기는 했지만 그 내실은 너무나도 다양하다고 생각했기 때문입니다. 또 미국 유학 중에 서양의 찬란한 번영과 대조적으로 아시아의 정체된 모습이 한층 눈에 띄어서 내 눈으로 직접 그 이유를 확인해야겠다고 생각했습니다. 그 당시 아시아가 문자 그대로 하나가 될 수 있기 위해서는 전제조건으로 무엇이 필요하며 어떠한 방법을 찾아야 할 것인지에 관하여 나의 관심 영역부터 파고들어 관점을 분명하게 할 필요성을 느끼기도 했습니다.

동아시아인의 특수성과 새로운 보편성

'동아시아공동체'의 구축을 외치는 소리가 나온 지 짧지 않은 시간이 흘렀습니다. '동아시아공동체'라는 이름을 단 저작이 공간되고 있을 뿐만 아

---

2   眞榮平房昭 집필 참조.

니라 도쿄와 오키나와에는 같은 이름의 연구소까지 있음에도 불구하고, 여전히 그 내용은 애매모호하기만 합니다. 오키나와와 아시아의 긴밀한 관계에 관해서는 많은 논저가 언급하고 있지만 '동아시아공동체'를 만들어낼수 있는 방법에 대해서는 전혀 정해진 것이 없습니다.

필자는 현지사로 재직할 때 오키나와 국제도시 형성 구상을 추진하기도하고, 미국의 국제택배회사인 페덱스를 유치하고자 공을 들이기도 했으며, 홍콩에 뒤지지 않는 비행기 수리 공장 설립을 기획하기도 했었습니다만, 이런저런 이유로 성공을 거둘 수가 없었습니다.

현재 오키나와를 포함한 일본에서는 '동아시아공동체'라는 말이 홀로떠돌고 있는 것처럼 보입니다. 이렇게 말하는 것은 이 말이 반쯤은 보편화되어 있음에도 불구하고 뜻밖에도 내용과 방법이 분명하지 않기 때문입니다.

물론 '동아시아공동체'가 막연하게 한중일+ASEAN을 가리킨다는 것은파악할 수 있지만, 그 내용에 들어가면 의외에도 분명하게 보이는 것이 없습니다. 특히 '동아시아공동체'를 만들자고 하지만 정작 한중일 사이에서도 역사 인식이 다르고, 위안부 문제나 강제연행 문제처럼 과거 일본이 저지른 많은 가해 책임이 지금껏 미해결 상태에 머물러 있을 따름이어서 '동아시아공동체' 형성은 지난한 과제처럼 보이는 것입니다. 왜냐하면 과거사 문제들을 청산하지 못하면 '동아시아공동체'의 일원이 되기 위한 공통의 기초 또는 공통의 컨센서스가 마련될 리 없기 때문입니다. 결국 동아시아의 사람들은 세계의 사람들에게 무엇을 제공할 수 있는가에 관하여 진지하게 생각해볼 필요가 있습니다. 동아시아인으로서 특수성과 동시에 새로운 보편성을 제시할 수 있을 것인가라는 질문을 받고 있기 때문입니다.

지금 동아시아에서는 '진보'라는 말이나 '평화'라는 말도 다른 맥락으로 사용되고 있는 것이 아닐까요? 단순히 전쟁의 부재와 같은 소극적인 정의를 넘어 군국주의, 빈곤, 환경파괴, 가부장제 등에 의해 야기되는 모든 구조적 억압을 제거함으로써 평화를 규정하고자 하는 경향이 강해지고 있습니다. 즉 동아시아의 화해와 평화에 이르는 길로서 최근에는 동아시아공동체에 대한 관심이 한층 높아지고 있습니다. 1997년 ASEAN+3한중일 체제가 출범한 이후 2001년 열린 ASEAN+3 정상회담에서 평화, 번영, 발전을 추구하는 '동아시아공동체' 비전이 채택되었습니다. 이를 전후하여 격류 속에서 변화하는 다양한 동아시아공동체 논의의 현단계를 평화의 관점에서 점검하는 데 중점이 놓이게 되었습니다.

　그런데 데라시마 지쓰로寺島實郎에 따르면 일본의 근대사에서는 '아시아주의'라는, 아시아에 대하여 깊은 공감을 바탕으로 일본 근대사와 맞섰던 사람들을 적잖이 찾아볼 수 있으며, 쑨원의 신해혁명을 지원한 많은 일본인이 걸었던 역사에는 깊이 심금을 울리는 점이 있습니다. 다만 전체적으로 보면 일본의 정책은 결국은 '친아親亞'에서 '침아侵亞'로 반전해 가는 흐름 속으로 빨려 들어갔다고 데라시마는 말합니다. '탈아입구脫亞入歐'라는 말이 나오고, 아시아의 혼란에 말려들기보다는 구미 선진국으로 눈을 돌리고자 하는 흐름이 생깁니다. 전후에도 새로운 유형의 '탈아입구'론이 등장하는데, 예컨대 고사카 마사타카高坂正堯의 『해양국가 일본의 구상』이라는 책에서는 아시아에 끌려들어가기보다는 세계 7대양을 무대로 세계로 나아가는 게 낫다는 생각을 찾아볼 수 있습니다.[3]

3　「東アジア連携への視座」, 『北朝鮮核實驗以後の東アジア』(別冊『世界』第764號).

이상과 같은 관점에서 데라시마는 '아시아 연대의 필연성'은 피할 수 없다고 강조합니다. 다시 말해 지구 자체가 현재 실현하고 있는 3퍼센트 성장의 지속을 견뎌낼 수 있을까라는 설문조사라도 해야 할 것만 같은 상황이라는 것이지요. 동해일본해의 생태계 문제만 해도 일본 혼자서 풀 수 있는 것이 아니라 중국, 러시아, 한국, 북한과 진지하게 테이블에 앉아서 하나의 룰 내지 방향성을 찾아가지 않으면 해결할 수 없습니다. 환경문제는 국경이 없기 때문에 환경문제에 냉정하게 대처하기 위해서라도 아시아의 연대는 필연적이라는 말입니다. 이를 위해서는 '동아시아공동체'라는 총론보다 개별 과제마다 실리적인 연대를 쌓아가는 것이 중요하다는 것입니다. 데라시마의 발언은 '동아시아공동체'를 실현하는 데 깊이 새겨야 할 귀중한 제언이라고 생각합니다.

북동아시아 개념의 탄생

'북동아시아공동체'라는 말은 '아시아 공동체'나 '동북아시아 공동체'와 종종 혼동해 사용되고 있어서 어떤 호칭이 정당성을 갖는지 헷갈리곤 합니다.

21세기는 '지역'이 존립할 수 있는 조건이 대두하고 있는 시대로 간주되고 있는 듯합니다만, 2009년 8월 30일 총선거로 탄생한 하토야마 정권은 '동아시아공동체' 구상을 내걸고 국경이라는 틀을 넘어 '지역'을 중시하는 정책을 내세웠습니다. 동아시아 '지역'의 평화와 안정을 구축해가는한편, 먼저 한중일 3개국의 경제 연대를 강화함으로써 "아시아·태평양

지역에 주둔하고 있는 미군의 군사적 영향력을 줄여나가고자 했"던 것입니다.[4]

동서 냉전 체제의 붕괴와 함께 유럽에서 지역 통합이 진전되고 있는 가운데 동아시아에서도 지역의 안전보장에 대한 관심이 점점 높아졌습니다. 이때 일본 본토의 미디어 중 '북동아시아'라는 표현이 넘쳐나기 시작했습니다. 일본 정부의 외교문서에서 '북동아시아'라는 표현이 처음 등장하는 것은 2002년 9월 17일 현직 총리대신으로서 고이즈미 준이치로가 최초로 평양을 방문해 김정일 총서기와 북일 정상회담을 가졌을 때 조인한 '평양선언'에서였던 듯합니다.

이 선언에서 "북동아시아 지역의 평화와 안정을 위한 협력"과 "지역의 신뢰 조성을 도모하기 위한 틀"의 정비가 필요하다는 획기적인 인식이 제시되었습니다. 여기에서 더 나아가 2003년 2월 24일 한국의 새로운 대통령으로 취임한 노무현 대통령이 취임연설에서 동북아시대『아사히신문』에서는 '동북아시아(북동아시아) 시대'라고 번역 병기를 거듭 강조하게 되었습니다.

일본 이외의 한자문화권 나라들에서는 '동남아시아'와 나란히 '동북아시아'라는 호칭과 인식이 자리를 잡은 듯합니다만, 한자문화권에서 방위는 '동서'를 앞에, '남북'을 뒤에 놓는 어순이 자연스럽다고 합니다. 덧붙여 말하자면, 주오대학中央大學 명예교수 이토 나리히코伊藤成彦는 '동북아시아 평화공동체를 향하여－이제 미일 안보체제의 전환을'이라는 제목의 저서를 간행했습니다.

그런데 간토카쿠인대학關東學院大學 조교수 오쿠다 히로코奧田博子는, "영어

---

4   目取眞俊, 「アメで歪んだ認識」, 『沖縄タイムス』, 2011.3.18.

권 국가에서는 케네디 미국 대통령이 취임연설에서 '이러한 인류의 적에 맞서는 데 있어서 북과 남, 동과 서에 이르는 지구상의 연대를 **빼놓을** 수 없습니다'라고 호소했듯이, '남북'을 뒤집은 '북남'이 앞에, 그리고 '동서' 를 뒤에 놓는 어순이 자연스럽다. 결국 영어 표현을 직역하면 '북동아시 아'가 된다"고 말합니다.[5]

오쿠다는 또 이렇게 말하기도 합니다.

일본이 메이지 이후 서양으로부터 16방위의 사고방식을 배웠을 때에는 '북 북동', '북동', '동북동', '동남동', '남동', '남남동'과 같이 영어 표현을 그대로 직역할 수밖에 없었다. 그랬기 때문에 방위를 가리키는 표현으로 '북동'이 정 착했고, 기상정보에서는 '북동풍'이라는 표현이 일반적으로 사용되기에 이르 렀다. 그러나 말의 문제로서 다시 파악해보건대, 대표적인 일본의 백과사전이 나 국어사전에서는 '북동아시아'나 '동북아시아'라는 표제어를 찾아볼 수 없다 고 한다. 영미에서도 '동남아시아'라는 인식이 확립된 것은 제2차 대전 중 및 제2차 대전 후인 것으로 알려져 있다.

이에 대해 외무성은 1958년 5월에 아시아국의 제1과, 제2과, 제3과, 제4과 를 각각 중국과, 북동아시아과, 남동아시아과, 남서아시아과로 개칭했다. '동 남아시아'라는 명칭이 확립되어 있었음에도 영어를 직역하여 '남동아시아'라 는 표현을 썼고, 한국과 북한을 취급하는 과를 '북동아시아'과라고 불렀던 것 이다.[6]

---

5   奧田博子,『沖繩の記憶 ―〈支配〉と〈抵抗〉の歷史』, 慶應義塾大學出版會, 2012, 323면.
6   같은 책, 324면.

냉전이 종결된 지 20년이 지났지만 동아시아에서는 군비확장 경쟁이 계속되고 있는데다, 북한의 핵무기 개발을 둘러싼 6자회담도 정체된 실정이라 일본은 문자 그대로 폐색상태閉塞狀態에 빠져 있습니다. 그런 상황 하에서 앞에서 서술한 것처럼 2009년 8월 30일에 총선거가 실시되어 민주당 정권이 탄생했습니다. 하토야마 유키오 민주당 대표는 선거운동 때부터 '대등하고 긴밀한 미일 관계' 추구와 '동아시아공동체'라는 두 이념을 내걸었습니다.

그러나 '동아시아공동체'라는 표현은 고이즈미 수상이 2004년 유엔총회와 2005년 시정방침 연설에서 사용한 데서 알 수 있듯이 일찌감치 일본 외교의 기본정책의 하나로 편입되어 있었습니다. 종래의 미국 일변도의 일본 외교에서 다양화하는 국제사회에서 균형외교를 지향하는 것이 일본 국가 정책의 바람직한 방향이라고 밝혔던 것입니다.

그랬기 때문에 하토야마 수상은 아직까지 냉전구조에서 벗어나지 못하고 있는 동아시아에서 화해와 평화를 실현할 '우애'의 가치관을 중심에 두고, G8에서 G20으로 다중심화하는 세계에 적응하기 위해서라도 일본 외교의 방향전환을 도모할 것이라고 했습니다. 그리고 동아시아 국가들의 군축을 모색하는 정치 과제를 추구하기 위한 '동아시아공동체' 구상은 미국의 일방적인 압력도 있고 해서 한때 중단되지 않을 수 없었던 것입니다. 그러나 그 후 하토야마는 도쿄와 오키나와에 각각 '동아시아공동체연구소'를 개설했는데 그 목적과 활동에 관해서는 상세하게 공표되지 않았기 때문에 그 실태가 일반에 확실하게 알려져 있지는 않습니다.

어찌됐든 '동아시아공동체'나 '북동아시아공동체' 또는 '동북아시아 공동체'라는 말은 자주 사용되지만 그 공동체의 범위와 이념이 반드시 명확한 것은 아닙니다. 하지만 그 배경에 중일 쌍방의 평화 창출을 향한 많은 노력이 있었다는 것은 부정할 수 없습니다.

중일 평화간담회와 '동아시아공동체'론의 출발

1986년 봄, 우쓰노미야 도쿠마宇都宮德馬 참의원 의원의 사무실에서 우쓰노미야와 이와나미쇼텐에서 발행하는 잡지 『세카이世界』의 편집장 야스에 료스케安江良介 그리고 이토 나리히코 주오대학 명예교수 세 사람이 중일, 한일, 북일 관계를 우려하는 이야기를 나누는 과정에서, 중일 양국의 우호와 연대가 아시아 평화의 핵심이므로 중일 양국의 정치가와 지식인이 민간 레벨에서 정기적으로 자유롭게 기탄없는 의견을 교환하여 상호이해를 다지는 것이 중요하다고 하여, 그해 11월 유엔의 '국제평화의 해'에 맞춰 도쿄에서 제1회 '아시아의 평화를 위한 중일 간담회'를 개최했습니다. 그 후 이 간담회는 중일 평화우호운동의 원점에 대한 인식과 아시아와 세계의 참된 평화와 번영을 향한 염원을 기조로 하여 발족한 것을 바탕으로, 10여 명의 대표자가 도쿄와 베이징에서 번갈아가며 간담회를 열어 2004년에는 12회째를 맞이하게 되었습니다.

이 아시아의 평화를 위한 중일 간담회에는 오키나와현 대표도 몇 차례 참석했습니다. 원래 중국과 오키나와는 수백 년에 이르는 긴밀한 역사적 관계가 있었고, 전후에도 긴밀한 우호관계를 계속 유지해왔습니다. 1990년대에는 오키나와현이 중국의 푸젠성에 지하 2층 지상 12층짜리 빌딩을 건설, 이것을 '푸젠 오키나와 우호회관'이라 부르며 양쪽이 함께 이용하고 있습니다.

그러나 일본은 미일안보조약 제정 이후 미일 신가이드라인과 주변사태법을 제정하는 등 미국과 한 몸이 되어 전쟁이 가능한 체제를 목표로 개헌과 집단적 자위권 행사를 향해 나아가고 있는 실정입니다. 이와 같은 일본과 중국, 동아시아의 새로운 상황을 둘러싼 논의에서 도이 다카코는 북동아시아의 집단안전보장기구를 창설한다는 구상을 바탕으로, 중일 양국 간의 안전보장 시대는 끝났으므로 중국, 일본, 한국, 북한, 몽골, 러시아, 미국, 캐나다 8개국이 부전지역不戰地域 선언을 하고, 일본의 평화헌법 정신에 기초한 국제협조주의에 따라 북동아시아와 북태평양에 이르는 집단안전보장기구를 만들어야 한다는 생각을 피력했습니다.

제2회 아시아의 평화를 위한 중일 간담회에서 중국 측은 "아시아에서는 테러리즘, 분열주의와 과격주의가 활발해지고, 군사동맹과 군비 확산 경쟁이 강화되고 있으며, 한반도의 핵문제 해결에는 여전히 시간이 걸린다. 게다가 기존의 안전보장 정책과 새로운 안전보장 정책이 뒤섞여 아시아의 안전과 안정을 위협하고, 아시아의 발전을 제약하고 있다"고 주장했습니다.

중국은 아시아의 정세를 다양한 관점에서 보건대 "희망과 곤경이 공존하고 있는 상황에서 어떻게 상호 신뢰와 협력을 확대하고 호혜 공영 및 공동 발전을 촉진할 것인가라는 과제에 중일 쌍방은 정치적 지혜와 정책 조치와 실제 행동으로 답하지 않으며 안 된다"라고 주장한 다음, "일본의 지도자가 몇 번씩이나 야스쿠니신사에 참배하는 것은 개인의 문제가 아니라 역사에 올바르게 대응하는가 그렇지 않은가를 가르는 중대한 원칙의 문제다"라며 이의를 제기했습니다. 그리고 중일 "쌍방이 '역사를 거울로 삼아 미래로 향하는' 정신으로 유익한 경험을 흡수하여 청소년에게 올바른 역사관을 가르치고, 양국 관계를 발전시킬 추진력이 되도록 양국의 정치가가 역사와 정치에 책임감을 가질 것을 희망한다"고 호소했습니다.

이와 관련하여 이토 교수는 다음과 같이 말합니다.

> 이에 대해 일본 측 대표는 "아시아의 평화의 기본은 중일의 우호"라고 중일 평화간담회의 기본정신을 언급하면서, 일본인이 과거의 역사를 올바르게 인식하는 것이 중일 우호의 원점인데 고이즈미 수상의 거듭되는 야스쿠니신사 참배는 역사를 무시하는 행위라고 비판했다. 그리고 금후 중일 우호가 나아갈 길로서, 중일을 중추로 하여 한국, 북한, 몽골, 러시아 등이 참여하는 안전보장과 경제협력을 위한 지역 포럼을 만들고, 또 일본, 한국, 북한, 몽골이 북동아시아 비핵지대조약을 체결하여 중국과 미국에 보증을 구할 것을 제안했다.[7]

이상과 같은 배경에서 중국은 일본 측의 문제제기를 받아들여 동북아시아 공동체 형성을 구상해야 한다고 제안하기에 이르렀습니다. 다시 말해 2004년 11월, 1986년 제1회 간담회 이래 18년이 되는 해에 열린 열두 번째 '아시아의 평화를 위한 중일 간담회'에서 중국과 일본이 축이 되어 동아시아공동체 형성을 구상하자는 제안이 중국 쪽에서 나왔던 것입니다.

---

7 伊藤成彦, 『東北アジア平和に向けて ─今こそ, 日米安保體制の轉換を』, お茶の水書房, 2005년, 209~210면.

공동체 창설을 위한 과제

이를 위해 일본에서는 '동아시아의 평화공동체를 어떻게 만들 것인가' 가 중요한 과제로 떠올라 각계의 주목을 끌었습니다. 실제로 동아시아, 구체적으로 이토 교수가 지적하듯이 북쪽의 조선민주주의인민공화국과 남쪽의 대한민국을 중심으로 중국과 일본 열도를 포괄하는 지역에 평화의 공동체를 창설하고 싶다는 바람이 이 지역에 사는 대다수 주민의 비원悲願이라는 것은 부정할 수 없습니다. 그것은 2003년 11월 오키나와의 현청 소재지 나하시에서 개최된 '아시아·태평양의 평화·군축·공생' 제5회 국제회의에서, 아시아·태평양 지역의 12개국 사람들이 참가하여 '외국기지 없는 동아시아를 어떻게 만들 것인가'라는 토론을 벌인 것을 보면 잘 알 수 있습니다. 그리고 특히 2003년 8월 이후 베이징에서 열리고 있는 '6개국 협의'의 시민이 모여 '한반도에 평화를—시민에 의한 6자 협의'라는 패널 토론도 열렸습니다. 이토 교수에 따르면 이것은 확실히 동아시아 평화 공동체 창출을 목표로 한 패널 토론이었으며 참가자는 그 공동체의 창출을 열렬하게 바랐는데, 최근 그 기록이 이와나미쇼텐에서 『동아시아의 평화를 위해 국경을 넘는 네트워크를』이라는 제목의 소책자로 출판되었습니다.

더욱이 열두 번째 '아시아의 평화를 위한 중일 간담회'에서 중국은 '동아시아공동체'에 대한 강한 기대를 피력하기도 했습니다.

이처럼 동아시아 여러 민족 안에는 '동아시아 평화공동체'에 대한 강한 바람이 있음에도 불구하고 '동아시아 평화공동체'는 아직껏 열매를 맺지 못하고 있습니다.

그것은 왜일까요.

이토 교수가 지적한 대로 그 원인은 일본 측에 있습니다. 다시 말해 일본 정부와 국민이 '과거의 진실'을 성실하게 구명하지도 않고 진심으로 반성하고 사죄하지도 않기 때문입니다. 그렇게 말하는 것도 일본과 미국의 아시아 정책에 기초하고 있다고밖에 표현할 수 없기 때문입니다. 이토 교수의 말을 빌리면, 일본과 미국은 이 지역에서 '평화공동체'와는 정반대인 '전쟁공동체'를 만들고 있기 때문입니다. 게다가 그 관계는 평등한 관계가 아니라 일본은 미국의 '속국'으로 일컬어질 정도로 미국에 종속되어 있어서 마치 주인과 노예의 관계를 유지하지 않을 수 없는 처지에 있는 것입니다. 그런 상황에서 오키나와 주둔 미 해병대가 이라크의 팔루자에서 대학살을 저지르는 등 무슨 짓을 해도 오키나와 사람들은 자신의 의지에 반하여 가해자의 역할을 떠안고 있는 상태입니다. 그럼에도 불구하고 일본 정부는 주일 미군에 대하여 막대한 조약 외 지원인 '배려 예산思いやり豫算'[8]을 내놓고 있는 실정입니다.

따라서 '동아시아공동체' 또는 '북동아시아 평화공동체'를 창출하기 위해서는 일본이 해묵은 제국주의적 환상에서 벗어나 무력 포기를 원칙으로 세우고 아시아 사람들과 굳게 손을 잡지 않으면 안 됩니다. 결국 일본국 헌법 제9조를 높이 내걸고 '동아시아 평화공동체'의 결실을 향하여 온 힘을 다할 필요가 있다는 것은 말할 것도 없습니다.

다행히 1998년 제6차 ASEAN 정상회담에서 ASEAN+3 정상회담을 정례화하기로 결정함으로써 앞길은 밝을 것이라는 기대를 낳고 있습니다.

---

8   [옮긴이] 특별히 배려하여 책정한 예산. 미일안보조약상 일본 측이 부담할 의무도 근거도 없지만 일본 정부가 지불하고 있는 미군 주둔 경비를 말한다.

ASEAN 10개국이 'ASEAN+3'으로 확대되어 동남아시아의 지역기구였던 ASEAN이 북동아시아로 영향권을 넓히면서, 꿈과 같은 '동아시아 평화공동체' 구상의 실현이 자연스럽게 떠오르기 때문입니다.

제4장
동아시아 경제와 오키나와

마에도마리 히로모리前泊博盛
오키나와국제대학 교수

시작하며 - 오키나와와 아시아 공동체

지금 아시아 각국이 오키나와 경제 발전의 가능성에 주목하고 있다. 2016년 3월 현재, 힐튼, 쉐라톤, 매리어트 등 세계적인 호텔 체인이 잇달아 문을 열고 있으며, 말레이시아, 싱가포르, 타이완, 한국, 중국 등 아시아 각국의 IT, 물류, 항공, 제조 기업의 입지가 미디어를 떠들썩하게 하고 있다. 오키나와의 가능성은 "항공, 에너지, 제조업, 알려지지 않은 첨단 비즈니스가 움직이고 있다. 그 잠재력 때문에 세계에서 사람과 돈이 흘러들어온다. 더 이상 오키나와는 변경이 아니다. 오키나와는 아시아의 중심에 가까워지고 있다"라고 극찬할 정도로 지리적 우위성과 경제 성장 양상에 대한 평가는 계속 높아지고 있다.

저출산 고령화에 따른 인구 감소가 일본 경제 전체에 점점 더 넓게 어두운 그림자를 드리워가고 있는 가운데, 국내에서도 손꼽힐 정도로 인구가 증가하는 현으로서 오키나와는 얼마 되지 않는 성장 발전 지역으로 눈길을 끌고 있다.

특히 오키나와 관광은 최근 몇 년간 급성장을 거듭하면서 좋은 흐름을 이어가고 있다. 미군 통치 아래 있었던 오키나와의 시정권施政權이 일본으로 반환된 1972년, 그러니까 42년 전 오키나와 지역으로 들어오는 관광객 수는 44만 4,000명에 지나지 않았다. 하지만 2014년에는 700만 명을 넘어섰고, 2015년에는 776만 명으로 전년 대비 70만 4,700명, 비율로 따지면 10퍼센트 증가했다. 3년 연속 국내 관광객과 외국 관광객 모두 최고치를 경신하고 있다. 특히 외국 관광객은 처음으로 150만 명대를 기록하고 있다. 오키나와 관광의 급증 요인은 주로 외국 관광객의 증가에 있다. 엔화의 약세가 지속되면서 국내 및 방일 여행 수요 증가, 해외 항공 노선 확충, 크루즈선의 기항 횟수 증가에 따른 외국인 관광객의 대폭 증가, 국내외의 민관民官이 함께하는 지속적인 프로모션 활동 등도 주효하고 있다.

오키나와를 찾은 관광객은 2016년도에도 각 항공회사의 항공 노선 확충, 타이완 노선에서 LCCLow Cost Career, 저가항공회사 항공 노선 확충, 크루즈선의 기항 횟수 급증 경향의 지속 등에 힘입어 크게 늘어날 것으로 예상되고 있다. 특히 크루즈선 기항 횟수는 최근 급증하고 있는데, 2014년 162회였던 것이 2015년에는 222회로 늘었다. 오키나와현은 '관광객 천만 명'을 목표로 내세우고 있는데, 나하공항 확장 공사와 함께 활주로 증설도 진행되고 있어서 "몇 년 후에는 천만 명 달성이라는 목표가 거의 사정권 안에 들어올 것"다이라 조케이 오키나와관광컨벤션뷰로 회장이라고 한다.

좋은 흐름을 보이고 있는 관광객 증가의 배경이 되는 외국인 관광객 증가의 대부분은 가까운 아시아에서 온 부유층이다. 2015년 외국인 관광객은

150만 1,200명, 전년 대비 60만 7,700명, 비율로는 68퍼센트 증가했는데, 이는 국내 관광객과 마찬가지로 과거 최고 기록이다. 엔화 약세가 계속되고 방일 여행 수요가 높아진 것에 더해 중점시장인 타이완, 한국, 중국, 홍콩에서 항공 노선의 신규 취항 및 기존 노선의 증편과 함께 항공편을 이용하는 사람들이 늘어나고 있다. 또 예년보다 긴 크루즈선의 운항 기간과 기항 횟수의 증가로 해로를 이용하는 관광객도 크게 증가하고 있다. 타이완의 경우, 타이베이-나하 노선의 증편과 LCC의 신규 취항에 더해 크루즈선 기항 횟수의 증가로 하늘길과 바닷길을 이용하는 관광객이 함께 증가하면서, 과거 최고였던 2014년을 웃돌아 처음으로 40만 명대에 이르렀다. 한국의 경우도 피치항공Peach Aviation과 한국 LCC 3사의 잇단 신규 취항 등으로 항공 노선이 늘어나면서 항공편을 이용하는 관광객을 중심으로 증가, 과거 최고를 기록하여 30만 명대에 가까워지고 있다. 중국 본토의 경우도 톈진이나 항저우 등의 잇단 신규 노선 취항과 중국 발착 크루즈선의 증가로 하늘길과 바닷길을 이용하는 관광객이 함께 증가하여 최고기록을 경신하고 있다. 홍콩의 경우도 피치항공의 홍콩-나하 노선의 신규 취항, 홍콩발 크루즈선의 기항으로 하늘길과 바닷길을 이용하는 관광객이 함께 증가하여 최고기록을 세우고 있다.

오키나와의 시정권이 미군에서 일본으로 돌아온 1972년에 324억 엔에 지나지 않았던 오키나와현의 관광수입도 2014년에는 5,341억 엔으로 5천억 엔대를 돌파, 더욱 증가하는 추세를 보이고 있다. 관광객 1인당 지출액을 보면 국내 관광객이 7만 4,000엔인 데 비해 외국인 관광객은 8만 6,000엔, 중인국 부유층의 경우 1인당 14만 엔을 웃돈다. 국내 관광객의 두 배가 넘는 돈을 쓰는 셈이다. 앞으로 오키나와 관광은 아시아 부유층의 비율이 늘어날 것으로 예상된다.

기간산업인 관광을 비롯하여 오키나와 경제는 동아시아 각국과 교류를 통하여 앞으로도 급격한 성장과 발전이 예상된다. 아시아 공동체에 의한 역내 경제의 자유화, 인적 교류가 촉진되면 발전이 더욱 가속화할 가능성이 있다.

과제는 중일 관계를 말할 때 흔히 '정냉경열政冷經熱, 정치는 냉랭하고 경제는 뜨겁다'이라 하거니와, 정치적 긴장 관계와 경제적 제휴 강화라는 모순된 관계를 극복하는 데 있다. 경제 교류는 빠른 속도로 넓어지면서 깊어지고 있다. 그러나 정치적으로는 중일 간의 센카쿠 문제, 한일 간의 다케시마 문제, 중국과 동남아시아 각국의 외교적 긴장 관계를 야기하고 있는 스프래틀리제도 문제 등 복수의 영토 문제가 아시아 지역의 안정과 안녕, 안심을 저해하는 요인이 되고 있다.

안전보장 환경에서도 핵 개발과 핵미사일 발사 실험 등 '북한의 위협' 관련 소문이 퍼지면서 한국, 미국, 중국, 일본 사이의 긴장을 한층 높이고 있다. "그들의 행동은 도발적이며 매우 위험하다. 북동아시아뿐만 아니라 미국의 안전보장에서 큰 걱정거리가 되고 있다웬디 셔먼 전 미국 국무장관, 『니혼게이자이신문』, 2016.3.6"라는 견해도 있다.

동아시아 지역의 경제 제휴에 의한 지역경제의 활성화와 정치의 안정을 향한 '동아시아공동체' 구상은 동아시아 지역의 지속적 경제 발전과 안심, 안녕, 안전을 실현하는 유효한 방법 중 하나이다.

동아시아 경제 발전과 AU(아시아공동체)

동아시아 경제는 세계 경제의 '성장 엔진'이라고들 한다. 그 중에서도 중국 경제는 높은 경제성장률에 따른 규모의 확대, 양적 확대에 의해 세계 경제 전체에 큰 파급 효과를 발휘하고 있다. 중국의 주식시장의 등락은 동시에 세계 주식시장의 등락으로 이어지고, 경제성장률의 상승과 저하 또는 둔화는 세계 경제의 성장률에도 커다란 영향을 미치고 있다.

중국 경제를 견인하는 역할을 맡고 있는 홍콩, 작은 나라이면서 기술과 물류에서 큰 역할을 담당하고 있는 싱가포르, 공업기술과 조선, 철강 등 득의의 분야에서 일본 경제를 석권하고 있는 한국, IT산업 발전에서 세계 경제에 영향력을 발휘하고 있는 타이완 등 일찍이 NIEsNewly Industrializing Economies, 신흥공업경제지역라 불리며 세계의 발전도상국 중에서 20세기 후반 수출산업을 중심으로 한 급속한 공업화로 경제 성장을 이룩한 4개국 지역은 그 후 확실하게 성장을 완수하여 선진국 지역의 중핵 역할을 하는 수준까지 발전하고 있다.

1979년 OECD경제협력개발기구가 발표한 보고서에서는, 무역자유화와 수출가공지역 등을 지렛대 삼아 수출지향적인 공업화 정책을 채택하고, 실제로 제조 상품의 수출을 급속히 늘리며, 동시에 생산과 고용에서 차지하는 공업 부문의 비율을 확대하고, 또 선진공업국과의 일인당 국민소득 격차를 줄인 나라를 '신흥공업국Newly Industrializing Countries, NICs'이라고 정의했다. 바로 한국, 타이완, 홍콩, 싱가포르를 중심으로 멕시코, 브라질, 그리스, 포르투갈, 스페인, 구 유고슬라비아를 포함한 10개국 지역이 신흥공업국이었다. 그 후 1988년에 중국과 말레이시아, 태국을 더해 'NICs'라고 불렀다. 현재는 이미 '신흥공업경제지역'이라는 명칭을 넘어 세계 경제의 핫스팟이 되는 중요한 생산 거점, 나아가 소비대국으로 성장해가고 있다.

오키나와를 중심으로 항공기로 4시간 걸리는 지역을 원으로 그리면 그 안에 도쿄, 오사카, 나고야, 후쿠오카 등 국내 주요 도시뿐만 아니라 베이징, 상하이, 홍콩, 서울, 타이베이, 마닐라, 방콕, 하노이가 모두 들어온다. 중국만 해도 13억의 인구를 포함하는데다 인도네시아 등 3억 명에 이르는 인구대국이 있어서 '동아시아'의 인구규모는 20억을 헤아린다. 세계 최대 수준의 거대 시장이 많은 사람들로 북적대고 있는 셈이다.

연 10퍼센트 전후의 고도경제성장을 이어가고 있는 동아시아 각국의 경제 성장이 이대로 지속되면 2050년에는 세계 GDP의 절반 이상을 낳는 세계 경제의 중심 지역이 될 것이라고 아시아개발은행은 예상한다.

오키나와현은 세계 경제의 핫스팟 한가운데 자리 잡고 있다. 더욱이 오키나와는 동아시아의 '키스톤keystone'으로서 주목을 끌고 있다.

오키나와현 아시아 경제 전략 구상의 검증

마이너스 성장과 저출산 고령화, 인구 감소가 진행되고 있는 일본 국내에서 오키나와현은 경제 성장과 인구 증가가 계속되는 "일본의 선두주자로서 경제 재생의 견인차"가 될 수도 있다2015년 6월 30일 각의 결정, 「경제 재정 운영과 개혁의 기본방침」라고 정부도 인정하고 있다. 2012년에 책정된 정부의 「오키나와 진흥 기본방침」에서는 "인구 감소 사회의 도래 등 우리나라를 둘러싼 사회 경제 정세가 변화하는 가운데 오키나와는 아시아·태평양 지역을 향한 현관으로서 큰 잠재력을 갖추고 있으며 일본을 넓히는 프런티어의 하나가 되고 있다. 오키나와가 가진 잠재력을 아낌없이 끌어내는 것이 일본 재생의 원동력이 될 수도 있을 것이라고 생각한다"라고 밝히고 있다.

오키나와현은 "독자적인 자연환경과 문화, 역사 등의 매력으로 사람들을 끌어들이는 소프트 파워를 갖고 있으며, 나아가 동아시아 및 동남아시아와 일본 본토의 중심부에 위치하는 지리적 특성 때문에 아시아와 일본을 잇는 전략적 비즈니스 거점으로서 발전 가능성이 높다"라는 점에 주목하여 경제 성장 비전이 될 '오키나와 21세기 비전'을 설정하고 있다.

21세기 비전에서 오키나와현은 "글로벌 경제가 진전되어 세계 경제 성장의 원동력이 아시아로 옮겨오고 있는 상황에서, 넓게 아시아와 세계를 시야에 넣고 오키나와현의 경제를 담당할 수출형 산업 및 역내 산업에 대한 시책, 매력 있는 투자 환경을 정비하여 현내 투자를 끌어들일 시책, 다양한 산업의 전개를 담당할 인재 양성, 전통문화, 자연, 생물자원 등 오키나와의 다양한 자원을 활용하고 함양해갈 시책을 전략적으로 펼쳐나가는 것이 대단히 중요하다"고 하여 아시아의 경제 발전과 오키나와현 경제의 연결을 도모하는 경제 전략을 구축하기 시작했다.

급속하게 발전, 확대되고 있는 아시아 경제와 제휴하여 아시아의 역동성을 끌어들일 기회를 살릴 새로운 경제 전략 구상으로서 오키나와현은 2015년 9월 '오키나와현 아시아 경제 전략 구상'을 내놓았다.

이 구상은 아시아 경제에서 최대 시장이 되는 중국 경제가 급성장에서 안전 성장으로 경제 성장의 둔화와 투자의 억제라는 마이너스 국면을 보일 수도 있다고 하여, ① 고도성장에서 중고도 성장으로, ② 경제 발전 패턴은 규모 확대와 속도를 중시하는 조방형粗放型 발전에서 질과 효율을 중시하는 집약형 발전으로, ③ 경제구조는 규모 확대, 능력 증강에서 스톡 stock 조정으로, ④ 경제 발전의 견인 역할은 전통적인 성장 리드 역할에서 새로운 성장 리드 역할로 변화하는 '뉴노멀'을 바탕으로 새로운 경제 발전 전략에 의한 대응을 찾고 있다.

구체적인 대응으로서 ① 속도감과 규모감, ② 네트워크 구축, ③ 독자적인 비교우위core competence 구축, ④ 글로벌한 인재 육성, ⑤ 규모를 느낄 수 있는 인프라 구축, ⑥ 규제 완화 대처의 필요성을 내걸고 있다. 그 위에서 오키나와가 지향하는 미래상으로 ① 물자, 정보, 서비스가 모여드는 오키나와, ② 국내외에서 기업이 모여드는 오키나와, ③ 국내외에서 사람이 모여드는 오키나와, ④ IT는 산업·생활·여행의 기반, ⑤ 인재 육성 및 확보를 덧붙이고 있다.

또, 이 구상을 실현하기 위한 '다섯 가지 중점 전략'으로 ① 아시아를 잇는 국제 경쟁력을 갖춘 물류 거점의 형성, ② 세계 수준의 관광 리조트 지역 실현, ③ 항공 관련 산업 클러스터 형성, ④ 아시아 유수의 국제 정보통신 거점 '스마트 하버smart harbor' 형성, ⑤ 오키나와에서 아시아로 이어지는 새로운 모노즈쿠리物作り[1] 산업 추진을 내걸고 있다.

그리고 '네 가지 산업 성장 전략'으로 ① 농림수산축산업, ② 첨단 의료·건강·바이오 산업, ③ 환경·에너지 산업, ④ 지방 산업 및 지역 기반 산업의 조사와 연구의 강화를 내세우고 있다.

이와 같은 '다섯 가지 중점 전략'과 '네 가지 산업 성장 전략'을 추진하는

1　[옮긴이] 주로 숙련된 기술자가 그 뛰어난 기술로 정교한 물건을 만드는 것을 뜻하는데, 장인 정신으로 이루어진 일본의 제조업과 그 역사를 나타내는 말로 쓰인다. 이 말은 일본 제조업의 번영은 일본의 전통문화, 고유문화를 근간으로 한다는 사관과 관련된다.

'다섯 가지 추진 기능'으로 ① 아시아의 비즈니스 네트워크 거점 '플랫폼 오키나와', ② 비즈니스 컨시어지 오키나와 구축, ③ 아시아를 겨냥한 글로벌 인재 육성, ④ 아시아의 역동성을 수용하기 위한 규제 완화와 제도 개혁, ⑤ 아시아의 막힘없는 바다, 하늘, 땅의 교통체계 제휴를 구상하고 있다.

오키나와 주변의 동아시아와 동남아시아 지역이 세계의 제조, 소비, 유통의 일대 거점으로 계속 성장하고 막대한 물류 니즈needs가 발생하고 있는 점에 주목하여 홍콩, 싱가포르, 상하이, 타이완, 한국 등지에서 다양하고 글로벌한 허브 공항과 허브 항만이 성장을 다투고 있다. 이 거대한 국제 물류 거점 사이에 놓여 있는 오키나와가 새로운 거점으로 성공하기 위해 이들과 경합하는 것이 아니라 오키나와의 강점을 살려 아시아의 주요 도시를 잇는 '리저널 허브regional hub'의 구축을 지향한다는 것이다.

이 구상을 기다릴 것도 없이 이미 오키나와에서는 나하공항을 거점으로 ANA전일본항공가 아시아 국제 항공 물류 허브 사업을 2010년부터 본격적으로 시작했고, 나하공항의 국제선 항공 화물량은 ANA 화물 허브 개시 전인 2008년에는 1,809톤에 지나지 않았던 것이 2010년에는 15만 4,000톤으로 급증했으며, 그 후에도 순조롭게 확대되어 2014년에는 18만 4,900톤으로 2008년에 비해 10배 이상 증가했다. 오키나와현은 2021년에는 현재의 하네다공항30만 톤을 뛰어넘어 40만 톤으로 확대하는 것을 목표로 삼고 있다.

나하공항과 아시아 주요 도시를 연결하는 항공 노선 수는 국내외 12개 도시를 잇는 65개2015년 9월이며, 앞으로도 노선 확대가 예정되어 있다. 나하공항은 24시간 운용 가능한 연안 공항으로, 신속한 통관은 물론 화물창고 앞에 복수의 화물기가 머물 수 있는 주기장駐機場을 갖추었고, 아시아 주요 도시를 4시간 권 안에 두고 있다. 주요 도시 간의 화물을 심야 12시까지 나하공항으로 보내면 다음날 이른 아침에는 배달할 수 있는, 가장 효율적인 운용이 가능한 물류 허브 공항으로서 주목을 받고 있는 것이다. 또, 나하항과도 가까워서 IT산업이나 하이테크 부품 및 항공 부품 산업, 물류 센터 등과 같은 국내외의 '공항 및 항만 인접 산업'의 입지도 갖춰가고 있다. 앞으로도 물건과 사람이 함께 흐르는 복합 아시아 허브 공항으로 한층 더 발전할 것으로 기대된다.

'국익'과 '동아시아공동체익'

동아시아공동체를 구축하는 데 있어 중요한 과제가 되는 것이 참가국의 '국익'과 동아시아공동체의 '공동체익共同體益'의 조정과 통일일 것이다. '국익'과 관련해서는 아시아에서는 물론 일본에서도 충분히 논의되거나 정리되었다고 말하기 어려운 면이 있다. '국익이란 무엇인가'라는 물음에 명확하게 답하기 위해, 또 '공동체익'에 대한 논의가 금후 중요해질 것이라는 점을 고려하여, 여기에서는 '국익'의 연구와 개념의 명료화에 관하여 '미국국익위원회Commission on America's National Interests, 아미티지 전 국무장관 외 23명으로 구성'의 보고를 바탕으로 문제제기를 하고자 한다.

여기에서는 1996년판 미국국익위원회 보고 「아메리카의 국익America's National Interests」과 동 보고서를 기초로 2000년 7월에 갱신된 보고서를 소개한다. 방위성에서도 이 보고서를 입수, 번역하는 한편 일본판 '국익위원회' 설치를 검토했지만 "불발로 끝났다"방위성 고위관료고 한다. 미국국익위원회는 아메리카의 국익에 관하여 다음과 같이 네 단계로 나누어 정리하고 있다.

① 사활적 국익vital interests, ② 아주 중요한 국익extremely important interests, ③ 중요한 국익important interests, ④ 중요성이 적은 또는 부차적으로 중요한 국익less important or secondary interests.

네 단계의 분류는 구체적으로 다음과 같이 정리된다.

① 사활적 국익

사활이 걸린 중요한 국익이란 자유롭고 안전한 나라에서 미국민의 복리를 보장하고 강화하기 위해 절대적으로 필요한 조건들이다. 사활이 걸린 중요한 국익은 다음과 같다.

㉠ 미국에 대한 핵무기, 생물무기 및 화학무기NBC 공격 위협을 방지, 억지 및 저감하는 것.
㉡ 유럽 또는 아시아에서 적대적인 패권국의 출현을 방지하는 것.
㉢ 미국과 국경을 맞댄 또는 제해권制海權을 가진 적대적인 대국의 출현을 방지하는 것.
㉣ 무역, 금융시장, 에너지 공급 및 환경에서 주요한 세계적 시스템의 파국적 붕괴를 막는 것.
㉤ 미국의 동맹국의 생존을 보장하는 것.

방법론으로서 미국의 단독 주도권, 군사적 능력, 국제적 신뢰(타국과의 관계 방식, 타국을 공명정대하게 취급하는 것과 같은 미국의 노력에 관한 평가를 포함한다) 및 중요한 제도와 시설을 강화하는 것.

② 아주 중요한 국익

아주 중요한 국익이란, 만일 양보할 경우 자유롭고 안전한 나라에서 미국민의 복리를 보장하고 강화하는 미국 정부의 능력을 현저하게 침해할 우려가 있지만 그것을 결정적으로 위태롭게 할 정도는 아닌 조건들이다. 아주 중요한 국익은 다음과 같다.

㉠ 장소를 불문하고 핵무기 또는 생물무기 사용 위협의 방지, 억지 및 저감.

㉡ NBC 무기의 지역적 확산 및 운반 시스템의 저지.

㉢ 분쟁의 평화적 해결을 위한 국제법 및 기구의 수용 촉진.

㉣ 페르시아만 등 중요 지역에서 지역적 패권국의 출현 저지.

㉤ 미국의 우호국 및 동맹국을 중대한 외부 침략으로부터 지키는 것.

㉥ 유럽 및 아시아에서 적대적인 대국의 출현 저지.

㉦ 중요한 지역에서 주요 분쟁을 방지하거나 가능하다면 그것을 타당한 비용으로 끝내는 것.

㉧ 주요 군사 관련 기술과 기타 중요한 공업 기술(정보 및 컴퓨터를 포함한다)에서 리드 유지.

㉨ 대량의 무질서한 이민 유입 방지.

㉩ 테러, 종래형 범죄 및 마약의 억제와 봉쇄 및 이것들과의 싸움.

㉪ 제노사이드집단 대학살 저지.

방법론으로서 미국과 유럽, 미국과 일본의 전략적 파트너십 추진, 강화.

③ 중요한 국익

중요한 국익이란, 만일 양보할 경우 자유롭고 안전한 나라에서 미국민의 복리를 보장하고 강화하는 미국 정부의 능력에 대한 커다란 부정적 결과를 낳을 수 있는 조건들이다. 미국의 중요한 국익은 다음과 같다.

㉠ 정부 정책의 하나로서 외국에서 집단적 인권 침해를 멈추게 하는 것.

㉡ 안정을 해치지 않고 가능한 한 전략상 중요한 나라들에서 다원적 문화, 자유 및 민주주의를 촉진하는 것.

㉢ 전략상 중요하지 않은 지역의 분쟁을 방지하거나 가능하다면 그것을 저비용으로 끝내는 것.

㉣ 테러 집단의 인질의 표적이 된, 또는 인질로 잡힌 미국민의 생명과 안전을 보호하는 것.

㉤ (시장이 불안전한 경우는 계획적인 산업정책이 필요하다) 중요한 전략적 산업 및 분야의 국내 생산을 늘리는 것.

㉥ 외국의 미국 소유 자산의 국유화 저지.

㉦ 아메리카의 가치가 지속적으로 외국의 문화에 적극적 영향을 주는 것을 보장하기 위해 정보의 국제적 배분에서 우위를 갖는 것.

㉧ 장기적으로 생태학적 조건과 정합성을 가진 국제적 환경정책을 추진하는 것.

㉨ 미국 내 불법 입국자 문제 및 마약 문제를 줄이는 것.

㉩ 국제무역 및 투자를 통해 미국의 GDP를 최대한 성장시키는 것.

이를 달성하기 위한 방법론으로서 유엔을 비롯하여 강력한 지역적 및 기능적 협력 기구를 유지할 것.

④ 중요성이 적은 또는 부차적으로 중요한 국익

중요성이 적은 또는 부차적인 국익이란, 본래 바라는 것은 있지만 자유롭고 안전한 나라에서 미국민의 복리를 보장하고 강화하는 미국 정부의 능력에 큰 영향을 미치지 않는 조건들이다. 중요성이 적은 또는 부차적으로 중요한 국익은 다음과 같다.

㉠ 두 나라 간 무역적자의 균형을 맞추는 것.
㉡ 다른 나라에서 또는 미국 자신을 위해 민주주의를 발전시키는 것.
㉢ 다른 나라들의 영토 보전 및 정치 형태를 유지하는 것.
㉣ 집단적 인권 침해와 미국 내 이민 유입은 막고, 다른 나라들을 민주화하는 것 또는 그것을 유지하는 것(예컨대 아이티, 쿠바, 티베트 등).
㉤ 특정한 경제 분야의 수출 촉진.

미국국익위원회의 보고에는 미국과 주요국 사이에서 지켜야 할 미국의 국익도 정리되어 있다. 방위성 고위관료에 따르면 "예컨대 일본에 관해서는 자유민주당 이외의 정당의 정권 장악은 국익에 반한다는 등의 기술이 있으며, 일본의 핵무장 금지, 핵개발 금지도 미국의 일본에 대한 국익으로서 정리되어 있다". 사실 관계를 확인하기 위해 미 국무성 간부에 확인한 바, 그는 일본의 핵무장, 핵개발, 핵 관리를 위해 "미국 정부는 일본의 핵사찰을 매년 실시하고 있다"고 증언했다.

이 외에 미국국익위원회 보고에는 다음과 같은 국익 전략도 망라되어 있다.

세계적 공공재에 기초한 전략

① 중요한 지역에서 세력 균형 유지

② 국제 경제 체제의 개방성 추진

③ 국제 공유지 유지

④ 국제법과 국제기관의 유지

⑤ 경제 개발 지원

⑥ 국제회의의 소집과 분쟁의 조정

현명한 인도적 개입을 위한 원칙

① 관심의 정도와 개입의 정도를 명확히 한다.

② 목적이 정당하고 성공 확률이 높은 것을 확인한다.

③ 인도적 관심을 다른 관심으로 보완할 것.

④ 지역의 주요국에 주도권을 쥐도록 요구한다.

⑤ 민족 대학살의 정의를 명료하게 한다.

⑥ 민족자결권을 둘러싼 내전에는 신중하게 대응한다.

다국 간 주권 전술과 단독주의 전술의 선택 기준

① 나라의 존속에 관련된 문제인가.

② 군사와 평화에 미치는 영향은 어떠한가.

③ 단독주의 행동으로 공공재는 강화할 수 있는가.

④ 아메리카의 가치관에 일치하는가.

⑤ 본래 국제 협력으로 해결할 수 있는 문제인가.

⑥ 각국 간 책임 분담의 수단이 될 것인가.

⑦ 소프트 파워에 어떤 영향을 줄 수 있는가.

국제기구의 설명 책임을 강화하는 방법

① 국내의 민주주의 과정이 기능하도록 설계한다(예컨대 세계무역기구).

② 의원을 대표단이나 고문단에 추가한다.

③ 간접적인 설명 책임을 이용한다(평판, 시장 등).

④ 민간 부문의 설명 책임을 강화한다.

이상의 내용을 바탕으로 동아시아 각국의 국익을 분석하고 정리한 다음, 동아시아공동체 참가국에 의한 '공동체익'을 조정하고 정리하여, 대립을 피하고 융화를 도모하는 정책의 구축을 모색하고자 한다. 동시에 유럽공동체와 마찬가지로 경제 제휴와 지역 통화 통합, 관세 철폐, 인적 통행의 자유 등 역내 자유화도 검토할 필요가 있다.

제언

아시아에서 '오키나와'의 우위성

오키나와현의 강점은 아름다운 바다, 하얀 모래밭이 곳곳에 펼쳐지는 해변, 풍요로운 산호초, 아열대 기후의 평온한 풍토, 독자적인 역사와 문화, 전통 등 풍부한 관광자원으로 가득한 섬들의 매력에 있다. 지리적으로도 아시아 주요 도시와 네 시간 거리 안에 있고, 정시제定時制와 정확한 배송을 자랑하는 초고속 물류의 거점으로서 65개 노선이 오가는 허브 공항을 품고 있다. 항공기 수요가 확대되는 아시아의 중심에 있고, 아시아의 항공기 정비 수요를 감당할 수 있는 유리한 지리적 조건을 갖추고 있다. 하네다공항의 뒤를 잇는 국내 항공 네트워크를 갖고 있는 나하공항은 항공기 정비를 사외社外에 의뢰하는 LCC와 해외노선의 급증 등 풍부한 항공기 수요가 예상되는 위치에 있다. 나하공항 주변에는 물류센터와 산업 집적 시설 등 속도성을 살릴 수 있는 물류 환경이 구축되어 있다.

아시아 유수의 국제 정보통신 거점으로서도, 국내 유수의 경제특구에 의한 세제 우대 조치와 인재 육성 등의 행정과 정부 지원에 더해, 젊고 풍부한 노동력, 아시아의 근접성과 쾌적한 리조트 환경이 유인誘因이 되어 해마다 기업의 입지 건수가 증가하고 있다. 정보통신 인프라 정비도 진전되어 '오키나와IT신료파크沖縄IT津梁パーク' 시설 정비와 함께 ICT 기업의 입지 지원도 충실하다. 그리고 공설민영公設民營의 클라우드 데이터 센터를 건설하고, 오키나와 현내의 주요 데이터 센터를 연결하는 고속·대용량 네트워크 기반을 구축했으며, 아시아－오키나와－수도권 및 북미를 잇는 국제 해저 케이블망까지 끌어들여 아시아 고속 정보 하이웨이를 갖추고 있다. 멀리 떨어진 39개 섬들을 연결하는 광케이블망도 고리 모양으로 정비되어 아시아권의 인건비 폭등을 비롯한 국가 위험country risk의 현실화에 동반하는 IT기업의 일본 국내 회귀를 받아들이는 거점으로서도 주목을 끄는 지역으로 떠오르고 있다.

모노즈쿠리 즉 일본식 제조업의 관점에서 보면, 아열대 기후의 특색 있는 농림수축산물에 더해 참치와 다금바리, 꼬시래기의 연안 양식, 해양심층수를 사용한 바다포도 생산과 저염 해수를 이용한 굴 양식, 망고와 시콰사레몬의 일종, 탄칸감귤의 일종, 파인애플, 섬바나나 등 열대과일, 장명초長命草, 방풍나물, 울금, 노니 등 건강식품의 원재료 재배, 방충 및 약용 성분의 추출이 가능한 알피니아 재배 등 오키나와는 해산물과 식물의 보고이기도 하다.

　모노즈쿠리를 뒷받침하는 연구 및 교육 기관도 노벨상급 연구자를 포함하는 오키나와과학기술대학원대학과 국립 오키나와공업고등전문학교 등 첨단의 연구 및 교육과 숙련된 모노즈쿠리 기술자를 육성하는 환경도 정비, 형성되고 있다. 오키나와 본섬 중부의 우루마시와 오키나와시에 걸쳐 있는 나카쿠스쿠만항中城灣港 공업단지에는 국제 물류 거점 산업 집적 지역이 지정되고, 소형재² 산업 진흥 시설인 금형 센터, 3D 프린터를 활용한 다품종 소량생산의 소형재 기업, 초기 투자를 억제하고 기업 입지와 공업 입지를 서포트하는 임대공장 등도 정비되는 등 아시아 시장을 향해 새로운 모노즈쿠리를 펼칠 수 있는 환경이 구축되고 있다.

　'넘버 원' 정책이 아니라 '온리 원' 제품의 개발, 제조, 판매를 타깃으로 서포팅 산업의 입지를 촉진하는 등 경쟁보다 공생, 경합보다 제휴를 키워드로 고부가가치형 아시아의 모노즈쿠리 거점 형성 사업이 추진되고 있다. 아시아 공동체를 지탱하는 경제 거점의 하나로 활용될 수 있을 것으로 기대된다.

기지 의존 경제에서 아시아 공동체 의존 경제로

　오키나와에서 전체 면적의 10퍼센트를 차지하는 미군기지의 반환 및 기지 터 이용은 지역경제 진흥의 열쇠가 되는 새로운 경제 거점 형성과 산업 진흥의 기폭제로 주목받고 있다.

2　[옮긴이] 소재에 열이나 힘을 가하여 만드는 복잡한 모양이나 강도를 가진 금속 부품.

전후 70년을 지나 오키나와가 미군기지를 과도하게 부담하는 데 대한 주민들의 반발도 높아지고 있다. 그 중에서 인구 9만 명이 넘는 시가지 한복판에 있는 미 해병대의 후텐마 비행장(480헥타르, 연간 임차료 71.7억 엔, 기지 종업원 수 204명)을 비롯해 현의 수도 나하시에 인접한 우라소에시의 해병대 마키미나토 보급지구=캠프 킨저(237.7헥타르, 연간 임차료 49.6억 엔, 기지 종업원 수 1,031명), 캠프 즈케란(595.7헥타르, 연간 임차료 85.4억 엔, 기지 종업원 수 2,408명), 캠프 구와에(67.5헥타르, 연간 임차료 10.9억 엔, 기지 종업원 수 37명), 나하공항에 인접한 나하 항만 시설=나하 군항(55.9헥타르, 연간 임차료 20.6억 엔, 기지 종업원 수 84명) 등 1996년의 SACO 합의에 따라 반환이 결정되어 있는 가데나 기지 이남의 다섯 개 기지의 반환 후 이용이 주목을 끌고 있다.

오키나와현의 추정에 따르면, 이미 반환된 미군기지 가운데 나하 신도심옛 미군 마키미나토 주택지구은 반환 전의 경제 효과52억 엔에 비해 반환 후1,634억 엔에 32배나 늘었고, 오로쿠긴조 지구미 해군 시설는 34억 엔에서 489억 엔으로 14배, 구와에·기타마에 지구함비 비행장, 메이모스카라 사격장도 3억 엔에서 336억 엔으로 108배의 경제 효과를 거두고 있다. 금후 반환이 예정되어 있는 캠프 구와에는 현행 40억 엔이 반환 후에는 334억 엔으로 8배, 캠프 즈케란은 109억 엔에서 1,091억 엔으로 10배, 후텐마 비행장은 120억 엔에서 3,866억 엔으로 32배, 마키미나토 보급기지는 202억 엔에서 2,564억 엔으로 13배, 나하 군항도 30억 엔에서 1,076억 엔으로 36배의 경제 파급 효과가 예상된다.

반환에 따른 경제 효과의 크기는 아시아 경제와 연결됨으로써 더욱 확대될 것으로 보인다. 이미 오키나와에서는 중국과 한국, 홍콩, 타이완, 싱가포르, 말레이시아 등 동아시아 각국으로부터 자본 투자가 관광 산업과 유통, IT분야를 중심으로 시작되고 있다.

항공기 산업에 관해서는 포화 상태에 이른 나하공항에 더해 미야코지마시의 시모지마공항이 국제 물류 기지를 향한 이용 전환을 모색하고 있고, 나아가 4,000미터급 활주로 두 개를 늘리면서 이착륙 횟수가 4만~5만 회로 증가한 미군 가데나 비행장의 군민 공동 활용 문제도 해당 지역인 가데나초를 중심으로 검토되기 시작했다. 실현된다면 아시아 LCC의 새로운 허브 공항이 될 수도 있다. 오키나와의 미군기지는 군사기지에서 경제기지로 전환하는 시기를 맞이하고 있다.

아주연합＝AU의 시대로(유엔 아시아 거점)

대립에서 융화로. 1979년 중국이 베트남을 침공한 이래 아시아에서는 국가 간의 전면전쟁은 일어나지 않고 있다. '대립에서 융화로'라고 말하면서 평화로운 시대를 지나왔지만, 최근 몇 년 동안 북한의 핵 개발과 미사일인공위성 발사 실험, 중국의 남사제도 진출, 센카쿠열도 문제 등 국가 간 대립이 표면화해왔다.

국경분쟁의 격화를 배경으로 아시아에서 대형 무기의 국제 시장 거래가 활발해져서 세계 무기시장의 절반을 아시아가 차지하는 수준까지 이르고 있다. 아시아의 무기 거래량은 전쟁으로 황폐해진 중동의 두 배, 유럽의 네 배를 웃돈다. 스톡홀름국제평화연구소SIPRI에 따르면 중화기 10대 수입국 가운데 6개국이 태평양 지역에 집중되어 있다. 인도, 중국, 오스트레일리아, 파키스탄, 베트남, 한국이다. 2011~2015년에는 이 지역 전체가 세계 전체 무기 수입의 46퍼센트를 차지했는데, 2010~2014년의 42퍼

센트에서 더욱 늘어나고 있다는 것이 분명해졌다.영국 『이코노미스트』 참조

아시아는 지금 군대의 현대화 경쟁에 뛰어들고 있다. 그 가운데 대표적인 나라가 중국이다. 중국은 2012년 이래 센카쿠열도를 둘러싸고 일본과 대립하면서 선박과 항공기를 파견하여 대립을 선동하는 행위를 이어오고 있다. 남중국해에서는 남사제도스프래틀리제도에서 조그만 섬이나 암초, 사주砂州를 매립해 공항과 항만, 산업시설을 갖춘 거대한 인공 섬을 구축하여 베트남과 필리핀 등 주변국가들의 반발을 사고 있다. 필리핀과 베트남에서는 무기 수입이 급증, 그 양은 자그마치 지난 5년간의 여덟 배에 이른다. 베트남은 전투기 8기, 고속전투정 4척, 잠수함 4척 등을 구입했고, 게다가 프리깃함 6척과 잠수함 2척을 발주하고 있다.영국 『이코노미스트』 참조

인도가 프랑스에 잠수함 6척을 발주하고, 이에 대항해 파키스탄은 중국으로부터 8척을 구입했으며, 방글라데시도 2척을 중국에서 사들였다. 싱가포르는 독일에서 2척을 사들였고, 한국도 독일에서 5척을 구입하는 한편 인도네시아에 한국형 잠수함 3척을 매각했으며, 오스트레일리아는 8~12척의 잠수함을 프랑스, 독일, 일본 등지에서 사들일 계획을 세워놓고 있다.

아시아는 지금 끝없는 군비 확장 경쟁으로 돌진하고 있는 것처럼 보인다. 다른 나라의 군비 확장에 대항하기 위해 '억지력'을 이유로 군비 확장을 추진하고, 그것을 보고 다른 나라가 또다시 군비 확장을 추진한다. 북한의 핵개발 문제가 한국의 핵무기 논의에 불을 붙여 미군의 지상군 배비형配備型 요격 시스템 배치 협의를 앞당기고, 그 배치에 중국이 강경한 자세를 보이는 등 불신과 대립이 격화하고 있다. 중국의 군비확장주의는 아시아 각국의 경계와 반발을 부채질하고 무기 수출국과 군수·무기 산업의

활성화를 촉진하여 새로운 군비 확장 싸움에 기름을 붓는 악순환을 초래하고 있다.

지구의 역사를 돌이켜보건대 어느 지역에선가 전쟁과 분쟁, 테러와 살육이 끊이지 않았다. 인류는 왜 전쟁과 살인을 멈추지 못하는 것일까. 무력에 의존하고, 무력행사를 통해서밖에 국익을 추구할 수 없는 지도자가 잇달아 탄생하는 것은 왜일까. 대화능력의 결여 때문인가, 아니면 살육과 전쟁에 의한 경제 이익을 탐하는 '군산관학언軍産官學言 복합체'가 제어 불가능할 정도로 거대하기 때문인가.

이런 식으로 가다가는 아시아는 중동에 이어 새로운 전장이 될 위험성이 있다. 군비 확장 경쟁의 중지, 외교와 대화를 통한 분쟁의 해결, 국경이나 민족의 벽을 넘어선 국제 교류의 촉진, 분쟁지역의 공동 개발과 공동 이용 등 개인들끼리는 해결 가능한 문제가 국제정치의 세계에서는 편협한 내셔널리즘이나 민족주의의 주박呪縛 때문에 해결에 어려움을 겪고 있다.

바로 지금 "아시아인의 손으로는 아시아인의 피를 한 방울도 흘리게 하지 않겠다"라는 피의 맹세와 함께 아시아는 하나라는 아주연합亞洲聯合, Asia Union＝AU의 구축해야 할 시기가 다가오고 있다. 전쟁의 시대를 되풀이해 온 유럽이 경제 제휴와 유럽연합Europe Union＝EU을 구축함으로써 역내에서 분쟁을 없애는 데 성공한 것처럼, 아시아도 새로운 공동체를 구축하여 분쟁 억지를 도모했으면 한다. 그러기 위해서는 각국의 지도자들(정치 지도자뿐만 아니라 경제, 문화 등 다양한 분야의 지도자들)에 의한 아주연합의 출범을 서둘렀으면 한다.

이를 위한 대화의 장으로서 오키나와는 가장 잘 어울리는 장소이다. 왜냐하면 아시아 안에서도 전쟁으로 희생이 가장 많았던 지역(오키나와전투에서 주민 네 명 중 한 명이 전사)이고, 전후에도 27년 동안 타국 군대에 의한 이민족 지배를 받으면서 토지와 재산을 빼앗기고 인권을 유린당하고 민주주의로부터 버림받은 경험을 했으며, 이 과정에서 '공생'의 사상의 중요성을 가장 강하게 인식해온 지역이기 때문이다.

지금도 오키나와는 '일본과 아시아의 안정을 위해'일본 정부 드넓은 미군기지를 떠안고 있다. 일단 전쟁이 일어나면 '군대는 주민을 지켜주지 않는다'라는 교훈도 오키나와전투에서 치른 20만여 명의 희생 위에 새겨져 있다.

일본에서는 '미일동맹'의 중요성을 강조하는 사람들이 압도적으로 늘어나고 있다. 하토야마 유키오는 『끝나지 않은 '점령'』의 서언에서 이렇게 서술한다.

> 많은 국민이 '대미의존', '대미종속'은 당연하다고 생각한다. 미일안전보장조약에 따라 유사시에는 미국이 일본을 지켜줄 것이므로 미국의 말을 듣는 것은 당연하다고 생각한다. 일본을 지키기 위해 미군기지가 존재하는 것도 당연하고, 지리적인 상황 때문에 미군기지는 주로 오키나와에 있는 것이 필연적이며 자신의 고향에는 두고 싶지 않다고 생각한다. 이것이 평균적인 일본인의 사상이다.『끝나지 않은 '점령'』, i면

미일 안보가 중요하다 해도 왜 다른 나라와는 안보나 동맹을 맺지 못하는 것일까. 일국보다 다국 간 쪽이 안전보장의 안정감을 높인다. 'AU'의 검토는 새로운 일본의 안전보장 환경의 구축에도 기여할 것으로 기대된다.

제5장

오키나와와 '지역으로 이루어지는 동아시아'

시마부쿠로 준島袋純
류큐대학 교수

시작하며

현재 영국의 일부인 스코틀랜드는 고도의 자치권을 지닌 의회 및 정부를 갖고 있으며, 독립을 주장하는 스코틀랜드국민당SNP이 집권당이다. 스코틀랜드국민당은 1980년대 초반 '유럽 공동체 속의 독립 스코틀랜드'라는 표어를 내걸고 당세黨勢를 넓혀왔다. 이것은 유럽 통합을 위한 표어 '지역으로 이루어지는 유럽'과 무관하지 않다. 1980년대 유럽 공동체는 유럽 공동체가 설정한 '지역region'이라는 유럽 지역 정책 전개의 단위를 모든 가맹국에 설정하고 그 단위에 대한 보조를 개시했는데, 스코틀랜드는 보조를 받는 중요한 지역이었다. 주권국가를 가맹국으로 하여 구성되는 유럽이 아니라 그 아래 단위인 '지역'의 연합체로서 구성되는 유럽을 지향한다는 유럽 정책에 스코틀랜드는 공명했다.[1]

원래 스코틀랜드는 잉글랜드와는 다른 독립 국가였다. 1707년 두 왕국은 연합하여 연합 왕국이 되었다. 매수했다는 말도 있지만 형식적으로는 스코틀랜드 의회가 찬성하여 잉글랜드와 합병한 것이었다. 무력 병합은 아니었다.

19세기 후반에 이르러 스코틀랜드의 민족적, 문화적 전통을 중시하는 스코틀랜드 내셔널리즘이 대두하면서 독립을 둘러싼 논의도 시작된다. 독립 논의는 100년이 넘는 기간 동안 이어져오고 있다. 처음에는 문학과 시 등에서 시작하고, 곧 정치운동으로 나아간다. 그러나 경제적으로는 연합왕국에 완전히 편입되어 있었기 때문에 독립주의 정당의 운동은 세세한 것에 머물지 않을 수 없었다.

스코틀랜드국민당은 1934년에 발족했는데, 좀처럼 늘어나지 않는 지지 세력, 자금 부족, 인재 부족으로 늘 어려움을 겪었고, 지방의원이 몇 명 있을 뿐 국회의원은 배출하지 못하는 상태가 계속되었다. 독립은커녕 스코틀랜드 자신의 의회와 정부를 갖고 고도의 자치권을 획득하고자 하는 운동마저 존속이 위태로운 상황에 내몰려 있었다.

그런 스코틀랜드에서 1999년 스코틀랜드 의회와 정부가 창설되어 고도의 자치권이 부여되었으며, 이로부터 15년밖에 지나지 않는 2014년 9월 18일에는 스코틀랜드가 영국으로부터 독립할 것인지를 묻는 주민투표가 실시되었다. 국제법적으로는 전문前文은 전반부를 내적 자결권의 표현이라고 한다면 후반부는 외적 자결권의 추구라고 말할 수 있다. 왜 스코틀랜드에서는 이러한 자결권의 추구가 가능해졌는가, 거기에서 오키나와 또는 일본 및 동아시아는 어떤 시사점을 얻을 수 있을까. 본론에서는 이 물

---

1   島袋純, 『リージョナリズムの國際比較』, 啓文堂, 1999.2 참조.

음에 대한 답을 찾아보기로 한다.[2]

1970년대의 분권 운동과 1980년대의 고투

스코틀랜드의 자기결정권 확립의 출발점으로 중요한 것은 1979년 3월에 실시된 스코틀랜드 의회 및 정부 설립을 묻는 주민투표이다. 찬성 51.6퍼센트로 과반수를 차지했지만 유권자 총수의 32퍼센트에 머물러 효력을 발휘하지는 못했다. 이에 분개하는 의견은 상당히 강하게 남았다.

세계적으로 보아도 이 시기는 자치의회나 자치정부가 만들어지는 리저널리즘의 발흥 시기였다. 스페인에서는 1978년에 신헌법을 제정했는데, 이 신헌법은 이미 인정받고 있던 카탈루냐와 바스크의 자치를 조문으로 명문화했고, 자치주 제도가 헌법에 규정되었다. 또, 캐나다에서는 1960년대에 퀘벡당이 결성되었고, 1980년에는 연방정부와 퀘벡주의 관계를 묻는 첫 주민투표가 실시되었다. 스코틀랜드도 기본적으로는 같은 시기에 처음으로 분권 개혁에 관한 주민투표를 실시하여 실패한 셈이다.[3]

실패한 후 영국은 마거릿 대처의 신자유주의, 대처리즘의 시대로 접어든다. 대처는 스코틀랜드에 대해서도 대단히 엄격한 정책을 강행했다.

스코틀랜드는 오랜 기간 노동당의 기반이었다. 조선업, 석탄, 철강업 등 산업혁명 이후의 산업이 제2차 세계대전 후에 국유화되어 많이 남아 있었

---

2 自治・分權ジャーナリストの會編,『英國の地方分權改革ブレアの挑戰』, 日本評論社, 2000.9, 231~260면.

3 위의 책, 같은 면.

다. 대처는 그러한 국유기업을 모두 민영화, 합리화하고 있었다. 합리화에 의해 실업률은 20퍼센트 가까이에 이르러 스코틀랜드의 도시에는 실업자가 넘쳐났다. 스코틀랜드인이 뽑지 않는 보수당에 의해 스코틀랜드인이 바라는 정책과는 완전히 다른 정책이 펼쳐졌던 것이다.

당시 스코틀랜드에서는 대처 정권에 반대하여 대규모 시위와 파업으로 대항했지만 결국 국제 여론과 국내 여론의 힘을 얻는 데 실패하고 말았다. 국유기업의 합리화는 멈추지 않았고 높은 실업률은 낮아질 줄 몰랐던 1980년대는 스코틀랜드 입장에서 볼 때 비참한 시대였다고 할 수 있다. 그러나 세계적으로 신자유주의가 확산되어가는 상황에서 그러한 시대를 통과하고 있던 스코틀랜드에서는 사회민주주의를 중시하는 사회를 만들어간다는 사회적 합의가 형성되었다.

이에 대해 대처는 신자유주의의 이념을 스코틀랜드에서도 철저하게 밀고나가려 한다. 그리고 다음으로 대처는 1989년 스코틀랜드에만 일 년 앞당겨 인두세community charge를 부과했다. 400년 만에 인두세가 부활한 것이다. 이로써 보수당은 스코틀랜드에서 지지를 거의 완전히 잃게 된다.

이리하여 스코틀랜드와 잉글랜드의 사회적 균열이 돌이킬 수 없을 정도로 커진다. 이 균열은 해외에 있는 사람들이 상상하는 것보다 훨씬 크다.

잉글랜드에서는 지금도 보수당이 정권을 쥐고 있고, 신자유주의가 가장 중요한 정치적 주장이라고 말할 수 있다. 그러나 스코틀랜드가 지향하는 것은 사회민주주의, 복지국가에 의한 사회통합이다. 이미 사회를 지탱하는 근본적인 원리가 달라져버린 것이다.

대처리즘이 낳은 것은 빈부격차가 확대된 격차사회와 이에 따른 사회적 분열인데, 근본적인 통치원리가 달라져버린 잉글랜드와 스코틀랜드의 균열은 아주 깊었다. 일본의 매스컴은 그러한 균열에 관하여 언급하지 않지만, 이것을 모르면 스코틀랜드가 독립으로 나아가고자 하는 원인을 이해할 수 없다.[4]

자기결정권의 회복 – 의회의 부활

1979년 주민투표가 실패로 돌아간 후 스코틀랜드에서는 의회 설립 운동Campaign for Scottish Assembly/Parliament이라는, 적은 인원이 참가하는 시민운동이 조직되었다. 이 조직이 분권의 불씨를 되살리는 활동을 전개하고 있는 가운데 대처리즘이라는 광풍이 몰아닥쳤고, 스코틀랜드인의 분노와 반감은 그 운동의 힘을 얻어 서서히 거세지고 있었다. 1988년에는 스코틀랜드의 모든 정치세력이 결집한 헌법제정의회Scottish Constitutional Convention를 설립하기에 이른다. 이 의회는 프랑스혁명의 헌법제정국민의회 또는 미국 독립 당시의 대륙회의에 해당한다. 이러한 회의의 멤버는 보통 투표로 선출되지만 스코틀랜드의 경우에는 이미 투표로 선출된 국회의원이 있어서 보수당 의원을 뺀 노동당 의원 등 국회의원 대다수가 참가하고, 여기에 자치단체 대표, 상공회와 노동조합 대표가 들어가는 방식으로 구성되었다.

이는 스코틀랜드의 헌법에 해당하는 기본법을 제정하기 위한 의회이다. 이 의회에서 처음으로 내놓은 것이 1989년 제1차 대회에서 참가자 전원

---

4   위의 책, 같은 면.

이 서명한 권리장전Claim of Right for Scottish 1989의 선언이다. 스코틀랜드 인민에게는 자유롭게 정부를 만들 권리가 있으며, 그 권리에 기초하여 우리는 모여서 기본법을 제정한다고 선언했다. 이러한 선택을 포함하여 자신들에게 자신들이 바라는 권력을 가진 정부를 만들 권리가 있다는 선언이다. '기존 국가의 제도 안에 머무르는', '그 범위 안에서' 운운하는 말은 씌어 있지 않다. 주권은 스코틀랜드 인민에게 있다는 선언이다.

이렇게 선언하고 합의에 따라 만들어진 것이 현재의 기본법의 원안이다. 무엇보다 중요한 제안은 새롭게 만드는 의회의 명칭을 300년 전 주권국가 시대 의회의 명칭인 팔러먼드Parliament라고 한 것이다. 이것은 통상 주권국가의 의회, 국회를 의미한다.

1997년 9월 11일, 스코틀랜드에 주권적인 권한을 가진 의회 및 정부를 만드는 것에 관하여 주민투표가 실시되었고, 압도적인 다수의 찬성으로 스코틀랜드 의회 및 정부를 만들 것을 결의했다.

기본적인 정치구조에 관해서는 영국 국회의 제정법制定法으로서 '1998년 스코틀랜드법'이 만들어졌다. 스코틀랜드 사람들이 인민주권론에 기초하여 만든 기본법안을 그대로 영국 국회가 승인한 것이다. 결국 간접적이긴 하지만 스코틀랜드 인민은 정부를 만드는 인민의 자기결정권을 인정받았던 것이다.

일본의 미디어에서는 이 기본원리에 대한 설명을 찾아볼 수 없지만, 그것을 모르면 왜 영국의 중앙정부가 스코틀랜드의 주민투표의 결과를 따르지 않을 수 없었는지 알 수 없다.[5]

---

5 스코틀랜드 '권리의 청구' 및 권리장전에 관해서는 沖繩縣議會議員經驗者の會編, 『沖繩自治州－特例型沖繩單獨州を求めて』, 琉球書房, 2013,6, 15~21면 참조.

스코틀랜드 의회는 스코틀랜드에 적용되는 국법의 제정 권한을 큰 폭으로 위임받았다. 스코틀랜드는 법률에 관하여 자신들이 스스로 결정하는 권한을 갖고 있다.

중앙의 의회에 남은 입법 권한은 외교, 국방·안전보장, 통화·무역 등 거시경제 정책, 그리고 복지의 일부이다. 이 외에는 거의 전부 스코틀랜드 의회에 입법 권한이 맡겨졌다. 국민당은 그러한 권한 이양, 분권화를 지속적으로 요구했고, 한 걸음 더 나아가 남은 권한도 스코틀랜드로 이양하라고 주장했는데, 이는 독립을 공약으로 내건 것이나 다름없다.

데이비드 캐머런 총리에 대하여 2012년 스코틀랜드 정부가 주민투표의 협정을 내놓을 때, 독립에 관하여 ① '찬성'이냐 ② '반대'냐는 양자택일이 아니라, 제3의 선택지 즉 ③ '최대의 분권화'라는 선택지를 포함하여 묻는 방식으로 주민투표를 실시했으면 한다는 요구가 있었다. 캐머런 총리는 당시 독립 반대가 압도적으로 우세하다고 믿고 제3의 선택지 '최대의 분권화'는 필요 없다, 그것을 받아들일 수 없다면서, 찬성이냐 반대냐 양자택일로 하자며 요구를 거절했다. 그렇게 함으로써 '최대의 분권화' 즉 더 이상의 분권화를 저지할 수 있을 것으로 예상하고 있었다. 그런데 투표가 가까워지면서 결의를 다진 독립파가 철저하게 풀뿌리 전술을 구사하면서 찬성하는 사람들이 늘어났다. 캐머런 총리는 투표 3일 전 스코틀랜드를 방문해 "최대의 분권화를 확약한다"고 말하고, 그 약속을 문서화하여 서명한 다음 스코틀랜드 사람들에게 반대투표를 해달라고 간청했다. 국민당은 투표도 하기 전에 2년 전 상정하고 있던 스코틀랜드 정부의 자치권 확대를 이미 쟁취했을 뿐만 아니라, 만약 이번에 찬성이 많으면 독립을 하지 않을 수 없는 상황으로까지 나아갈 수 있게 된다.[6]

제국의 해체 — 글래스고의 핵잠수함 기지 철거 문제

스코틀랜드의 독립에 대하여 자각하지 못한 채 기존 체제의 유지를 신봉하는 다수파의 대부분은 완전히 무의식적으로 이를 받아들이지 못한다. 왠지 모르게 공포심을 느낀다. 오키나와와 비교해서 쉽게 이해할 수 있는 사례가 기지 문제이다. 구체적으로는 영국에서 유일한 핵기지, 스코틀랜드의 글래스고에 있는 핵잠수함 기지 철거 문제이다.

영국은 제2차 세계대전 후에도 유엔 안전보장이사회의 5대 상임이사국 중 한 나라로서, 현실적인 나라의 크기, 국력, 경제규모에 비해 훨씬 많은 힘을 가진 세계의 지도적인 나라로 행세해왔다. 자부심도 있다. 이러한 존재감과 자부심은 영국의 국가 위신에 있어 중요하다. 유엔 안보리의 상임이사국이라는 말은 군사대국이기도 하다는 말이며, 핵을 보유하고 있는 것이 그 근거 중 하나로 간주되어왔다. 실제로 핵을 갖고 있지 않은 상임이사국은 없다. 그리고 핵무기를 포기하면 상임이사국 자리도 포기해야 할지 모른다는 공포심이 있다.

미군의 요청에 따라 핵도 갖고, 자신들도 국가 위신을 지키고 싶다. 그리고 미국의 전쟁에 적극적으로 기여함으로써 미국의 군사적 패권을 유지한다. 그렇게 함으로써 대영제국의 위신을 유지할 수 있다. 따라서 영미 군사제국에 핵잠수함 기지는 불가결하다.

하지만 스코틀랜드 정부가 요구하듯이 만약 글래스고의 핵잠수함 기지

---

6   스코틀랜드 독립 투표의 경과에 관한 구체적인 정보는 2014년 9월 13일에서 17일까지 현지에서 류큐신보 기자와 동행한 청취조사에 기초한다. 상세한 내용은 琉球新報社·新垣毅,『沖縄の自己決定権』, 高文研, 2015.6, 182~194면 참조.

를 철거하면 연합왕국 내 다른 곳에는 대체할 시설을 만들 수 없다. 다른 장소는 수심이 얕아서 잠수함을 띄울 수 없다는 사정 외에 군항은 잔교棧橋만 있어서는 안 되고 도크 등 부대시설이 있어야 한다는 문제가 있다. 글래스고는 조선업이 발달한 곳이어서 핵잠수함의 수리와 유지가 가능하다. 그러나 잉글랜드에는 조선업을 비롯해 기타 관련 공업이 발달한 곳이 없다. 그런 문제 때문에 핵잠수함 대체 기지가 없다. 국내에 마련할 수 없다면 핵미사일을 포기할 것인가라는 문제가 남는다.

그러나 스코틀랜드국민당은 독립하는 중요한 목적으로 핵기지 철거를 얘기했고, 이것은 국민당이 절대로 양보할 수 없는 선이다. 그렇게 될 경우 지금 이대로는 영국은 핵무기를 포기해야만 하고, 그렇게 하면 글래스고 핵잠수함 기지 철거는 틀림없이 미국의 군사적 패권이 약해지는 계기가 될 것이다. 또 대영제국은 상임이사국의 지위도 잃을 수 있다. 미국 주도의 군사적 패권 체제라는 세계적 시스템에 대단히 큰 충격을 줄 것임에 틀림없다. 대영제국은 종언을 고하고 세계 제국의 해체를 야기할 가능성도 있다.[7]

근대 주권국가 해체의 가능성

동시에 스코틀랜드 독립 문제는 근대 주권국가 시스템을 해체하는 프로세스가 될 수도 있을 것이다. 근대 주권국가를 당연한 것으로 전제하고 이

---

7 위의 책 참조.

에 공헌할 생각을 하고 있는 미디어는 스코틀랜드의 독립에 화를 내며 위기감을 갖는다.

많은 미디어는 일시적으로 민족주의적 감정이 폭발하여 독립찬성파가 늘었다는 식으로 보도했다. 신중하고 깊게 생각할 것을 요구하는 듯한 말들로 넘쳐났다. 영국에서도, 스코틀랜드에서도 주요 미디어는 모두 '독립 반대'이다. 더욱이 영국 주요 미디어로부터 정보를 얻는 일본의 미디어는 가장 부정적인 보도밖에 하지 않는다. 이중삼중으로 네거티브한 억압의 구조가 미디어 공간에서 만들어지고 있는 것이다.

독립 문제에 관한 스코틀랜드의 주민투표를 조사하러 갔다가 크게 감동한 것은, 그러한 미디어의 언설공간에서 네거티브 캠페인이 완전히 지배할 것이라는 것을 알면서도, 철저하게 풀뿌리에서부터 독립 찬성 운동을 조직화하여 그것에 대항하고 있는 것이었다.

네거티브 캠페인밖에 하지 않는 미디어에 의존하지 않고, 자신들을 중심으로 풀뿌리 수준의 독립 운동을 해나가고 있었다. 이번 주민투표의 특징은 85퍼센트에 이르는 높은 투표율이었다. 독립 찬성 쪽에서 적극적으로 나서서 풀뿌리로부터 조직화를 모색하여 투표율을 끌어올렸다.

게다가 유권자 수가 2011년 총선거에 비해 약 100만 명 늘었다. 호적과 주민표가 일체화되어 있어 자동적으로 유권자 명부가 만들어지는 일본과 달리, 스코틀랜드에서는 누가 투표권을 갖고 있는가 조사하여 투표 때마다 유권자 명부를 만든다. 영미계 시스템이다.

따라서 스코틀랜드에도 빈곤층 등 유권자로 등록하지 않은 사람들이 많았다. 그 사람들을 찾아내 유권자로 등록하게 하고 투표를 하게 하는 것이 독립 찬성파의 운동이다. 풀뿌리로 파고들어 독립을 통해 더 나은 복지국가를 건설하자고 호소하는 한편 유권자 등록과 투표 동기를 부여하는 운동을 주민투표 실시가 결정된 후 2년 동안 이어왔다고 한다. 그것은 미디어에 대항하는 방법이기도 했다. 나아가 인터넷을 철저하게 활용함으로써 유권자를 찾아냈고, 또 타운미팅이라는 집회 겸 토론회를 각 행정단위마다, 각 지역마다 몇 백 회, 몇 천 회 열었다. 따라서 독립의 흐름은 더 이상 돌이킬 수 없는 지점까지 온 것으로 보인다. 이미 지방자치와 분권 수준의 문제가 아닌 것이다.[8]

쟁점 바꿔치기

스코틀랜드에 관하여 일본의 매스미디어에서는 민족 감정이 급격하게 상승하여 찬성파가 늘었다는 식의 분석이 많았지만, 쟁점은 내셔널리즘이 아니다. 스코틀랜드국민당의 원어 'Scottish National Party'를 일본의 연구자 대다수는 '국민당'으로 번역하지만 일본의 미디어는 의도적으로 '민족당'으로 번역한다. 그러나 스코틀랜드 사람들이 진지하게 말하는 것은 사회민주주의적인 사회, 정책을 만들어가는 방법에 대해서이지 민족 이야기도 내셔널리즘 이야기도 아니다.

앞에서 말했듯이 스코틀랜드에서는 사회민주주의가 신뢰를 얻고 있다. 스코틀랜드 의회 129석 가운데 보수당은 15석밖에 되지 않는다. 대부분이 노동당과 국민당이다. 국민당은 사회민주주의 정당이고 따라서 노동

---

8 위의 책 참조.

당보다 더 '왼쪽'에 위치한다고 생각해도 좋다. 결국 스코틀랜드 국민의 총의總意는 사회민주주의를 대전제로 삼고 있다는 얘기인 셈이다.[9]

사회민주주의적인 사회를 지키고 발전시키기 위해서는 어떻게 해야 할까라는 물음이 독립인가 아닌가, 한 걸음 더 나아간 분권으로 무엇을 할 수 있는가라는 논쟁의 중심에 있다. 경제에 관해서는 결론이 나지 않을 것 같은 논쟁이 이어지고 있다. 어느 쪽이 좋을지는 잘 모른다. 그러나 현상유지라고 말하는 것은 설득력이 있다. 하지만 독립파는 독립을 하면 좋아질 것이라고 말하고, 독립 부정파는 독립을 하면 나빠질 것이라고 말한다. 확실하게 말하면 그 누구도 확답을 내놓을 수는 없다.

영국의 중앙정부가 대단히 비겁했던 것은 복지국가론이나 주권국가 시스템의 붕괴 등 본질적인 문제는 그다지 화제로 삼지 않고, 스코틀랜드가 독립할 경우 파운드를 사용할 없게 하겠다느니 어쩌느니 위협한 것이다. 스코틀랜드 정부가 독립한다 해도 영국 파운드를 계속 사용하겠다고 주장하는 것은 독립을 해도 통화정책이나 공정이율, 위체爲替 등 거시경제의 권한은 모두 영국 정부가 담당한다는 것이나 마찬가지다. 설령 독립을 한다 해도 경제정책의 핵심을 런던에 남겨두겠다는 얘기여서 영국으로서는 거절할 이유는 없다. 그럼에도 불구하고 독립한 스코틀랜드에서 파운드를 사용하지 못하게 하겠다고 한다. 결국 영국의 거시경제 통제 주권 아래에서 스코틀랜드를 내쫓겠다며 고의로 거부를 표명했던 것이다. 영국의 거부에 따라 스코틀랜드 경제는 당연히 쇠퇴할 것이다. 그렇게 함으로써 스코틀랜드가 독립할 경우에 파운드를 사용할 수 없어서 스코틀랜드 경

---

9   위의 책 참조.

제가 붕괴할 것이라는 논리를 내세워 독립을 부인하는 세력을 지지하고자 했다. 참 지저분하다는 말밖에 할 수가 없다. 그러나 스코틀랜드가 독립하여 별도의 통화를 채택한다면 잉글랜드 경제도 아주 크게 줄어들 것이다. 실제로 독립했을 경우 잉글랜드는 스코틀랜드의 파운드 사용을 용인할 수밖에 없을 것이라고 생각한다. 유로 위기 전인 2006년 무렵에 주민투표가 실시되었다면 유로화로 전환하면서 아마 찬성파가 이겼을지도 모른다.

찬성파에게 불리한 상황은 군사문제에도 있다. 2003년 3월 미국의 부시 대통령이 이라크가 대량 파괴 무기를 보유하고 있다는 전혀 말도 안 되는 거짓말을 대의명분으로 내걸고 시작한 이라크전쟁에 영국은 뜻을 함께하겠다며 군대를 파견했다. 그리고 많은 스코틀랜드 병사가 죽었다.

부시 정권은 전쟁을 되풀이하고, 미국의 군사적 헤게모니에 공헌하는 듯한 현재 영국의 국가체제 하에서 스코틀랜드는 스코틀랜드 사람의 생명을 위험에 빠뜨리고 있다는 주장이 그 당시 상당히 설득력을 얻었다. 그러나 지금은 이라크전쟁 때와 달리 미국은 뜻을 함께하는 국가들의 연합을 형성하여 동원할 수가 없고, 또 군사 예산을 삭감하고 있어 단독으로라도 전쟁을 할 수 있는 가능성은 낮아지고 있다. IS의 출현으로 이라크, 시리아에서 손을 떼는 것은 어렵게 되었지만 지상군 파견만은 피하려 하고 있다. 따라서 얼마 동안은 영국도 지상부대를 투입하는 전쟁에 가담할 가능성이 낮아졌고, 미국의 군사적 헤게모니에 대한 혐오감도 줄어들었다. 유로 위기가 없었다면, 또 명분 없는 전쟁에 가담하게 하는 미국과의 동맹에 혐오가 강했던 시기에 주민투표를 실시했다면, 독립파는 세력을 더욱 늘릴 수 있었을 것이다.

그러나 유로는 아직까지도 위기 상태에 있고 미국의 전쟁 참전 가능성도 낮아졌다. 이러한 정세에 비춰보면 독립 찬성파는 압도적으로 불리한 상황에서 주민투표를 맞이했다고 말할 수 있다.

그럼에도 불구하고 영국 정부는 설마설마했던 지점까지 내몰렸다. 그래서 데이비드 캐머런 총리는 주민투표를 승인한 것은 실정이라며 비판을 받았다. 그러나 캐머런이 찬성과 반대 양자택일로 투표를 승인했을 때, 어떤 시점에서는 분명히 찬성파를 깨부술 가능성이 있었다. 그러므로 주목해야 할 것은 오히려 스코틀랜드 독립 찬성파의 무서운 반격이다.

스코틀랜드 독립 문제의 파급

독립 여부를 둘러싼 주민주표 당시, 캐나다의 퀘벡, 스페인의 카탈루냐와 바스크 등지에서 많은 미디어와 연구자가 취재와 연구를 위해 스코틀랜드로 모여들었다. 미디어와 동시에 퀘벡과 카탈루냐의 많은 시민운동가들도 스코틀랜드를 찾았다. 스코틀랜드 독립파와 교류를 갖고, 그런 지역 간 네트워크가 형성되기 시작했다. 이러한 움직임은 미국의 패권에 대해서도, 기존의 주권국가 시스템에 대해서도 중대한 도전이다. 판도라의 상자는 열렸다. 이것을 닫는 것은 더 이상 가능하지 않다.

스코틀랜드의 주민투표가 오키나와에 크게 시사하는 바가 있다면, 그것은 자신들의 권한으로서 자신들의 정부를 만든다는 것, 오키나와 사람들에게는 그러한 권한이 있다는 것, 결국 '인민의 자결권'이 있다는 것을 일반 시민과 동시에 정치가 수준에서 정말로 명백하게 인식할 수 있는가이다.

사람들이 권리장전을 바탕으로 결집하여 헌법을 제정하고 국가를 형성해간다는 국제적인 상식에 비춰보면, 오키나와 사람들에게는 분리 독립까지 포함하여 자유롭게 정부를 만들 권리가 있다. 국제인권법의 규정을 근거로 유엔 기구들은 오키나와 사람들을 인민의 자결권을 가진 존재로 인정하고 있다. 따라서 스코틀랜드의 논리는 오키나와 입장에서도 자신들의 자기결정권을 확충하는 절차로서 그리고 논리로서 참조할 수 있다. 일본에서 인민의 자기결정권을 선언할 수 있는 것은 아이누와 류큐 오키나와밖에 없지 않은가. 사람들의 자기결정권에 기초하여 정부를 만들거나 독립하는 것이 가능할까. 주민의 대부분이 류큐 왕국 시대로 거슬러 올라가 출신을 특정할 수 있고, 오키나와 출신이 현민의 대부분을 차지하는 오키나와의 경우는 그럴 수 있다. 그렇게 되면 '자치'의 문제를 훌쩍 뛰어넘어 자기결정권이라는 주권적인 권한의 문제에 이른다.[10]

금후의 상황은 오키나와의 정당 중에서 그와 같은 자기결정권이 우리에게 있다는 데 대한 당내 합의가 가능할지 여부, 나아가 정당 간 합의 그리고 사회적인 합의가 가능할지 여부에 달려 있다. 만약 합의에 도달할 수 있다면 오키나와의 '자치'라는 한계를 넘어 자신들의 정부를 만들 권리가 있고, 그것에 기초하여 오키나와의 정부를 만들어간다는 논의도 가능해질 것이다.

영국은 불문헌법의 나라여서 독립 프로세스에 대한 규정이 헌법에 명기되어 있을 수가 없다. 지금까지 서술해왔듯이 기본법의 제정 과정이 현실 정치에 편입되어 있고, 그 과정에서 지금 독립 관련 주민투표가 실현되고

---

10 沖繩縣議會議員經驗者の會 編, 앞의 책, 참조.

있는 것이라고 말할 수 있다. 하지만 스페인의 경우는 이미 제정된 성문 스페인 헌법이 있고, 스페인 헌법 중에는 카탈루냐의 독립 절차에 관한 조항이 없다. 카탈루냐 자치주는 2014년 11월 9일 스페인으로부터 분리 독립할 것인지를 묻는 주민투표가 실시되었지만, 스페인 정부는 스페인 헌법은 카탈루냐를 독립시킬 권한을 인정하고 있지 않다고 주장하면서 그 효력을 승인하지 않았다.

그러나 카탈루냐는 스페인이 주권국가가 되기 이전에는 독립 국가였다. 따라서 그런 지역에는 주권에 상당하는 권리가 있을 수 있다는 논리가 점점 힘을 얻고 있다. 그럴 경우 기존의 근대 주권국가의 논리와 특정 지역이나 인민에게 주권국가를 형성할 권리가 있다는 논리가 대립하게 된다. 향후 이 문제가 어떻게 정리될지 궁금하다.

국제인권규약이 제정된 것은 1966년이다. 이 규약은 1948년의 세계인권선언과 1960년의 식민지 독립 부여 선언 등을 답습하고 있다고 말할 수 있다. 그러나 식민지의 독립이 아니라 종주국의 내부, 선진국의 한 지역으로부터도 일정한 조건이 갖춰지면 독립을 바라는 사람들이 많을 경우 독립할 수 있다라는 해석이 세계 인권법의 발달 속에서 점점 확대되고 있다. 군사적인 문제, 국민국가 해체라는 심각한 문제를 포함하면서도, 피 한 방울 흘리지 않고 평화롭게 자기결정권을 상호 승인하고, 민주적인 법적 절차를 거쳐 인민의 자결권에 기초한 자유로운 정부를 만드는 프로세스에 관해서는 스코틀랜드가 선편을 쥐고 있는 셈이다.

마무리 – '지역으로 이루어지는 동아시아'

스코틀랜드가 시사하는 또 한 가지는 유럽연합의 '지역으로 이루어지는 유럽'이라는 표어이다. 결국 주권국가로 이루어지는 유럽이 아니어서 주권국가의 대표가 아닌 지역 단위의 대표가 브뤼셀의 EU위원회와 직결한다. 직결하여 지역euro region에 EU 보조금을 지급하거나 국가를 횡단하는 지역과 지역의 제휴 협정을 체결하게 하는 등 다양한 방식으로 대처하고 있다.

EU라는 초국가 수준의 정책 영역이 증대하는 가운데 보다 시민에게 가까운 소리를 반영하고자 하는 움직임이다. 그러한 EU의 틀 안에서 스코틀랜드와 카탈루냐가 힘을 얻어왔던 것이다.

EU는 지금 새롭게 유럽 시민권이라는 것을 확립해가고 있다. 유럽의 권력 구조를 지탱하는 것은 유럽 시민이다, 유럽 시민권을 기반으로 새롭게 유럽 사회를 형성한다, 유럽의 통치기구를 형성해가는 체제를 만들어간다, 그리고 유럽 시민이 그것을 감시한다는 구도이다. 이것은 대단히 중요하다.

스코틀랜드가 독자적인 정부를 만들 경우 스코틀랜드 시민과 유럽 시민은 겹친다. 예를 들면 이번 주민투표에서는 스코틀랜드에 일정 기간 살고 있는 유럽 시민도 투표할 수 있었다.

유럽의 통합과 '지역으로 이루어지는 유럽'이 보조를 맞춰 발달해왔다. 물론 유럽의 통합에는 통화위기, EU 내 국가 간 극심한 격차 등 많은 문제가 따르고 있다. 그러나 '유로 리전', '유럽 시민'이라는 이 흐름은 되돌릴 수 없을 것이다.[11]

유럽연합과 같은 조직이 동아시아에서 가능하다면, 오키나와와 같은 지역이나 소수민족이 역내에 많이 있기 때문에, 그 자치권과 자기결정권을 확대하면서 통합을 모색해가는 시스템을 만들 수 있지 않을까.

북아일랜드의 무력투쟁이 끝난 것은 유럽연합이라는 틀과 통화통합이 큰 요인이다. 유럽 통합으로 아일랜드는 경제 발전을 이루었고, 거기에 지역의 권한을 강화한다는 유럽연합의 정책이 기능하여 영국 정부가 북아일랜드에 많은 권한을 이양함으로써 무력투쟁을 진정시켜왔다.

스페인의 바스크 지방의 경우도 고도의 자치권을 부여하면서 분쟁을 진정시키는 형태로 유럽 통합을 모색하면서 지역의 권한을 강화하는 흐름이 이어져오고 있다. 이렇게 분리 독립 운동을 어느 정도 컨트롤하면서 평화롭게 민주적으로 착지점을 찾아가는 것이라고 생각한다. 점진적으로 자치권을 확대하고 독립한다 해도 현상과 거의 다르지 않은 상황을 이어가는 것, 이것은 중요한 유럽 모델이다. EU를 모델로 '지역으로 이루어지는 동아시아'를 표어로 삼아 소수파나 선주민의 자결권을 승인하고, '아시아 리전'을 설정하여 결속력을 강화하며, 나아가 '동아시아 시민'이 육성되어 동아시아공동체를 주체적으로 지탱한다. 이런 식으로 동아시아공동체를 만들어간다면, 공동의 자원 관리와 동시에 지역의 자치와 자결권을 강화하고 분쟁을 해결할 수 있는 방향성이 일정 정도 보일 것이라고 생각한다.

오키나와 문제도 그렇지만 타이완의 독립이나 홍콩의 민주화 문제, 제주도의 기지 건설 문제, 티베트와 위구르 문제 등 많은 문제의 해결은 자

---

11 島袋純, 앞의 책, 참조.

결권을 인정하면서 동아시아를 그러한 지역들을 중요한 단위로 하여 통합해갈 수 있는지 여부에 달려 있는 것이 아닐까. 그러한 국제적인 시민, 시민사회 조직 및 자치정부로 이루어지는 공동체를 만들어가면서 중국과 일본의 관계도 컨트롤할 수 있도록 하는 게 바람직하다.

동아시아에서 그와 같은 이미지를 우리들이 공유할 수 있을까. 다만, 동아시아공동체를 만드는 주체가 지금 당장은 눈에 띄지 않는다. 일본의 정권은 지금 '전후 체제', 국제적으로 말하면 샌프란시스코 체제를 파괴하는 듯한 쪽으로 나아가고 있어서 전후 질서는 오히려 역방향으로 바뀌고 있는 게 아닌가 우려된다. 한국과 중국에서도 내셔널리즘 또는 국가주의적인 선동이 두드러지는 상황에서 '국민'이 국가 간 대립의 정면에 놓여 있는 형국이다. '동아시아 시민'의 모습은 좀처럼 보이지 않는다. 동아시아의 공동체를 창조하는 방향이 점점 더 멀어지고 있다. 동아시아공동체는 그것을 극복할 수 있느냐 없느냐에 달려 있다.

제6장
'인간을 위한 경제'에 기초한 오키나와 독립

마쓰시마 야스카쓰松島泰勝
류코쿠대학 교수

류큐의 노동 문제

근대경제학이 상정하는 시장사회의 주체는 '호모 에코노미쿠스경제인'으로 불리며, 합리적으로 자기의 이익을 추구하면서 시장에서 다른 경제인과 경쟁하는 사람이다. 시장을 위해 생산을 하지 않는 영유아나 학생, 심신장애자, 장기 입원 환자, 보호를 필요로 하는 노인, 자급자족 생활을 하는 사람 등은 경제인에 포함되지 않는다. 시장에서 경제적 이익을 찾아 서로 경쟁하는 자만이 사람으로서 그 존재가 허용된다. 그러한 세계는 가공의 것이고, 현실의 인간이나 세계에는 비시장적인 요소가 많이 있으며, 모든 것을 합리적으로 해결할 수 없다는 것은 누구나 아는 상식이다. 그러나 자본주의는 인간의 상식적 세계를 시장주의 세계로 전환하는 것을 중심적 사명으로 삼고 있으며, 류큐오키나와현이라고 불리는 지역 안에 있는 섬들에서도 경제인이 늘어나 사회적인 영향력을 미치기에 이르렀다.

기업은 인간을 '노동자라는 상품'으로 사서 그 사람에 대한 지배권을 장악한다. 노동자가 자신의 노동이나 그 노동의 성과를 어떻게 사용할 것인지에 관한 자기결정권은 기업에 의해 박탈된다. 노동자는 기업의 경영이 어려워지면 자유롭게 버려지는 물건 취급을 받는다. 그 경우 사람은 생활의 양식을 얻을 수 없게 되고, 어쩔 수 없이 자신을 지배하는 다른 기업에서 일자리를 찾는 '노예적 신세'가 될 수밖에 없다. 사람은 기업이 이윤을 획득하기 위한 부품으로 자리매김된다. 사람의 사회적 관계, 사람과 자연의 관계도 기업의 이윤 획득이라는 지상 목적에 종속된다. 결국 자본주의 시스템에 따라 사람이 사회나 자연과 맺는 관계가 형성되는 것이다.

자본주의 사회의 기업의 입장에서 보자면 한 사람 한 사람의 노동자는 대체가능한 기계의 부품과 같은 존재이다. 경영자에게 노동자는 비용으로 인식되며, 비용의 삭감이 '좋은 경영'이 되기도 하고 주가 상승의 요인이 되기도 한다. 정규직보다 파견노동자나 계약직 사원 등 제도적으로 쉽게 대체 가능한 노동자를 고용할 수 있는 법제도가 일본에서도 정비되어 왔다. 노동자를 대량으로 해고하여 '경영을 슬림화'한 경영자가 칭찬을 받는 사회가 되었다.

노동자에게는 기준량 등 수치화한 목표가 제시되고, 그것을 달성할 것을 강요받는다. 또 임금이 지불되지 않는 서비스 잔업을 강요당하기도 한다. 노동 성과는 숫자로 명확하게 파악·관리되고, 노동 과정도 상사나 다른 직원 등에 의해 감시당하며, 그 결과에 따라 회사 내에서 승진이나 승격이 결정된다.

사람은 왜 일을 하는 것일까. 근대경제학은 노동의 고통한계비효용과 급료로 구입할 수 있는 상품이나 서비스가 가져오는 한계효용을 비교하면서 후자를 획득하기 위해 일한다고 설명할 것이다. 사람은 한계효용을 추구하며, 소비하기 위해 살고 있다고도 말할 수 있다. 사람에게는 다양한 욕망이 있는데, 그 중에서도 최우선 순위를 차지하는 것이 소비활동으로 채워지는 욕망이다. 자신의 욕망을 극한까지 만족시키기 위해 소비하고, 소비활동을 가능하게 하기 위해 사람은 생산활동에 종사하는 노동자가 된다. 상품이나 서비스의 가치도 '고객의 만족도'에 따라 결정된다. 그러한 시장을 확대하기 위해서는 사람의 '소비욕망'을 어떻게 자극할 것인가가 열쇠가 된다.

경제인은 한계효용의 극대화를 목표로 하고 기업은 이윤의 극대화를 추구한다. 효용이나 이윤의 획득이라는 욕망을 경제인이 물리지 않고 추구하는 것이 자본주의 사회의 특징이 된다. 그러한 사회의 틀에 의문을 갖고 멈춰 서서, 회사나 조직의 일부로 살아가기를 그만두고 자신의 머리로 생각하면서 살아가고자 하면, 시장사회에서 내쫓겨 '패자'라는 낙인이 찍히는 가혹한 운명이 기다린다.

그러나 사람은 욕망을 추구하여 소비를 하면 할수록 욕망을 향한 갈망이 더욱 깊어져 어떻게 해도 마음은 온전히 채워지지 않는다. 채워지지도 않고 끝도 없는 인간의 욕망을 향한 갈망이 소비나 생산의 회전을 가속화하는 자본주의의 원동력이 된다.

일본에서 '노동력'은 15세 이상의 취업자와 완전실업자를 합한 사람들로 정의된다. 완전실업자란 노동의 대가로 임금이 지급되는 근대적인 일을 적극적으로 찾지만 그 자리를 찾지 못한 사람을 말한다. 일자리 찾기를 포기한 사람은 불완전실업자라고 한다. 취직활동을 하지 않는 사람은 노동력으로 간주되지 않으며, 자본주의 사회에서는 '불완전'한 존재로 간주된다.

류큐에서도 실업문제를 해결하기 위해, 1972년 '복귀' 이후, 시장 확대와 개발 추진이 정당화되어왔다. 칼 폴라니가 분류한 시장경제 이외의 경제형태인 재분배나 주고받기互酬를 통해 살아가는 사람들이 선택할 수 있는 길을 막고, 시장사회에서 생존하는 것이 강제되는 사회상황이 뚜렷해진다.칼 폴라니, 1975

완전실업에는 마찰적 실업과 순환적 실업이 있는데, 젊은 실업자가 많은 류큐의 경우, 흔히 젊은이의 '강한 지역 지향성'이나 '부모나 사회에 응석부리기'가 실업의 원인으로 지적되곤 한다. 류큐의 실업문제를 일본에 의한 식민지 지배나 자본주의의 결과로서 논의하는 것이 아니라 류큐 출신 젊은이나 그 부모에게 책임을 전가함으로써 문제의 본질을 흐리고 있다.

노동자는 부지런히 일을 하면 격차사회에서 부유층의 위치로 올라설 수 있을까. 자본주의 탄생 이후 세계에서 격차가 해소되어 평등사회가 실현된 예는 없다. 최근에는 점점 더 세계적인 규모에서 국내의 불평등 상황이 확대되기에 이르렀다. 부유층에 의한 자신의 경제력 유지와 발전, 빈곤층의 상향적 계층 이동, 새로운 빈곤층의 출현과 같은 인간끼리의 경쟁과 대립을 동인으로 하여 자본주의는 발전해왔다. 경제의 성장과 쇠퇴의 굴곡이라는 각 국면에서 사회적 불평등은 깊어지고 격차의 시정은 부지하세월이다. 일본과 류큐 사이에 계속 존재해온 '경제 격차'도 마찬가지다.

'격차 시정'을 목표로 내건 오키나와 진흥 개발 계획은 일본 정부가 주도하여 책정하고 실시해 왔다. 그러나 그것은 류큐 내에 새로운 격차를 만들어냈다. 실업률은 2014년 5.4퍼센트전국 3.6퍼센트로 전국 평균을 크게 웃돈다. 특히 젊은 실업자가 많아 15~19세가 10.0퍼센트전국 6.3퍼센트, 20~

24세가 12.2퍼센트전국 6.3퍼센트, 25~29세가 7.5퍼센트전국 4.6퍼센트이다.[1]

2009년 류큐의 지니계수(1에 가까울수록 지역 내의 경제적 불평등이 크다)를 항목별로 보면, 수입이 0.303전국 0.259, 주택 및 택지 자산액이 0.702전국 0.566, 현재 저축액이 0.678전국 0.566, 내구소비재 자산액이 0.421전국 0.409이다.[2] 모든 항목에서 류큐 쪽이 전국 평균보다 높다.

또 2012년 고용자임원 제외 중 비정규 고용자의 비율을 류큐와 전국 평균으로 비교하면 각각 44.5퍼센트, 38.2퍼센트이다.[3]

류큐에서 비정규 고용자가 늘어나고 있는 것은 잘리는 사람, 즉 절망하는 사람이 늘어나고 있다는 것을 의미한다.

일본 정부로부터 제공받은 진흥 개발 사업비는 류큐의 경제 자립, 격차 시정에 도움을 준 게 아니라 류큐 내의 격차를 확대했다. 더욱이 고실업 상태가 공공사업에 대한 기대를 낳고, 진흥 개발로 환경이 파괴되는 악순환에 빠졌다. 진흥 개발로 오키나와섬 주변의 산호초 약 90퍼센트가 파괴되었다.

류큐 안에서 격차의 확대는 새로운 계급 분열을 낳기에 이르렀다. 예를 들면 관광업에서 일본의 본사에서 파견되는 지배인 등 일본인 간부 계급과 실내청소나 부지 내의 쓰레기 줍기 등을 하는 불안정·저임금·중노동의 류큐인 노동자 사이에는 넘기 힘든 벽이 가로놓여 있다. 활발한 투자가 이루어지는 정보통신 산업에서도 소수의 크리에이터, 전문가, 경영자와 다수의 매뉴얼에 따라 일하는 비정규 노동자 사이의 양극화가 진행되고

---

1   沖繩縣企劃部, 2015, 9면.
2   위의 책, 50면.
3   위의 책, 51면.

있다. 항상적으로 실업률이 높은 류큐에서 비정규 노동자는 일본 기업의 입장에서 볼 때 싸고 고용 조정이 쉬운데, 그것이 류큐에 투자를 하는 요인 중 하나이다. 류큐인은 불안정·저임금·중노동을 받아들일 것으로 기대되며, 일본 기업이 이윤을 획득하는 데 딱 알맞은 존재로 인식되기에 이르렀다.

경제학과 류큐의 관계

이코노미란 그리스어 오이코스집과 노모스법이 결합하여 이루어진 말이며, 사람의 살림살이나 생활의 룰을 의미한다. '경제'라는 한자어는 '경세제민經世濟民'에서 유래한다. 그것은 '세상을 다스려 백성을 구하는 것'을 의미한다. 결국 생활상의 문제를 안고 있는 지역의 인간을 구제하고, 그럼으로써 지역이나 나라에 평화를 가져오는 것이 경제학의 본래의 역할이었다고 할 수 있다. 그런데 근대경제학에서는 재화와 서비스의 가격은 어떻게 결정되는가, 경제성장이 실현될까와 같은 시장경제의 메커니즘을 밝히는 것이 학문의 큰 기둥이 되었다.

경제성장이란 1인당 평균실질소득이나 1인당 재화나 서비스 생산량의 증대를 의미한다. 경제성장을 실현하기 위해서는 지역의 시장화가 불가결하다. 경제성장이 매년 계속되면 지역경제가 자립한다는 가설이 제시되었다. 그러나 그때 빠뜨리기 쉬운 것이 '주체의 문제'이다. 류큐의 진흥 개발 계획에서는 인프라를 정비하면 일본 기업이 투자를 할 것이고, 그에 따라 류큐에 경제성장이나 경제 자립이 실현될 것이라고 상정했다. 그러나 그 결과 류큐의 전통적인 중소 영세 기업은 도산하거나 일본 기업에 흡수·통합되어 많은 류큐인 실업자가 길거리에 나앉게 되었다. 류큐의 경제 과정에서 본래 발전의 주체여야 할 존재는 류큐인, 류큐의 기업이다. 경제학에서 경제성장의 담당자로 간주되는 '경제인'은 주체의 민족성에 관계없이 자본·노동·토지 등을 소유하고 합리적으로 행동하여 시장 경쟁에 참가할 수 있는 존재하면 누구라도 상관없다.

근대경제학의 주요 개념 중 하나로 '희소성'이라는 게 있다. 그것은 인간의 욕망은 무한한 데 비해 자원은 한정되어 있어서 생기는 상태이다. 경제학이란 희소한 자원을 어떻게 효율적으로 소유하고, 사용하고, 관리할 수 있는가를 명확하게 하는 학문이기도 하다. 개발이 진전될수록 자원은 적어지고 새로운 자원의 발견이나 개발이 필요해진다. 인간의 욕망자원을 소유·사용·관리하고 싶은 욕망이 기업에 의해 자극을 받아도 희소성은 확대된다. 그러나 상품이나 서비스가 진부해지고 그 이용가치가 없어지면 희소성도 줄어든다. 자원을 재화와 서비스의 생산을 위해 효율적으로 사용하는 것이 경제학적 관점에서 보면 합리적인 행동이다. 여기에는 사회 전체에 시장경제의 논리를 관철시킴으로써 효율적인 사회가 되고 소비자의 효용이나 기업의 이윤이 최대화할 것이라는 가정이 놓여 있다.

예컨대 일본, 중국, 타이완이 영유권을 둘러싸고 싸우고 있는 센카쿠열도댜오위다오의 희소성이 최근 커져왔다. 1972년 중일 간 국교가 수립되었을 때 센카쿠열도 영유권 문제는 보류되었고, 그 열도와 관련하여 큰 문제는 발생하지 않았다. 그러나 2012년 도쿄도가 센카쿠열도를 구입하고, 이어서 일본 정부가 국유화한 이후 이 열도에 대한 중일 간 대립이 깊어져 일촉즉발의 사태에 이르렀다. 결국 도쿄도의 센카쿠열도 구입, 일본 정부의 국유화라는 '시장화' 조치가 이 열도를 희소한 자원으로 바꿔놓은 것이다.

희소성은 인공적으로 만들어진다. 매스컴에 의해 새로운 욕망이 만들어지고, 그것을 넘치도록 채우고 있는 곳이 도시이다. 인간을 늘 욕구불만의 상태로 내모는 사회제도나 조직이 근대사회의 형성과 함께 도시를 중심으로 확대되었다. 어떤 재화나 서비스를 손에 넣을 수 없는 것에 대한 '결여감'이나 '열등감'을 가진 사람이 존재하게 되었다. 도회지 사람들이 누리고 있는 재화와 서비스가 류큐의 섬들에 없는 것에 열등감이나 소외감을 느끼고, 많은 사람들이 도시로 흘러들어 섬의 과소過疎 문제를 낳았다. 또, 섬의 개발과 시장화를 추진하여 환경 파괴와 경쟁의 격화 등의 문제가 발생하게 되었다. 요나구니섬의 경우, 인구감소에 제동을 걸기 위해 일본 정부의 '도서島嶼 방위' 정책에 기초한 자위대 기지 설치를 받아들이는 지경까지 내몰렸다.

숫자나 수식을 많이 사용하는 것도 경제학의 특징이다. '수요의 가격탄력성'과 같이 물리학 용어나 개념을 이용하여 설명하는 것이 경제학의 학문적 수법으로 간주되었다. 현실세계에는 '균형'이니 뭐니 하는 상태가 존재하지 않음에도 불구하고 비현실적인 가정이 개념 구축의 중심에 놓여 있다. 경제이론에서는 시장에서 수요와 공급이 균형을 이루어 재화나 서비스의 가격이 결정된다고 말한다. 그러나 세제나 재정투융자 등 정부 정책, 가격결정력자금이나 자산의 보유량을 가진 기업이나 개인의 경제 행동, 국내외의 정치 변동, 전쟁이나 분쟁의 발생 등이 재화나 서비스의 가격 결정 과정에 큰 영향을 주는 경우가 많은 것이 현실이다.

시장의 자동조절 기능은 다음과 같은 원인으로 실패한다. 시장을 거치지 않고 경제 주체의 행동이 다른 경제 주체에게 영향을 미치는 외부 효과外部 經濟와 外部 不經濟가 있다. 공동 소비되는 공공재의 존재, 정보의 비대칭성에 의해 장래에 대한 불확실성이 커질 경우, 그리고 시장 지배력을 가진 대기업의 존재 등이다. 시장이 실패한 결과 환경 문제, 빈곤 문제, 실업 문제, 대기업에 의한 시장 지배 등이 발생한다. 류큐는 '복귀' 이후 이들 시장의 실패에 늘 노출되어 있었고, 미군기지가 있어서 장래에 대한 불확실성도 높다.

류큐에서 '정부의 실패'

'시장의 실패'뿐만 아니라 '정부의 실패'도 류큐에서는 두드러진다. '복귀' 이후 류큐에서는 일본 내셔널리즘을 토대로 하는 개발 정책이 실시되어 정치경제적으로나 사회적으로 일본에 대한 동화가 빨라졌다. 오키나와진흥개발특별조치법이라는 류큐에 한정된 법률이 시행되어 도쿄에 있는 오키나와개발청이 류큐의 개발 계획을 수립, 실시했다.

오키나와개발청이 개발 조사, 각 성청省廳과의 조정, 계획의 책정을 행하고, 일괄 계상 방식을 통해 각 성청의 류큐에 관한 진흥 개발 예산을 함께 계상하여 고율의 보조補助를 실현시켰다. 오키나와개발청의 개발 실무는 류큐에 있는 오키나와총합사무국이 담당했다. 구조적으로 일본 정부가 결정권을 가진 시스템이고, 류큐 측의 주체성이 박탈당한 개발 정치이다.

오키나와개발청은 2001년부터 내각부 오키나와담당부국沖繩擔當部局으로 명칭과 기능을 변경했다. 오키나와개발청은 주로 개발 행정을 전담 관리하고, 오키나와담당부국은 개발과 함께 기지와 정치까지 포함하여 종합적으로 류큐를 관리하는 성격을 가지는데, 결국 류큐를 통치하는 일본의 국가체제가 더욱 강화된 셈이다.

'복귀' 전후 일본 정부와 류큐 정부나중에는 오키나와 현청는 관광업이 아니라 석유화학 콤비나트를 설치하여 류큐의 발전을 도모한다는 생각을 했다. 그러나 헨자섬平安座島 바다를 매립하여 CTSCentral Terminal Station, 석유비축정제기지를 건설하자 바다가 오염되어 어업이 쇠퇴했다. 일본의 중후장대重厚長大한 사업이 쇠퇴하면서 섬의 석유 정제가 중지되었고 많은 노동자가 해고되었다. 개발자 측의 당초 예상을 완전히 벗어나 발전 약속은 거짓말이 되고 말았다. 지역 살림은 윤택해지지 않았고 환경만 파괴되었다. 대규모 기업의 진출은 없었고, 계획했던 제조업의 발전이나 고실업 상태의 해소는 실현되지 않았다. 그 후 류큐 전체의 경제 가운데 제조업이 차지하는 비중은 낮아지고 관광업이 주요 산업이 되면서 일본 정부의 개발 계획은 완전히 파탄에 이르렀다.

그 후에도 일본 정부는 자유무역지역, 특별자유무역지역, 금융특구 등 거점개발주의를 통해 류큐 경제가 발전할 것이라는 기대를 갖게 했지만 실패로 끝났다. 실패의 최대 원인은 류큐의 자치와 내발적 발전에 기초를 두지 않고 위로부터 경제 개발을 추진한 데 있다. 거점개발주의는 류큐인이라는 주체가 없는 개발이고, 류큐인이 본래 갖고 있던 자치와 내발적 발전의 가능성을 열어놓지 못했다.

1995년 류큐인 소녀가 미군 병사 세 명에게 강간당한 사건을 계기로 반미군, 반기지 투쟁이 격렬해졌다. 그러한 움직임을 억누르기 위해 일본 정부는 기지와 진흥 개발을 결부시키는 정책을 실시했다. 기지 관련 진흥 개발에 의존하게 함으로써 일본 정부는 주민이 기지를 용인하도록 했다. 이 것 역시 정부가 실패한 원인이었다.

이러한 '채찍과 당근' 정책은 하시모토 류타료 전 수상이 1996년에 설치한 오키나와정책협의회에서부터 시작된다. 이 협의회는 류큐의 산업 진흥과 고용 확보 등 류큐에 관한 기본 정책의 협의를 목적으로 각의閣議에서 비준한 조직이다. 주재자는 오키나와 담당 장관이고, 수상을 제외한 모든 각료와 오키나와 현지사가 구성 멤버였다. 그러나 오타 마사히데 지사가 미군기지의 헤네코 이설안移設案을 거부하자 일본 정부는 이 협의회를 열지도 않고 보조금의 일부도 제공하지 않는 등 이 협의회를 류큐를 옭죄는 압박 수단으로 이용했다.

본래 진흥 개발은 류큐의 경제 자립, 격차 시정이 목적이고 미일의 안전 보장과는 관련이 없음에도 불구하고 기지 존속을 위해 진흥 개발이 이용되고 있어서 '진흥 개발의 군사화'라고 부른다.

일본 정부의 기지 강요 정책과 직접 결부된 진흥 개발로는 다음과 같은 것이 있다. 보통 교부세 산정 항목에 안전보장에 대한 공헌도를 반영하게 하는 기지 보정補正, 미군기지 소재 시정촌市町村 활성화 특별 사업, 북부 진흥 사업, SACO[4] 보조금, SACO 교부금, 주둔군 등의 원활한 재편에 관한 특별조치법 등이다.

미군기지 소재 시정촌 활성화 특별 사업은 '시마다島田 간담회 사업'이라고도 한다. 그 사업 자금은 시정촌에 미군기지가 있어도 경제 발전이 가능하다는 것, 다시 말해 '기지와 류큐인은 공존할 수 있다'는 것을 보여주기

4　[옮긴이] 오키나와에 관한 특별행동위원회(Special Action Committee on Okinawa)의 약어.

위해 보조 비율도 높고 하드웨어 사업뿐만 아니라 소프트웨어 사업에도 이용 가능한, 마음대로 사용할 수 있는 보조금이다. 그러나 진흥 개발은 '당근'이 아니라 '독' 또는 '마약'이며, 기지와 관련한 진흥 개발에 의해 지역의 경제는 자립하지 못했다. 인프라나 시설의 건설은 고율의 보조로 이루어지지만 그것을 유지 관리하는 비용은 자치체 부담이어서 재정이 압박을 받는다.

일본 정부에 의한 '정부의 실패'에서 가장 큰 것은 류큐에 미군기지를 강요하는 것이다. '복귀' 후 44년이나 지났는데도 일본 전토全土의 0.6퍼센트 밖에 되지 않는 류큐에 미군 전용 시설의 74퍼센트를 강요하고, 헤노코 신기지 건설을 강행하고 있다. 2015년부터 오키나와현과 일본 정부는 헤노코 신기지 건설을 둘러싸고 서로 소송을 하기에 이르렀다.

'가축화'되는 류큐인

경제학에서 말하는 '경제인'은 자신에게 이익이 최대가 되는 것을 늘 생각하는 이노코믹 애니멀이다. 이러한 인간이 됨으로써 시장이라는 경쟁 사회에서 최대의 효용을 달성할 수 있다는 가정이 경제학의 전제이다. 그러나 경제인과 같은 자기중심적인 인간은 현실 사회 안에서 소외되거나 사회나 동료로부터 고립되고 말 것이다. 고독한 경제인에게는 '과시적 소비'를 하기 위한 대상이 되는 가까운 타자가 많지 않고, 그 소비의 효용도 제한적이게 된다. 경제인은 현실 사회에서는 예외적 존재밖에 업다.

다음과 같이 고기로 가공되는 소와 류큐인은 구조적으로 같은 위치에 있다고 말할 수 있다. 제러미 리프킨은 자신의 저서『육식의 종말』에서 이렇게 말한다.

> 시장효율이라는 이름 아래 근대 축우복합회사畜牛複合會社는 정육 공장 노동자와 소비자를 모든 본래적 가치나 신성한 가치를 박탈당한 생산, 소비, 효용, 이용목표의 단순한 기호—고도기술을 활용한 축사, 컨베이어시스템 해체 공정, 패스트푸드 가게의 템포에 맞춰 춤추는 인형—로 바꾸어버렸다. (…중략…) 인간은 유기체를 기계로, 정신주의를 공리주의로, 사회적 규범을 시장가치로 치환하고, 스스로를 인간에서 자원으로 변화시켰다.

경제학은 시장효율을 최우선으로 하는 가치관 아래, 인간을 "생산, 소비, 효용, 이용목표의 단순한 기호"로 바꾼 것이다. 경제인은 늘 합리적 선택을 하는 것으로 경제학에서는 상정된다. 그러나 인간은 생활 속에서 반드시 경제적 이익만을 추구하는 것은 아니다. 가정은 경제인을 재생산하여 이러한 이기주의자를 만족시키는 곳에 지나지 않는단 말인가. 생명, 인간관계, 신앙, 정치 등 비경제적인 활동을 보다 중요시하며 살아가는 선택지를 인간을 갖고 있을 터이다.

류큐인은 근대 경제학에서 말하는 경제인으로서 경제적으로 합리적으로 행동할 것이 진흥 개발 계획에서도 기대되고 있다. 학교, 직장에서 '인재교육'이라는 형태로 류큐인의 산업생산성 향상을 도모해왔다. 그 즈음 세계적으로 근면한 민족으로 알려져 있던 일본인이 롤모델이 되었고, 일본 전국의 경제 수준을 따라잡는 것이 류큐의 진흥 개발 계획에서 최대 목표가 되었다. 산업생산성을 향상시키기 위해 류큐인의 생명력이 희생되었던 것이다. 산업생산성은 타자, 즉 일본 정부나 일본 기업에 의해 관리되고 조작되는 것에 지나지 않았고, 류큐의 식민지주의는 더욱 심각해졌다. 일본 정부는 진흥 개발을 통해 류큐와 류큐인을 조작 가능한 대상으로 삼아 늘 자신들의 보조와 보호를 필요로 하는 종속적인 존재로 바꿔놓으려 했다. 그렇게 함으로써 류큐에 미군기지를 떠안기는 것이 가능해지리라고 생각했던 것이리라. 또, 류큐의 주요 산업이 된 관광업을 통해 류큐와 류큐인은 일본과 일본인에 의해 일상적으로 소비되는 시장화의 대상이 되었다.

1879년의 류큐 병합으로 류큐국은 일본 정부에 의해 멸망했는데, 그때 일본 정부가 중점을 둔 정책이 교육이다. 회화전습소會話傳習所를 설치하여 일본어를 보급하는 한편 학교제도를 도입하여 황민화 교육을 실시했고, 류큐어는 박멸의 대상이 되었다.

'복귀' 후에도 진흥 개발 계획에 기초하여 '본토와 같은 수준'의 학교가 류큐 안에 건설되었다. 일본과는 다른 역사와 문화를 갖고 독자의 언어를 사용하는 민족이 생활하는 류큐에서 일본식의 획일적인 교육이 시행되었다. 공동체의 인간이었던 아이들은 그곳에서 떨어져 나와 학교에서 배우는 과정에서 일본 국민의 한 사람으로 재편성되었다. 학습한 성과는 끊임없이 치러지는 다양한 시험에 의해 수치화, 서열화되었고, 경쟁적인 시장사회에서 견딜 수 있는 '경제인, 기업전사'가 양성되었다.

류큐의 초중학교는 매년 실시되는 학력시험에서 하위를 차지했고, 그사실이 공표될 때마다 아이들과 학교 관계자들은 열등감을 되새겨야만 했다. 전국 최하위인 현민 소득, 전국 평균보다 높은 실업률의 개선이 개발의 목표가 되었다. 마찬가지로 학력시험의 상위 성적이라는 목표가 아이들에게 제시되었고, 아이들은 무슨 수를 써서라도 그 목표를 향해 내달리는 지경에 이르렀다. 입학하기 어려운 대학에 진학하는 것, 주식시장 1부 상장기업에 입사하는 것, 중앙관청에 입성하는 것 등이 성공의 증거가 되는 일본 사회로 류큐인을 동화시키는 작업이 교육 현장에서 진행되고 있다.

다른 한편, 시장이 발달하지 않은 '주변 도서'는 '뒤처진 지역'으로 자리매김되고, 아이들은 태어난 섬을 떠나 도시로 모여드는 '지방의 쇠퇴'가 학교에 의해 야기되었다.

경제학은 효용과 이윤을 지칠 줄 모르고 추구하는 경제 주체의 존재를 그 이론의 중심에 두고 있다. 경제학은 학문으로서 영향력이 크고, 단일한 목적밖에 갖지 않은 존재를 주어진 조건으로 하여 이론이 구축되었기 때문에, 이익이나 이윤을 우선시하고 경쟁을 촉구하는 획일적인 사회가 류큐 안에서 증식하기에 이르렀다.

'인간을 위한 경제'에 기초한 류큐 독립

인간은 시장에서 얼마만큼 소비하고 생산하는가에 따라 가치가 측정되는 것은 아니다. 가족, 지역, 민족 등과 같은 타자와의 사이에서 형성되는 관계성에 의해 인간은 스스로의 존재의의를 인식할 수 있다. 일자리를 잃은 류큐인 젊은이가 섬을 떠나 일본에서 계절노동자가 되고, 섬으로 돌아와서도 정해진 일자리가 없어 알코올에 의존하다가 몸을 망쳐 취업 활동을 멈췄을 경우, 그 젊은이는 인간으로서 가치가 없는 인생을 보냈다고 말할 수 있을까. 그 젊은이가 쌓아온 인간관계에서, 스스로를 지지해준 사람으로 타자의 기억에 남는다면 인간으로서의 가치는 확실하게 있었다고 말해야 할 것이다. 세계 안에서 인간은 고립하여 존재하는 것이 아니라 다른 사람, 생물, 신이나 부처에 의해 살게 되어 있다는 점에 사람으로서 살아 있는 의미가 있다.

류큐에서는 자신이 실업자라는 것 때문에 고통스럽게 몸부림치다가 "은둔형 외톨이, 알코올 의존증, 장기 요양, 자살"에 이르는 젊은이가 적지 않다. 이들은 류큐의 자본주의화, 시장경제화, 일본 정부에 의한 '정부의 실패'의 희생자이다.

자본주의화, 시장경제화는 지역공동체를 파괴하고 불안하고 고립된 개인을 낳았는데, 이를 통해 권력과 자본은 지배력을 강화할 수가 있었다. '분할하여 통치하는' 것이 권력지배자와 식민지배자의 상투적인 수단이다. 일본 정부에 의한 '진흥 개발과 미군기지'의 연결 정책은 지역공동체를 분열시켜 이기주의적이고 불안한 개인을 낳고, 이들을 미군기지, 진흥 개발, 시장주의적 제도에 의존하게 하려는 것이었다. 일본 정부, 기지, 개발, 시장 등 인간으로부터 동떨어진 시스템이 류큐인을 지배하는 상태가 확대되기에 이르렀다. 일본 정부가 틀어쥐고 있는 개발 시스템, 군사 시스템, 정치 시스템에 의해 류큐인이 관리된다. 저항하지 않고 스스로의 머리로 생각하지 않는 '시스템 의존형 인간'이 늘어나는 만큼 일본 정부는 스스로의 욕망을 류큐에 강요하는 것이 가능해진다.

'복귀' 후 진흥 개발 계획이 추진되는 중에 류큐는 '후진 지역'으로 자리매김되어 '선진 지역'으로 간주되는 일본의 등을 보고 달려야만 했다. 그러나 그와 같은 따라잡기식 개발 정책을 매개로 하여 미군기지가 강요되었지만, 류큐는 아무리 달려도 일본을 따라잡을 수가 없었다. 원래 '선진 지역'과 '후진 지역'이라는 이분법은 류큐의 현재와 미래를 인식하고 전망을 내놓은 다음에야 유효한 방법이었을지 모른다. 시장경제 메커니즘이 사회에 침투한 정도나 경제성장의 진전도에 의해 어떤 사회를 평가하는 방법이 '후진 지역'으로 간주되는 지역에서 정당화될 수 있을까.

류큐의 개발이 성공하여 '선진 지역'이 된다고 해서 류큐인은 정말로 행복해질 수 있을까. 류큐가 '선진 지역'이 되면 시간이나 수치 목표나 무한성장에 늘 쫓겨 타자와의 사이에서 이익을 둘러싼 대립이 깊어지고, 코뮤니티에서 즐거움을 함께하는 것보다 개인주의적인 고립된 생활이 주류를 이룰 것이다. 시장메커니즘이 섬과 바다를 포위함에 따라 류큐인이 자유롭게 자연의 풍요로움을 누리는 것도 어려워질 수밖에 없다.

'후진 지역'이라고 불리는 지역에는 시장경제 이외의 경제인 재분배와 호혜의 구조가 존재하며, 인간과 자연의 농밀한 관계성이 많이 남아 있다. 류큐의 섬들 중에서도 오키나와섬 주변의 섬들, 예컨대 미야코제도와 야에야마제도에서는 인간이 진짜 풍요로움을 누리면서 안심하고 살아갈 수 있는 가능성을 찾을 수 있다. 현대사회에서 시장경제를 통째로 부정할 수는 없다. 그러나 니시카와 준西川潤이 주장하는 '인간을 위한 경제학'에 기초하여 류큐의 시장경제를 그 사회 속에 받아들이는 것은 가능할 것이다.

류큐에서 경제의 원래 뜻인 경세제민經世濟民을 실천할 수 있는 주체는 류큐인이다. 유엔헌장, 국제인권규약, 식민지독립부여선언 등 국제법에 '민족의 자기결정권'이 명기되어 있고, 식민지는 이 권리에 기초하여 독립할 수 있다는 것이 보장되어 있다. 류큐인은 경제인이 아니라 역사와 문화를 공유하는 독자적인 민족이고, 조상 대대로 이어온 땅에서 주체적으로 살아갈 권리가 있다.

최근 류큐에서는 민족 독립 운동이 대두하기에 이르렀다. 여전히 재일 미군기지의 74퍼센트를 우격다짐으로 류큐에 떠안기고 있는 일본 정부는 위험하고 폭음까지 퍼부어대는 오스프레이osprey, 수직이착륙 수송기의 배치와 헤노코와 다카에高江에서 새로운 미군기지 건설을 강행하고 있다. 하토야마 유키오 전 일본 총리의 류큐 미군기지의 '현외 이설' 공약이 전국지사회全國地事會와 대부분의 일본 국민에 의해 거부된 이래, 류큐인은 '오키나와 차별'을 공공연하게 주장하게 되었다. 결국 류큐인은 '피차별의 주체', '저항의 주체'라는 정치 아이덴티티를 획득했고, 그것에 기초하여 탈식민지화 운동을 전개하기에 이른 것이다.

이것과 발을 맞추기라고 하듯이, 류큐에서는 류큐어 부흥운동이 활발해졌다. 류큐 각지에서 '시마쿠토바しまくとぅば, 류큐어'를 배우고 말하기 위한 조직이 잇달아 설립되었다. '시마쿠토바 연락협의회'가 탄생하여 류큐 전역에서 자신의 언어를 되살리는 운동이 전개되고 있다. 신문과 텔레비전, 라디오에서도 류큐어를 읽거나 들을 수 있는 기회가 많아졌다.

류큐어는 일본어의 방언이 아니다. 유네스코도 인정했듯이 독자의 언어이며, 류큐대학에서 언어로서 류큐어를 연구하는 사람도 꾸준히 늘어났다. 나하시청에서는 류큐어로 시민에게 말을 걸고, 직원 채용 시험 때 구두시험에서는 류큐어 면접이 채택되고 있으며, 공적 공간에서도 언어 부흥을 위해 애를 쓰고 있다.

류큐 병합 후 류큐 사회의 식민지 지배, 근대화 과정은 류큐어의 박멸 및 일본어의 보급과 연동하고 있었다. 류큐인이 일본어를 유창하게 말하는 것이 노동자가 갖춰야 할 중요한 조건이 되었다. '류큐인 사절'이라는 간판을 내건 아파트와 식당으로 상징되듯이, 차별의 대상이 된 류큐인은 일본 자본주의 사회의 밑바닥으로 내몰렸다. 오키나와전투에서 류큐어를 사용하다가 스파이 용의자로 간주되어 일본군에게 학살된 사람도 있었다.

'복귀'하던 해, 내가 류큐의 초등학교에 다니고 있던 때, 교실에서 류큐어를 사용하면 교사는 학생에게 '방언찰方言札'을 머리에서부터 걸게 하는 처벌을 가했다. 류큐어를 말할 때 심신에 상처를 입은 역사와 기억이 되살아난다고 생각하는 류큐인이 적지 않다. 현재의 류큐어 부흥 운동은 정치경제적, 사회적, 법적 주권을 회복하는 운동과 직결되어 있다. 시장 메커니즘의 부품이 되는 경제인이 아니라 인간으로서, 민족으로서 류큐인이 되어 탈식민지화를 추진한다는 정치적 아이덴티티를 토대로 한 언어 부흥 운동이 펼쳐지고 있는 것이다.

하나의 발전 모델을 모든 섬에 적용하는 자본주의의 원리에 기초한 단선적인 발전이 아니라, 섬마다 다양한 발전의 형식을 인정하는 다선적 발전인 내발적 발전을 통하여 류큐의 '유이마루상호협동 사회'가 실현된다.

섬의 사회 발전을 담당하는 것은 가정, 지역사회, 직장, 국경 등을 횡단하여 경제 활동, 문화 교류, 자치 활동, 문화 활동, 제사 활동 등 다종다양한 '일'을 하고 있는 류큐인 자신이다. 류큐인이 주체가 되어 발전 과정에 참가하고, 지역마다의 문화와 역사, 생태계를 기반으로 한 사회 발전이 내발적 발전이다. 경제 발전의 담당자가 류큐인이라는 점이 '복귀' 후의 '경제인에 의한 개발 정책'과는 크게 다르다.

지역의 역사, 문화, 생태계, 관습을 잘 아는 류큐의 사람, 기업, 단체, NPO 비영리 단체 등이 사회 발전의 과정에 참가하여 지역이 직면한 문제들의 원인을 밝히고 해결해간다.

지역 사람들끼리의 연대, 협력, 협동, 상호부조 관계를 강화하여 사회적 약자를 지키고, 서로가 힘을 내서 합하면 지역 전체의 사회 발전이 가능해진다. 인간의 관계성을 중시하는 '연대 경제'는 세계 여러 곳에서 볼 수 있는 발전의 방법이기도 하다.

일본에서는 국가의 주변으로서의 지역, 중앙정부로부터 지방교부세나 국고보조금이 제공되는 대상으로서의 지역, 국토 개발 계획의 부분으로서의 지역 등 지역이 국가의 하부조직으로 자리매김되어왔다. 국가 주도의 재정 계획, 국토 개발 계획을 통하여 중앙정부에 지방정부가 재정적으로 의존하고, 대도시에 인구와 정치경제적 기능이 집중되고, 지역이 피폐해지고, '한계부락65세 이상 노년층 인구 비율이 50퍼센트 이상인 마을'이 증가하는 등 왜곡된 국가와 지역의 관계가 생겨났다.

류큐 독립 후 중앙집권적인 국가 체제에 의존하지 않고, 각 섬이 재정과 경제 주권을 갖고서 도서島嶼의 내발적 발전의 실천을 쌓아 류큐 전체의 발전을 이끌 필요가 있다.

동아시아공동체 속의 류큐국

류큐는 약 600년 동안 동아시아와 동남아시아 속에서 독립국가로 존재했다. 류큐인의 세계적 네트워크, 류큐인의 정치·경제 능력의 향상, 경제 활동의 탈국경화와 IT화, 아시아 경제의 발전, 동아시아의 센터에 위치하는 지리적 유리성 등을 생각하면 류큐 독립 후에 오히려 경제 자립의 가능성이 높아질 것이다.

일찍이 류큐국의 무역 상대국이었던 아시아 나라들에서는 민주화와 경제발전이 현저하게 진전되었지만, 류큐에서는 강요된 기지 때문에 여전히 일본에 종속된 노예적 신세를 벗어나지 못하고 있다.

모나코 공국의 인구는 약 3만 명이고, 그 나라에는 소득세, 시민세, 고정재산세, 상속세가 없다. 그와 같은 나라나 지역이 류큐 안에 있어도 좋다. 그 영토의 사람들이 자기결정권을 행사하면 자유롭게 조세제도를 만들 수가 있다. 모나코만이 예외인 것이 아니라 세계에는 그러한 나라가 얼마든지 있다.

비무장 국가인 리히텐슈타인 공국의 인구는 약 3만 명이다. 스위스와 관세동맹을 체결하여 통화는 스위스 프랑을 이용한다. 류큐도 이웃나라와 관세동맹을 맺어 다른 나라의 통화를 이용할 수도 있을 것이다. 모나코와 리히텐슈타인은 약 5만 명이 살고 있는 미야코섬이나 이시가키섬보다 인구가 적다.

독립하면 독자적인 세제를 도입하고, 통화와 국채를 발행할 수 있다. 디플레이션이나 인플레이션으로부터 나라를 지키기 위해 통화의 유통을 조절하는 금융정책을 연방정부와 중앙은행이 협력하면서 실시한다. 장래에는 아시아 공통통화의 창설을 류큐가 이니셔티브를 쥐고 추진한다. EU의 유로에 필적하는 아시아 공통통화가 유통되면 류큐는 아시아에서 브뤼셀과 같은 역할을 할 수가 있다. 관세와 수입 수량 제한을 철폐하여 아시아 내에서 무역, 투자, 생산, 소비를 늘려나간다.

류큐는 세계 경제 제2위인 중국, 제3위인 일본에 인접해 있고, 한국, 타이완, 동남아시아 각국 등 경제발전이 두드러진 나라들과도 가까워서, 이 나라들과 경제적 네트워크를 확대, 심화할 수 있게 된다.

류큐는 아시아 여러 도시들과의 접근성도 좋고, 다양한 언어를 말하는 이중언어 사용자도 많아 아시아 경제의 센터가 될 잠재력이 있다. 예금이 자세 제로, 법인세·소득세·상속세의 경감 또는 폐지 등 우대조치를 통해 아시아 부유층의 류큐 이주를 촉진한다. 또 금융업, 물류업, 정보통신업 등을 중심으로 기업에 대한 지원책을 실시하여 류큐를 예전의 류큐국과 같은 중계무역지, 스위스와 같은 역외 금융 센터offshore financial center로 만들어나간다.

류큐가 아시아의 경제적인 센터가 되면 아시아 각지의 뛰어난 기술과 인재 그리고 자금이 모여 세계가 주목하는 새로운 상품과 서비스를 개발, 수출할 수 있게 될 것이다. IT, 바이오, 연구개발, 프라이빗 뱅크PB, 투자신탁 상품 개발, 건강식품 가공, 의료 관광 등 다양한 관광업, 아시아 각국을 신속하게 연결하는 물류업 등 류큐가 발전할 분야는 헤아릴 수 없을 정도로 많다.

중국에 "인민은 국가의 근본이고, 근본이 튼튼하면 국가는 편안해진다"『尙書』「夏書」중 '五子之歌'라는 격언이 있다. 류큐 안에서 잇달아 터져 나오는 수많은 문제들을 안고 있는 사람들의 목소리를 듣고, 구체적인 해결 방법을 함께 생각하고, 서로 격려하고, 주민의 괴로움을 조금이라도 덜어주고, 도와줄 수 있는 사람은 류큐인밖에 없다. 지역의 일을 가장 잘 알고 있는 류큐인 자신이 지역의 정치경제, 사회, 문화의 발전에 직접 참여하여 스스로의 힘으로 지역과 조직을 만들어내야 한다.

그때 지역공동체에 이미 있는 사람과 사람의 농밀한 상호부조 관계가 자치 사회 정책의 기둥이 된다. 자치의 담당자인 주민은 지역의 복리와 평화를 위해 모이고, 힘을 합하여 문제를 해결하며, 지역을 평화롭고 풍요롭게 하는 단체와 조직을 만들어왔다. 예를 들면, 각종 협동조합, 소년단, 청년단, NPO, NGO, 부인회, 노인회, 자치회, 마을조직, 공민관, 공동매점, 사회복지단체 등을 자치적 조직으로 불러내자. 행정·지역기업·자치조직 간의 협동관계를 촉진한다. 류큐 안에서 물산과 돈을 돌게 하고, 지역 자원을 유효하게 활용하며, 농업·수산업·상업·공업의 연관성을 강화하고 아시아 경제와 긴밀하게 연결되도록 한다.

류큐의 평화와 발전은 주민의 자치적인 자각과 실천에 의해서만 실현될 수 있다. 민족의 의지가 일본 정부에 의해 무시되어온 것이 근현대 류큐의 역사이다. 류큐인은 모멸을 당하고도 가만히 있는 민족이 될 것인가. 존엄한 풍요로움을 실현하기 위해 류큐는 독립하지 않으면 안 된다.

류큐는 비무장 중립국으로 독립해야 한다고 생각한다. 동아시아공동체가 '우애'의 이념에 기초한 관계를 기둥으로 하여 형성되려면 류큐국의 평화 창출을 위한 활동이 불가결하다. 류큐는 유엔 아시아 본부와 세계적인 NGO 기구를 유치하고 세계적인 평화회의를 개최하여 평화와 인권이 중심이 될 것이다. 그것이 류큐의 평화를 지키는 가장 유효한 안전보장책이 된다. 아시아의 평화 및 발전과 류큐의 평화 및 발전은 일심동체의 관계가 될 것이다.

제7장

폭력에 저항하는 주체 오키나와

기억의 실타래를 풀어 아시아를 구상한다

아라카키 쓰요시新垣毅

류큐신보 도쿄보도부장

'교류의 기억'을 되살리다

2015년 12월 15일, 소원이 이루어져 그곳을 처음으로 방문했다.

경제 대국이 된 중국의 베이징에는 햇빛을 받아 번쩍거리는 고층빌딩들이 숲을 이르고 있다. 그 중심가에서 남동쪽으로 자동차를 타고 약 40분쯤 달리면 통저우구通州區 장자완張家灣에 도착한다. 그곳에 고도경제성장 이전 중국의 모습을 볼 수 있는 오래된 단층집들이 잡다하게 들어서 있었다. 고목과 가전제품 쓰레기가 곳곳에 흩어져 있는 구석진 공터에 류큐인이 잠든 땅이 있다.

1879년 제국 일본은 약 500년 동안 이어온 류큐 왕국을 삼켜버렸다. 그 직전부터 류큐의 사족士族들은 중국으로 망명하여 지원군을 요청하는 구국운동을 격렬하게 펼쳤다. 이 운동은 1894년 중국이 청일전쟁에서 패할 때까지 계속되었다. 통저우구에는 뜻을 이루지 못한 채 숨을 거둔 류큐 사족들이 잠들어 있다. 류큐의 구국운동을 둘러싸고 오키나와에서는 문명화＝일본화에 저항하는 세력의 기득권 지키기 운동이라 하여 무시해버리는 의견이 강했다.

그러나 1990년대부터 대화나 교섭에서 타자와의 대립을 피하고 어떻게든 살아남는 평화적인 삶의 태도나 자립을 모색한 국제적인 운동으로 평가하는 견해가 나오기 시작했다. 류큐 병합을 단순히 류큐의 문명화의 계기로 보는 것이 아니라 류큐의 주권 상실로 파악하고, 류큐 병합을 일본의 식민지 확대의 초보 단계로 자리매김하는 견해다. 이리하여 오키나와인이 일본인으로 동화同化하는 것＝신민화하는 것을 야마토 민족을 정점으로 하는 황국 일본의 위계 서열 안에서 자리매김하고 상대화하는 식견을 얻을 수 있게 되었다. 그러한 지적 작업을 통해 재구성된 '과거'란 류큐 자체가 일본, 중국, 동아시아의 중심적 장소이고, 그들과의 관계교류에서 처음으로 '자율'을 유지한 역사를 간직하고 있으며, 그 관계가 황국 일본에 의해 절단되어 끝내 병합되고 말았다는 '기억'이다.

현재 교섭의 담당자였던 류큐인이 잠들어 있는 땅도 베이징시의 수도 기능을 통저우구로 이전하는 계획과 대규모 테마파크 건설 계획 등 다양한 개발에 의해 사라질 위기에 처해 있다. 이 '기억'을 보존하고, 발신하고, 현재의 시점에서 관계성을 되살리려는 움직임이 중국과 오키나와 쌍방에서 시작되고 있다. 쌍방의 연구자들은 유골·유품을 발굴 조사할 것과 그것들을 건설 중인 통저우박물관에 보관할 것을 요구하고 있다.

교류와 병합의 역사를 기억으로 남겨두려는 행위 그 자체는 현재 시점의 상황＝문맥에서 중국과 오키나와 사람들에 의한 관계성의 재생이라는 측면에서 미래지향적 초석이 될 것이다.

류큐인이 잠들어 있는 곳에서 손 모아 기도를 올리기 전날, 나는 베이징 사범대학에서 열린 류큐포럼에 참가하여 오키나와는 동아시아의 대화·교류의 거점으로 잘 어울리는 곳이라고 호소했다. 그렇기 때문에 전쟁에서 오키나와인이 일본인으로 동화=신민화를 지향한 결과 가해자가 되었을 뿐만 아니라 지상전에서 피해자가 되기도 했으며, 그러한 양면이 있는 과거를 마주 보는 것이 중요하다는 점도 함께 지적했다. 그리고 한중일이 정례화하기로 합의한 정상회담을 오키나와에서 개최할 것을 제안했다.

포럼에 참석한 중국 쪽 지식인의 중심적 인물인 류장용劉江永 칭화대 교수는 동아시아의 평화를 지향하는 '오키나와의 자기결정권'을 "엄중하게 지지한다"고 강조했다. 중국의 역사학과 국제법, 국제관계 전문가들이 발언에 나서, 아시아의 평화를 쌓아가는 과정에서 "오키나와의 역할이 크다"면서 경제와 문화, 교육의 교류를 적극적으로 추진해야 한다는 뜻을 피력했다.

나는 그런 체험을 통해 "오키나와는 동아시아 평화의 핵심이 될 수 있다"는 확신을 얻을 수 있었다. 오키나와 사람들에게는 평화나 생명을 중요하게 여기는 아이덴티티가 있다. 한편 일본 정부는 미야코宮古와 야에야마八重山에 자위대를 배치하는 등 군사력을 강화하고 있다. 센카쿠 문제 등을 둘러싸고 분쟁이 발생할 경우 가장 먼저 희생되는 것은 미군기지와 자위대 기지가 몰려 있는 오키나와의 사람들이다. 살아남기 위해서라도 동아시아의 대화와 교류의 장을 모색하고 실현해야 한다는 점에서 오키나와는 그 자격을 갖추고 있다.

헤노코 기지 건설은 식민지주의의 상징

오키나와현 나고시 헤노코 앞바다에 새로 건설되는 미군기지를 둘러싸고 건설을 강행하고 있는 일본 정부와 건설 중단을 주장하는 오키나와현이 격렬한 재판 투쟁을 벌여왔으며, 현재는 화해를 위한 협의가 진행 중이다. 2016년 가을쯤이면 다시 재판이 시작될 예정이다. 왜 이렇게까지 대립의 골이 깊어진 것일까? 그것은 미일동맹과 그 아래에서의 안정보장 정책을 '국익' 또는 '공익'으로 간주하고 오키나와의 민의 따위는 들을 필요가 없다고 생각하는 일본 정부와, 자기결정권이 무시당해온 오키나와의 역사를 딛고 미래를 열어가고자 하는 오키나와의 각오에 기초한 행동이 격렬하게 부딪치고 있기 때문이라고 할 수 있다.

바꿔 말하면 일본의 식민지주의와 오키나와의 자기결정권 주장이 예리하게 대립하고 있는 것이다. 그 상징이 헤노코 문제라고 할 수 있을 것이다. 식민지주의란 알기 쉽게 말하면 '국익'이나 '공익'의 이름 아래 특정 지역을 도구처럼 사용하는 것이다.

이에 대해 오키나와가 자기결정권을 주장하는 배경에는 '국익'이나 '공익'의 이름 아래 류큐/오키나와가 줄곧 나라의 도구로 사용되어온 역사가 있다.

1879년 메이지 정부는 군대와 경찰을 동원해 폭력적으로 오키나와를 병합'류큐처분', 일본의 영토로 편입시켰다. 그것은 오키나와를 국방의 '요새'로 자리매김함으로써 일본 본토의 방파제이자 국토 확장의 희생으로 삼는다는 발상에 기초하고 있었다. 그 결과 약 500년간 이어온 류큐 왕국은 소멸했고, 류큐인은 토지와 주권을 박탈당했다.

1880년 일본과 청나라는 류큐 제도를 분할하는 조약에 합의했다. 조인되지는 않았지만 일본이 '국익'을 위해 그러니까 구미 열강과 대등한 지위를 확보하고 중국 시장에서 이익을 획득하기 위해 류큐의 미야코와 야에야마 제도를 중국에 내준다는 내용이었다.

1945년 제2차 세계대전 막바지에 벌어진 오키나와전투에서 오키나와는 일본 본토 결전에 대비하여 시간을 벌기 위한 '버려진 돌'이 되었다. 주민들도 진지 구축 작업이나 전투에 동원되어 약 12만 명이 희생되었다.

1952년에 발효된 샌프란시스코 강화조약에서는 일본의 독립과 오키나와를 맞바꿨고, 미국의 통치 아래 놓인 오키나와는 공산주의 세력을 방어하기 위한 '가라앉지 않는 항공모함'으로서 군사 요새화했다.

1972년 일본과 미국에 의한 오키나와 반환 협정에서는 오키나와 사람들이 바라는 '기지가 없는 평화로운 섬'은 무시되고, 광대한 미군기지는 그대로 남았다. 오키나와의 미군기지를 "자유롭게 사용할 수 있고" "유사시에는 핵무기를 들여올 수 있다"는 밀약이 있었다는 것도 알려졌다. 오키나와는 미일동맹이라는 '국익' 또는 '공익'의 이름 아래 동아시아의 '군사적 요석'이 되어 오늘날에 이르고 있다.

일본은 일관되게 미일동맹을 '국익' 또는 '공익'으로 간주하고 '기지의 섬 오키나와'를 미국에 '공물貢物'로 바쳐온 것이다.

1995년 오키나와현 안에서 미군 세 명이 초등학생 소녀를 윤간한 사건이 일어나자 오키나와 사람들은 항의의 목소리를 높였다. 이것이 후텐마 기지 문제의 발단이다. 그러나 일본 정부와 미국 정부는 후텐마 기지를 대체할 새로운 기지를 오키나와현 안에 건설해야 한다는 조건을 내세워, 현재의 후텐마 기지에서 직경 거리로 고작 약 36킬로미터밖에 떨어져 있지 않은 나고시 헤노코로 옮기기로 결정했다. 이것은 오키나와의 부담을 줄이는 데 거의 기여를 하지 못한다.

1996년 당시 하시모토 류타로 수상과 함께 후텐마 기지 반환에 합의한 월터 먼데일 주일대사는 2015년 류큐신보와의 인터뷰에서 후텐마 기지 이전 장소와 관련하여 "우리는 오키나와라고 특정하지 않았으며" 전적으로 일본 쪽의 결정을 따른 것이라고 강조했다. 이것은 대체 기지 장소가 꼭 오키나와여야만 하는 이유, 즉 지정학 등 군사적 이유에서가 아니라 2012년 당시 모리모토 사토시 방위상이 분명히 말한 대로 정치적 이유에서 결정되었다는 것을 말해준다. 이른바 '차별정책'이었던 것이다.

'기지와 군대를 허용하지 않는 행동하는 여자들의 모임'이 신문과 서적, 류큐 정부 문서, 증언 등을 바탕으로 1945년 4월 이후 최근 2012년까지 67년간 확인할 수 있었던 미군 성범죄 사건은 분명하게 드러난 것만 해도 총 310건이었다. 이 가운데 나하시가 63건으로 가장 많고, 다음으로 오키나와시 55건, 우루마시 46건, 기노완시 22건 순이다. 이 통계에서 알 수 있는 것은 사건 발생 장소가 광범위하고, 특히 인구 밀집 지역이 많다는 점이다. 기지의 유무에 관계없이 미군은 어디나 돌아다닐 수 있으며, 사람이 사는 곳이면 어디서나 사건이 일어날 수 있는 것이다. 최근에는 나하에서도 주거 침입이나 강도 사건이 잇따르고 있다. 사건은 주민과 '동거 상태'에 있는 셈이다. 기지가 36킬로미터 움직일 뿐 이 규모의 병력이 그대로 남는다면 이러한 상황은 계속될 것이다.

2012년 미군 후텐마 비행장에 수직 이착륙 수송기 MV22 오스프레이가 배치되었다. 이 수송기는 사고율이 높아 미국의 언론들로부터 '미망인 제조기', '하늘을 나는 치욕'이라는 말을 들어왔다. 그런데도 군이 배치한 것은 미일 정부가 말하는 '후텐마의 위험 제거'에 역행하는 처사이다. 오스프레이는 본도本島 중북부의 미군 시설 주변에서도 비행하는 모습이 빈번히 확인되고 있다. 후텐마에서 헤노코로 기지를 옮기더라도 추락의 위험성이 본도 전역에 미치는 상태에는 변함이 없다.

이러한 상황에서 오키나와 사람들은 후텐마 기지의 '현외 이설' 등 '자기 결정'을 요구하고 있는 것이다.

보편적 가치의 추구

일본 정부가 오키나와 진흥책을 내비치며 '당근과 채찍'으로 분단시켜 온 오키나와 사회는 지금 '하나의 오키나와'를 내걸고 자기결정권을 강고하게 주장할 수 있을 만큼 강해졌다. 이 싸움은 전후 미군과 날카롭게 대치하는 가운데 때로는 탄압을 받아 좌절하면서도 다시 일어서서 자치권을 확대해온 전후 오키나와 역사의 연장선상에 놓여 있다고 할 수 있다.

오키나와 사람들은 일본 본토의 고도 경제 성장을 목도하면서 미군의 압정에 대한 '저항의 깃발'로서 '일본 복귀'를 내걸었다. 평화와 인권 옹호를 드높이 외치는 '평화헌법'으로 '복귀'하고자 했던 것이다. 이 운동의 핵심은 인권과 자치권, 평화와 같은 보편적 가치의 추구였다. 오늘날 오키나와의 자기결정권 추구는 '일본 복귀'로 실현할 수 없었던 오키나와의 과제를 해결하는 하나의 요구로 등장했다고 말할 수 있다.

한편 일본 정부는 나고시 헤노코의 신기지 건설을 둘러싸고, 지방자치단체를 통하지 않고 **구베3구久邊三區 : 나고시의 3개 구. 헤노코, 구시, 도요하라**에 직접

보조금을 교부할 수 있는 제도를 마련했다. 그 가운데 보조금 수령 문제를 두고 찬반으로 나뉜 구시구스쿠區는 교부 대상이 되지 못했지만, 돈으로 지역사회를 분열시키거나 일부 지도층을 끌어들여 저항세력과 대립하게 하는 것은 식민지주의자의 상투적인 수법이다. 그러나 오키나와 사람들은 이에 대항하기 위해 당파를 뛰어넘어 단결하는 것이 얼마나 중요한지 깨닫기 시작했다.

현민들 사이에서 일본 정부에 의한 일련의 식민지주의적 시책에 대한 비판적 관점이 형성되고 있다. 나는 오키나와의 주장이 강고해진 하나의 원인이 바로 여기에 있다고 생각한다.

그렇다면 일본 본토 사람들의 입장에서 볼 때 헤노코 신기지 건설은 어떠한 상징적 의미를 띠고 있을까?

오키나와의 주요 선거에서 명확하게 드러난 '헤노코 신기지 건설 반대'라는 민의를 무시하는 것은 앞에서 서술한 식민지주의와 연결되어 있다. 오키나와를 인간이 살고 있지 않은 곳으로, 즉 국방의 도구로 취급하는 것이나 마찬가지이기 때문이다. 만약 건설을 강행하는 정권이 이대로 계속된다면 그 정권을 지지하는 국민의 책임도 묻지 않을 수 없다. 일본인은 오키나와에 대한 식민자라는 비판을 피하기 어려울 것이다.

그러나 거꾸로 본토의 일본 국민이 오키나와의 민의와 자기결정권을 존중하여 신기지 건설을 단념하도록 일본 정부를 압박한다면, 기지를 집중시킴으로써 오키나와를 도구로 삼는 식민지주의를 멈추게 하는 첫걸음을 뗄 수 있을 것이다. 헤노코 문제를 직시하고 기지 건설을 단념하게 하는 것은 식민지주의와의 결별로 이어진다.

아시아 사람들에 대한 전쟁 책임, 역사 인식 문제를 안고 있는 일본이

'무의식의 식민지주의'노무라 고야(野村浩也) 히로시마슈도대학 교수와 결별하는 것은 아시아와 공생하는 관계를 쌓는 데 불가결한 요건이라고 말할 수 있다. 그런 의미에서 지금 오키나와에서 일어나고 있는 문제는 일본이 아시아와 공생할 수 있느냐 없느냐를 시험하는 하나의 관문이라 할 수 있다. 일본이 아시아 사람들과 진정한 신뢰관계를 쌓을 수 있을지 여부는 지금의 오키나와를 직시하고 오키나와에 대한 식민지주의적 태도를 포기하느냐 마느냐에 달려 있다. 다시 말해 오키나와가 하나의 시금석인 셈이다.

덧붙이자면 1897년의 류큐 병합은 1910년 조선 병합의 모델이 되었다. 병합을 실행한 중심인물은 양쪽 다 이토 히로부미이다. 그 후 일본 제국은 류큐와 조선을 발판으로 삼아 아시아를 침략했다. 이번에는 반성하는 뜻에서라도 현재 '제5의 류큐처분'으로 일컬어지는 헤노코 신기지 건설을 단념하고 더 이상 오키나와를 미국에 바치는 '공물'로 여기지 않아야 일본은 진정한 의미에서 식민지주의와 결별할 수 있을 것이며, 그래야만 아시아와 공생하는 길을 열어갈 수 있을 것이다.

세계의 추세

일본과 중국, 일본과 한국의 관계 개선을 저해하는 역사 인식 문제와 센카쿠 등 영토분쟁의 불씨를 둘러싸고 "오키나와는 대화의 장이 될 수 있다"는 견해가 있다. 대화가 실현된다면 오키나와뿐만 아니라 한중일을 비롯한 동아시아 전체의 평화 구축에 유익하다는 사고방식이다. 사람, 물자, 정보의 글로벌화가 진전되면서 정치·경제 등 여러 분야에서 EU나 동남아시아국가연합ASEAN과 같은 국경을 넘어선 지역 통합이 추진되는 등 국가의 벽은 나날이 낮아지고 있다.

그러나 일본에서는 중국 위협론 등 내셔널리즘을 부채질하여 국가 간 벽을 높이고 있는 실정이다. 그것은 세계의 추세에 역행하는 것이라고 말할 수 있다.

중일 간 마찰이 격화하면 가장 먼저 위험한 상황에 처하는 것은 오키나와다. 오키나와 사람들은 그러한 위기를 피부로 느끼고 있다.

스위스의 평화활동가 크리스토프 발비 변호사는 세계에서 이스라엘과 팔레스타인 문제 다음으로 위험한 것은 동아시아이고, 북한 문제와 중일 관계가 분쟁의 불씨가 될 것이라고 지적한다. 그는 이렇게 말한다. "이처럼 위험한 상황에 처해 있기 때문에 오키나와의 입장은 대단히 중요하다. 평화는 오키나와만의 문제가 아니다. 오키나와의 평화는 동아시아 전체에 대단히 큰 영향을 미칠 것이다."

오키나와는 지금 동아시아에서 미일의 '군사적 요석' 역할을 떠안고 있지만, 그게 아니라 류큐 왕국 시대에 아시아·태평양 지역에서 전개한 교류·교역의 역사적 경험을 되살려 관광·물류 등 문화·경제 교류를 촉진하여 아시아 나라들을 연결하는 다리가 되는 것이 오키나와가 그리는 미래의 모습이다. 이는 사람이나 물자 그리고 경제 교류가 진전되면 그것 자체가 안전보장에 기여한다는 발상이라고도 할 수 있다. 글로벌화와 함께 국경의 장벽이 낮아지면서 오키나와가 '교류 거점'이 될 수 있는 기회는 점점 많아지고 있다.

오키나와의 거리는 현재 아시아에서 오는 관광객으로 넘쳐난다. 미군기지 터를 이용하여 국제기관을 유치하는 등 국제정세를 바탕으로 오키나와가 동아시아의 비전과 자신들의 미래상을 구체적으로 어떻게 제시할 수 있을지가 문제이다.

오키나와의 자기결정권

그 비전을 실현하기 위해서는 오키나와의 자기결정권 행사가 필수적이다. 오키나와에서 자기결정권 주장은 이미 헌법뿐만 아니라 국제법에 기초하는 형태로 표현되어 있다. 국제법이 보장하는 자기결정권은 중앙정부가 토지의 권리와 인권 등 자신과 관련된 주요 정책을 결정하는 과정에 참여할 수 있는 권리다. 국제법인 국제인권규약 중 자유권 규약과 사회권 규약은 각각 제1부 제1조에서 집단의 권리로서 '인민의 자기결정권'을 보장하고 있다. 이 권리가 두 규약의 맨 앞에 놓여 있는 이유는 집단이 억압당하면 집단에 속하는 개인 한 사람 한 사람의 권리도 침해될 터이기 때문이다. 이른바 '인민의 자기결정권'은 모든 인권 보장의 대전제이다. 이는 외부로부터 가해지는 압력이나 착취에 대한 법적 방어막으로서 집단의 구성원 개개인의 권리를 지키는 역할을 담당한다.

국제법학자 아베 고키阿部浩己 가나가와대학 교수국제인권법학회 이사에 따르면, 자기결정권은 지금 국제인권규약의 범위를 넘어 국제법의 기본원칙 중 하나가 되었고, 어떠한 일탈도 허용하지 않는 '강제규범'으로 파악하는 견해도 유력하다. 자기결정권은 모든 인민이 가진 자연권이라고도 말할 수 있는 권리이며, 이 주장에 따르면 마이너리티나 선주민先住民과 같은 집단도 당연히 '인민'의 개념에 포함된다.

자기결정권의 주체인 '인민'은 일의적인 정의가 아니라 에스닉 아이덴티티나 공통의 역사적 전통, 문화적 동질성, 언어적 일체성, 영역적 결속 등이 기준이 되는데, 그 가운데 집단의 자기인식이 가장 중요시된다고 한다.

오키나와의 경우 우치난추오키나와인라는 아이덴티티자기인식가 강하고, 류큐 왕국이라는 역사적 경험, 고유성이 짙은 전통 예능과 관습, 시마쿠투바しまくとぅば, 류큐어라는 언어적 일체성, 류큐 제도라는 영역적 결속도 있다.

역사적으로 보면 외부로부터 지속적으로 억압이나 차별을 받아온 사람들이 피억압자·피차별자로서 '인민'이라 불리는 경우도 적지 않다. 이른바 정치적 개념으로 볼 수도 있는 것이다.

오키나와에는 류큐 병합'류큐처분'과 동화정책, 오키나와전투, 미국 통치, 현재의 과도한 미군기지 집중 등 피억압·피차별의 역사적 경험과 현상이 있다. 그런 의미에서 오키나와 사람들은 '인민'이라는 이름에 걸맞은 주체일 수 있다.

일본어에서 자기결정권은 일반적으로 '민족자결권'으로 번역되는데, 이 경우 피의 연속성이나 문화적 동질성 등을 공유하는 이른바 '민족'은 하나의 기준이 되기도 하지만, 그것을 전제로 하지는 않는다. 일본에서는 '민족'이나 '선주민'에 덧쒸워진 다양한 이미지가 오해를 낳고 있지만, 권리의 주체는 어디까지나 '인민people'이다. 오키나와에서는 오키나와전투 당시의 '집단자결'강제집단사을 연상시키는 '자결'이라는 말이 포함되어 있기 때문에 '자기결정권'이라는 말이 널리 쓰이고 있다.

자기결정권에는 내적 측면과 외적 측면이 있다. 내적 측면은 기존 국가의 틀 안에서 정치·경제·사회·문화의 발전을 자유롭게 추구할 수 있는 권리다. 그 권리의 행사가 현저하게 훼손되고 있는 상황에서는 다양한 인권이 중대하고도 광범하게 지속적으로 침해당할 수밖에 없기 때문에 외적 측면으로서 독립의 권리가 있는 것이다. 그 권리의 행사는 구제적救濟的 분리의 의미까지 포함한다. 이를 위해서는 인민의 절반이 넘는 지지가 필요하다.

역사적 근거

오키나와의 자기결정권의 역사적 근거를 생각할 때 주목하고 싶은 것은 류큐 왕국이 1850년대에 미국, 프랑스, 네덜란드와 체결한 수호조약이다. 이 세 조약을 근거로 류큐국이 당시 국제법의 주체였다는 것을 확인할 수 있다.

메이지 정부의 명을 받아 수행관 9명, 내무성 관원 32명, 무장경관 160여 명, 구마모토 진대병鎭臺兵 약 400명을 대동한 마쓰다 미치유키松田道之 처분관處分官이 류큐국의 관원들 앞에서 '폐번치현廢藩置縣'의 통달을 읽은 사건이 좁은 의미에서의 '류큐처분'이다. 병사들은 슈리성을 점거하고 성문을 폐쇄했다. 이리하여 류큐 왕국은 약 500년 역사의 막을 내렸다.

'처분'의 이유는 중국과 외교를 금지한 조치와 일본에 재판권을 이관하라는 명령을 따르지 않았다는 것이었다. 류큐의 입장에서 볼 때 대중 외교나 재판권은 국권의 근간이었기 때문에 메이지 정부에 저항했다. 메이지 정부는 그로부터 7년 전 류큐의 사자使者를 천황 앞으로 불러 아무런 예고도 없이 일방적으로 류큐 번주藩主를 임명했었다. 천황은 류큐의 왕과 '군신관계'를 쌓는다면서 자신의 이름 아래 류큐국의 병합 절차를 착실하게 밟아갔다. 그 병합 과정이 넓은 의미의 '류큐처분'이다. 류큐국으로부터 다양한 권리를 박탈하는 '명령'을 류큐가 따르지 않는다고 하여 최후에는 군대를 동원해 위협하면서 일방적으로 '처분'을 실시했다. 그것이 1879년의 사건이었다.

국가로서 류큐국의 의사를 무시하고 일방적으로 병합하여 나라를 없애버린 메이지 정부의 처사, 즉 '류큐처분'은 그 후 현재에 이르기까지 역사적 사건의 고비고비마다 오키나와에 대한 일본 정부의 태도를 비판하는 표현으로 되살아난다. '제2의 류큐처분', '제3의 류큐처분', '제4의 류큐처분' 운운하는 것이 그것이다.

복수의 국제법학자에 따르면, 1879년의 '류큐처분'은 빈조약법조약Wien條約法條約 제51조 "나라의 대표자에 대한 협박이나 강제행위의 결과 맺어진 조약은 무효"라는 규정에 저촉함으로 무효를 호소할 수 있다. 아울러 미일 양국 정부에 사죄를 요구하고 미군기지 문제와 관련하여 책임을 추궁할 수 있을 뿐만 아니라 주권 회복을 호소하는 전략을 세울 수도 있다.

빈조약법조약이란 조약에 관한 국제관습법을 명문화한 조약으로, 1969년 국제연합에서 채택되고 1980년에 발효되었다. 일본은 1981년 이 조약에 가입했다. 류큐 병합 당시 이미 이 조항에 관한 국제관습법은 성립해 있었고, 그것을 명문화한 조약법조약을 소급 적용하여 병합의 책임을 묻는 것이 사실상 가능하다는 것이다. 그 역사적 근거는 국제관습법이 성립해 있었던 당시 류큐국이 미국, 프랑스, 네덜란드와 수호조약을 체결했다는 것, 즉 류큐가 국제법상의 주체=주권국가로 간주되었다는 사실이다.

오키나와의 고난에 찬 역사의 원점을 지적할 때면 흔히 407년 전의 사쓰마 침공까지 거슬러 올라가는 경우가 많다. 그러나 3개국과의 수호조약과 류큐 병합의 관계에 초점을 맞추면, 그것들의 역사는 결코 단순한 과거가 아니라 현재 오키나와가 놓인 상황을 국제법 안에 자리매김할 수 있게 되고, 나아가 국제법에 근거하여 주권회복과 자기결정권 행사를 논의할 수 있는 지평이 열린다.

아이덴티티의 변용

류큐 병합 이후 일본 제국의 야마토 민족을 중심으로 하는 차별적인 위계질서 속에서 류큐인=오키나와인은 차별을 피하기 위해 일본인으로 동화되는 길을 선택한다. 일본국의 변경에 위치하며 바다를 매개로 하여 외국과 접하고 있는 오키나와는, 황국 일본의 아시아 식민지화 정책 중에서 일본의 내부인지 아니면 외부인지 애매모호한 경계선에 있는 까닭에, 일본의 다른 지역보다 차별이나 폭력의 대상이 되지 않으려는 동기가 강하게 작용했다. '문명인=일본인=천황의 신민'이라는 유착의 구도 아래에서 류큐의 풍습이나 고유의 문화를 '야만'으로 자리매김하고, '생활개선운동'이라는 이름의 동화정책을 받아들여 스스로 그 풍습과 문화를 내팽개쳤다. 그러한 동화의 궁극적인 결말이 오키나와전투 당시의 전장 동원이었다. 많은 주민이 '훌륭한 일본인'으로 죽을 것을 외치며 '집단 자결'강제집단사로 나아갔다.

전후 오키나와의 조직적인 일본 복귀 운동은 1951년부터 시작되었다. 한동안 정체되긴 했지만 1960년 4월 조국복귀협의회가 발족하면서부터는 1972년 일본 복귀까지 활발하게 전개되었다. 미군의 압정 하에서 기지를 건설한다는 이유로 주민의 땅을 빼앗고, 기지에서 파생하는 사건 사고의 피해도 점점 심각해지는, 이른바 '미군이 하고 싶은 대로 하는' 상황에서 '조국 복귀'는 미군에 대한 저항의 깃발이 되었다.

20여 년에 걸친 운동 과정에서 지향해야 할 '조국 복귀'의 개념과 역점은 변용한다. 종전 직후부터 50년대 초까지는 "오키나와인은 일본인이므로 자식이 부모의 집으로 돌아가는 것과 같은" 민족주의적인 색채가 강했다. 그 후 미군 용지의 강제 수용을 둘러싼 주민의 토지 투쟁을 거치면서 주민들의 권리 의식이 높아졌고, 군정에 비해 다양한 권리를 보장하고 있는 일본국 헌법으로 복귀하는 게 낫다는 점이 강조되었다. 인권이나 자치권 등 권리 획득을 지향하게 되는 것이다. 아울러 60년대 중반 이후부터는 베트남 전쟁의 격화를 배경으로 '반기지反基地'를 명확하게 하면서 일본국의 틀을 넘어 아시아의 평화와 공생까지 지향하는 '반전反戰 복귀'로 발전한다.

이처럼 '복귀'의 의미는 소박한 일본 내셔널리즘에서 인권, 자치권, 평화, 공생 등 보편적 가치의 획득을 목표로 하는 내용으로 중점이 이동하고 있다. 이 과정에서 운동의 요구는 단순히 "일본으로 돌아가는" 것이 아니라 인권이나 자치 등 권리를 보장하고 나아가 기지도 철거해야 한다는 쪽으로 옮겨가는 추세를 보였다. 이 때문에 기지를 그대로 둔 채 시정권施政權을 반환하는 것에 대해 "오키나와의 요구가 반영되지 않았다"는 비판이 분출했고, 1970년 전후에는 '조국 복귀'를 근본적으로 되묻는 논의가 활발해졌다.

이들 논의에서는 오키나와의 아이덴티티를 '갱신'하고자 한다. 특히 대부분의 기지가 그대로 남는 것이 분명해진 1969년 이후, 복귀론자와 반복귀론자 사이에 '오키나와인'을 재정의하는 언설이 널리 퍼졌다. '미개', '야만', '뒤떨어진 민족' 등 열등감을 불러일으키는 표상이었던 '오키나와

인우치난추'는 '생명을 보물'로 여기는 '평화 애호 민족', '해양 민족', '아시아와 공생하는 사람들' 등 자랑스러운 존재로 자리매김 되었다.

이러한 언설은 주로 미군기지에서 유래하는 폭력·전쟁·인권 침해에 대한 거부감에서 자신의 존재를 다시 묻고, 평등이나 평화 등 보편적 가치를 희구하는 과정에서 생겨난 '저항하는 주체'로서 '오키나와인'을 표현한 것이다. 그것은 '폭력에 저항하는 주체'이고, 생명이나 인권, 평등, 평화를 중요하게 여기는 보편적 가치에 공명하는 주체다.

부정적인 존재에서 긍정적인 아이덴티티로의 전환은 그 후 오키나와의 자립론이나 자립을 향한 정책의 언설로 옮겨간다. 1980년대 이후 젊은이들의 음악이나 '웃음'에도 오키나와다운 표현이 많아졌다. 현재의 시마쿠투바류큐어 부흥 운동도 오키나와인의 자신감 또는 자랑과 연결되어 있다.

동아시아공동체

21세기는 성장률의 측면에서 보아 아시아가 약진하는 세기라고 말할 수 있다. 일본과 중국의 경제적 의존 관계는 이미 불가역적일 뿐만 아니라 더욱 깊어지고 있다. 앞으로 안전보장 문제를 포함해 신뢰 관계를 쌓아 인재 교류를 한층 더 진전시킨다면, 더 깊은 관계로 나아갈 수 있는 좋은 기회가 마련될 것이다.

고이즈미 준이치로 수상 시절에 ASEAN동남아시아국가연합에 한중일이 결합하는 이른바 '동아시아공동체'를 제창했지만, 중국의 힘이 너무 강하다는 이유로 오스트레일리아, 뉴질랜드, 인도를 포함한 역내포괄적경제동반자협정RCEF을 추진하게 되었다. 그런데 일본은 센카쿠 문제와 '종군위안부' 문제 등 역사 인식 문제에서 중국과 한국의 분노를 사 좀처럼 관계 회복에는 이르지 못하고 있는 실정이다. 지금 조금씩 긴장완화의 조짐이 보이고 있긴 하지만 신뢰 관계는 아직 쌓이고 있지 않다고 말할 수 있다.

한중일 3국의 신뢰 관계야말로 동아시아공동체 실현을 위한 열쇠이다. 민주주의와 인권 등 서구의 가치관에 비춰볼 때 확실히 아시아에 이런저런 문제들이 있는 것은 사실이지만, 아시아 국가들과 참된 신뢰를 쌓지 못하면 일본의 미래는 없다고 생각한다. 중국이나 한국과 협력하지 않으면 발전은 반드시 한계에 이를 것이다.

동아시아공동체는 미국의 압력에 저항하는 데 힘이 되기도 한다. 그 기반으로서 신뢰 관계가 가장 절실하다.

TPP환태평양경제동반자협정의 본질은 미국이 중국의 지역 통합 움직임을 견제하는 데 있다고 할 수 있다. 다른 한편 미국은 자국의 장래 발전을 위해서는 아시아가 필요하다고 생각하고 있다. 아메리카는 동아시아공동체가 성립하면 곤란해질 터이기 때문에 동아시아에 영향력을 지속적으로 행사하기 위해 TPP를 주도하고 있는 것으로 볼 수 있다.

한편 중국은 실크로드 구상과 아시아인프라투자은행AIIB을 잇달아 구체화하면서 주변국에 대한 영향력을 확대하려 하고 있다.

이러한 정세 속에서 한중일뿐만 아니라 미국과의 관계를 중재할 가능성을 지닌 역사적·정치적 경험이 있는 오키나와는 대화의 장으로서 가장 적합하다고 말할 수 있다. 오키나와는 이미 미국과의 자치 외교를 전개해온 오랜 역사가 있을 뿐만 아니라, 최근에는 오나가 다케시 지사가 중국을 방문해 중국의 주요 인물과 회담하는 등 중국과의 외교적 채널을 열어가고 있다.

오키나와는 태평양전쟁 당시 격전지로서 참담한 경험을 했기 때문에 전쟁의 두려움을 잘 알고 있다. 미군의 압정 아래 고통을 겪기도 했다. 앞에서 서술했듯이 보편적 가치관에 공명하는 아이덴티티를 지니고 있으며, 목숨을 소중히 여기고 평화를 강력하게 희구하는 지향성을 갖고 있다. 국제회의장을 비롯한 인프라 정비, 중국어나 영어를 말할 수 있는 인재 육성 등 과제는 적지 않지만, 스스로 동아시아의 평화 구상과 기지 반환 행동 계획을 구체화하고 아울러 군사기지 터를 국제기관의 입지로 활용할 것을 제기한다면, 일본 국내뿐만 아니라 국제사회로부터도 도의적인 측면에서 충분히 이해를 얻을 수 있을 것이라고 생각한다. 그러기 위해서는 자기결정권의 확대가 불가결하다. 헤노코 신기지 건설 저지는 그 첫걸음이라 할 수 있다.

우선 한중일이 정례화하기로 합의한 정상회담을 오키나와에서 개최하는 것에서부터 시작하면 어떨까.

> 오키나와인은 (…중략…) 자신의 운명을 스스로 결정할 수 없는 상황에 놓여 있다. (…중략…) 제국주의가 종언을 고할 때, 오키나와인은 '고통스런 세상にが世'에서 해방되어 '행복한 세상あま世'을 즐길 것이고, 충분히 자신의 개성을 살려 세계의 문화에 공헌할 수 있을 것이다. 이하 휴유, 『오키나와 역사 이야기』, 1947

'오키나와학의 아버지' 이하 휴유伊波普猷는 오키나와에 고난을 초래했던 제국주의의 종언과 함께 이곳에 '행복한 세상'이 찾아올 것이라고 예언했다. 그 이정표는 오키나와의 현실에 따른 구체적 목표로서 우치난추의 눈에 보이기 시작했다.

제8장

식민지 지배 범죄론의 관점에서 본 동아시아와 류큐

마에다 아키라前田朗
도쿄조형대학 교수

1. 문제의식

"야마토 민족이신 분은 손을 들어주세요"

2015년 9월 23일, 도내都內에서 '오키나와의 물음, 응답할 책임─현외이설을 생각한다'를 주제로 오키나와심포지엄이 개최되었다. 주최는 오키나와심포지엄실행위원회와 류큐신보사였다.

심포지엄은 류큐신보 연재기사를 정리한 아라카키 쓰요시의 『오키나와의 자기결정권』 출판기념회를 겸했고, "오키나와에 대한 기지 강압을 어떻게 생각할 것인가", "그것은 일본인의 식민지주의의 발현이 아닌가", "식민지주의를 중단하기 위해 기지를 본토로 옮길 필요가 있다" 등등의 문제를 논의했다. 이런 테마를 정면으로 내걸고 논의한 것은 도쿄에서는 처음이라고 말해도 좋을 것이다.

필자는 심포지엄을 시작하면서 "야마토 민족이신 분은 손을 들어주세요"라고 부탁했다. 200명이 넘는 참가자 중 80퍼센트 정도가 손을 들었다. 오키나와 기지 문제에 대한 본토 일본인의 책임을 묻는 논의를 시작하는 자리였던지라 그 주체가 누구인지를 확실하게 보려주고 싶어서 그렇게 했던 것이다. 복수의 참가자가 "놀랐다", "야마토 민족은 손을 들어달라는 말은 생전 처음 들었다"고 얘기했다.

아라카키 쓰요시류큐신보 편집위원는 오키나와 민중의 평화와 자립을 요구하는 싸움을 강조했다. "오키나와에서 발행되는 두 신문『류큐신보』와 『오키나와타임즈』을 없애야만 한다"는 등 폭언을 늘어놓는 작가도 있지만, 아라카키에 따르면 오랜 기간의 차별과 억압에도 불구하고 오히려 그러한 차별과 억압에 맞서 싸움으로써 오키나와의 두 신문은 민중의 지지를 얻어왔다. 아라카키는 또 이렇게 말한다. "오나가 다케시 지사가 유엔에 호소하러 간 것도 억압의 연쇄를 끊기 위한 자기결정권 행사이다. 오키나와 민중은 생명, 인권, 평화, 공생을 실천해왔다. 엄혹한 상황에 놓여 있지만 오키나와는 헤노코 문제를 포기하지 않는다. 기지 강압은 식민지주의라는 것을 본토의 야마토 민족은 자각하고 차별자라는 것에서 해방될 필요가 있다."

아베 고키가나가와대학 대학원 교수는 마이너리티나 선주先住 민족의 자기결정권에 대응하여 일본의 시스템이 기능하고 있지 않기 때문에 오나가 지사의 유엔 연설은 불가피했다고 말한다. 아베 고키에 따르면 식민지주의에 대한 자기결정권 주장은 국제사회에 받아들여질 수 있는 논리이다. "일본이든 미국이든 자신의 토지나 해역을 남에게 빼앗기지 않으려는 자기결정권을 지킬 의무가 있다. 아쓰기 미군기지 폭음爆音 소송에서 비행을 금지한 법리에 비춰 보아도 기지 건설은 어려워질 것이다. 오키나와의 자기결정권을 존중하는 것은 야마토 측의 책무이다."

우에하라 히로코上原公子, 전 구니타치시장는 고이즈미 정권의 유사법제[1]에서 아베 정권의 안보법제에 이르는 과정을 엄밀하게 따졌다. 그리고 이렇게 말했다. "일본은 유사법제, 국민보호계획 등을 통해 스스로를 '전쟁이 가능한 나라'로 상정한 다음 집단적 자위권에 발을 들여놓았다. 오키나와의 자기결정권을 행사하는 하나의 방법으로 헌법 제9조에서 정한 주민투표를 고려할 수 있다. 기지는 정부의 일방적인 조치로 결정될 것이 아니라 모든 수단을 동원하여 자기결정권을 호소하고 오키나와 자립의 장기적 비전을 제시하여 일본 정부를 압박해 나가야 한다."

다카하시 데쓰야高橋哲哉, 도쿄대학 대학원 교수는 저서 『오키나와의 미군기지』에서 제기했던 현외이설론縣外移設論을 부연했다. "식민지주의의 상징이 미군기지이고 헤노코 기지 건설 문제이다. 여론조사에서는 86퍼센트가 미일동맹 강화를 지지한다. 그럼에도 불구하고 기지가 자기가 사는 곳으로 오는 건 싫으니까 오키나와에 압력을 가해도 상관없다는 것은 구조적 차별이다. 미일안보조약은 본토의 정책 선택이므로 오키나와에 기지를 강압할 게 아니라 본토가 선택의 책임을 지고 기지를 떠맡을 필요가 있다. 오사카와 후쿠오카에서는 기지 인수 운동을 시작했다."

헌법 제9조와 미일안보조약을 동시에 지지하는 가짜 평화주의는 이미 유통기한이 지났다는 것을 확실하게 보여준 심포지엄이었다.

식민지 류큐란 무엇인가

동아시아에서 류큐/오키나와의 위치와 의미를 생각할 때 일본에 의한

---

1 [옮긴이] 타국의 공격에 대한 일본 정부의 대응과 효과적인 자위대 활동을 위한 국민의 재산 수용 문제 등을 규정한 전시동원법.

류큐처분 이후의 역사를 되돌아보아야 한다는 것은 굳이 말할 필요도 없지만, 류큐처분의 자리매김 자체가 반드시 명확하다고는 말하기 어렵다.

류큐 왕국이 아메리카 등과 조약을 체결한 지 150주년이 되는 해를 계기로 역사를 재검토한 아라카키 쓰요시에 따르면, 조약을 체결했다는 것은 당시 류큐 왕국이 서구 국가들로부터 독립적인 주권국가로 인정받았다는 것을 의미한다. 그렇기 때문에 류큐처분은 명백한 침략이자 식민지화이다. 아라카키는 여러 자료를 바탕으로 이 점을 지적한다.

따라서 류큐처분을 식민지화로 이해한다면 류큐에 대한 식민지 지배를 정면으로 논의할 수 있다. 종종 입에 오르내리듯 "류큐는 식민지적이다"라는 '비유'의 수준이 아니라, 근대 세계에서 전형적으로 볼 수 있는 식민지였던 게 아닐까.

이 글에서는 식민지 류큐에 대한 일본의 식민지 지배 책임을 식민지 지배 범죄론의 관점에서 바라봄으로써, 동아시아에서 일본과 류큐의 관계사를 다시 묻는 데 필요한 단서를 제시하고자 한다. 현재의 미군기지 문제를 비롯한, 일본본토에 의한 류큐 차별의 기점을 재확인할 필요가 있다.

그렇다면 식민지 지배 범죄론이란 무엇인가. '계속되는 식민지주의'라는 문제제기를 바탕으로 식민지 지배 책임론과 식민지 지배 범죄론에 관하여 생각해 보려 한다.[2] 근대 국제법은 사실상 용인했다. 서구 각국은 스스로 만들어낸 국제법을 이용하여 문명이라는 이름 아래 식민지를 확장했다. 그런 까닭에 식민지 지배 그 자체를 비판하기 위해서는 국제법이란

---

2 岩崎稔·中野敏男 編,『繼續する植民地主義』, 靑弓社; 中野敏男他 編,『沖繩の占領と日本の復興－植民地主義はいかに繼續したか』, 靑弓社; 徐勝·前田朗 編,『'文明と野蠻'を超えて－わたしたちの東アジア歷史·人權·平和宣言』, かもがわ出版; 木村朗·前田朗 編,『二十一世紀のグローバル·ファシズム』, 耕文社 참조.

무엇인지 다시 물어야 한다. 식민지를 용인하는 국제법이 아니라 식민지 지배를 범죄로 바라보는 시각을 확립할 필요가 있다. 식민지 지배 하의 학살이나 고문만 범죄인 게 아니라 식민지 지배 그 자체의 범죄성에 관하여 검토할 필요가 있는 것이다.

2. 전쟁 책임론에서 전쟁 범죄론으로

일본 군국주의의 전쟁 범죄 여부를 가리기 위해 열린 도쿄 재판 이후 다양한 형태로 전쟁 범죄론과 전쟁 책임론이 이어져왔다. 역사학 쪽에서는 이에나가 사부로家永三郎, 아라이 신이치荒井信一, 요시다 유타카吉田裕 등이 전쟁 책임론의 계보를 잇는 것으로 알려져 있다. 시민운동 쪽에서도 1980년대에서 1990년대까지 전후 보상 운동이 전개되어 일본군 '위안부', 강제연행·강제노동, BC급 전범, 731부대 등과 관련하여 각종 소송이 제기되었다.

국제적으로는 1990년대에 전쟁 범죄론이 비약적으로 발전했다.[3] 뉘른베르크재판 및 도쿄재판을 실현한 후 국제사회는 공백기를 맞이했다. 동서 대립과 냉전구조 하에서 새로운 전쟁 범죄 법정은 설치되지 못했다. 그러나 동서 대립 종결 이후 상황이 크게 변화했다. 1993년에는 구유고슬라비아 군사법정, 1994년에는 르완다 국제형사법정이 설치되어 전쟁 범죄, 인도人道에 대한 죄, 제노사이드에 대하여 유죄 판결이 잇달아 내려졌

3　前田朗, 『戰爭犯罪論』, 靑木書店; 前田朗, 『人道に對する罪』, 靑木書店 참조.

으며, 형법 해석이 쌓였고 형사 수속 경험도 축적되었다. 더욱이 '국제화
된 법정'으로서 동티모르 법정, 시에라리온 법정, 코소보 법정, 캄보디아
법정도 활동했다. 이러한 움직임 속에서 1990년대 상설 국제형사법정 설
립을 위한 논의가 본격화했다. 1996년의 「인류의 평화와 안전에 대한 죄
의 법전 초안」을 거쳐 1998년 로마에서 개최된 전권외교관회의에서 「국
제형사재판소규정」이 채택되었고, 21세기에 사상 최초의 보편적 관할권
을 가진 국제형사재판소ICC가 네덜란드 헤이그에 설치되었다.

　이러한 흐름과 병행하여 국제법에서 하나의 초점이 된 것이 일본군 성노
예제위안부 문제였다. 여성의 인권을 국제법으로 끌어들이는 움직임이 활발
해졌고, 특히 '여성에 대한 폭력'에 국제사회가 협력하여 대처할 필요가 있
다는 요구가 힘을 얻었다. 이 문제가 처음으로 유엔 인권위원회에 제기된
것은 1992년 2월이었는데, 다음해 1993년의 판 보벤Th. C. van Boven '중대
인권 침해' 보고서, 1994년의 국제법률가위원회ICJ 보고서, 1996년의 라
디카 쿠마라스와미Radhika Coomaraswamy '여성에 대한 폭력' 보고서, 그리
고 1998년의 게이 맥두걸Gay McDougall '전시 조직적 강간·성노예제' 보고
서에 의해 일본군 성노예제의 국제법 해석이 정리되었다. 그리고 1998년
의 ICC 규정에 '성노예제로서의 인도에 대한 죄' 조항이 포함되었다.[4]

　1990년대 후반 이후 국제형법과 국제형사소송법에 관한 방대한 이론적
연구가 나왔다. 각 법정의 재판 실무에 기초한 자료, 판례집, 연구서가 잇
달아 출판되었고, 국제형법 교과서도 잇달아 간행되었다. 르완다 법정에

4　ラディカ・クマラスワミ, 『女性に對する暴力をめぐる10年』, 明石書店; ゲイ・マクドゥーガル, 『戰
　時・性暴力をどう裁くか』, 凱風社; 日本軍'慰安婦'問題webサイト制作委員會 編, 『性奴隷とは何
　か』, 御茶の水書房; 西野瑠美子・小野澤あかね 編, 『日本人'慰安婦'』, 現代書館 참조.

서는 아카예수Jean-Paul Akayesu 사건과 무세마Alfred Musema 사건에 대해 제노사이드 범죄를 처음으로 적용했고, 구유고슬라비아 법정에서는 예리시치 사건과 포챠 사건 등 다수의 사건에 대해 인도에 대한 법을 적용했다. 그리고 두 법정에서 전시 성폭력 처벌 사례를 축적함으로써 현대 국제형법은 뉘른베르크재판과 도쿄재판의 유산을 훌륭하게 계승하고 풍부하게 발전시켜왔다.

일본에서 전개되고 있는 전쟁 책임론에 국제적으로 전개되고 있는 전쟁범죄론를 끌어들이는 것이 중요한 이론적 과제였다.

전쟁 책임론과 전쟁 범죄론은 한반도, 중국, 동남아시아에서의 일본의 군사행동과 지배를 염두에 두고 전개되었다. 류큐에서 저지른 전쟁범죄로는 오키나와전투 당시 '집단사'를 둘러싼 논의가 알려져 있는데, 보다더 근본적인 지점으로 돌아가 류큐처분 이후의 역사를 전쟁 범죄론의 관점에서 재검토해야 하지 않을까.

3. 식민지 지배 범죄론의 모색

연구 과제

식민지 지배 책임론과 식민지 지배 범죄론도 중요한 과제로 의식되어 이론적 연구가 나왔다. 첫째 ICC 규정의 형성 과정에서 식민지 지배 범죄에 관한 논의, 둘째 2001년 더반회의인종차별반대세계회의와 그 성과인 더반선언에 의해 식민지 지배와 그 아래에서의 범죄에 관심이 모아졌다. 일본에서도 역사학, 문학, 사회학을 비롯하여 포스트콜로니얼리즘, '계속되는

식민지주의'를 표제로 내세운 의욕적인 저작이 간행되었다. 이하에서는
ICC 형성 과정에서 있었던 식민지 지배 범죄에 관한 논의로서 유엔 국제
법위원회의 논의 상황을 검토해 보고자 한다.

유엔 국제법위원회의 논의

1947년 유엔총회에서는 뉘른베르크재판과 도쿄재판의 성과를 바탕으
로 상설 국제형사법정을 설립하기로 했다. 그리고 1949년 그리스의 장
스피로풀로스Jean Spiropoulos가 특별보고자로 선임되어 활동을 개시했다.
스피로풀로스 특별보고자는 1954년 「인류의 평화와 안전에 대한 범죄 법
전 초안」을 공표했다. 그러나 유엔에서의 논의는 좌절되었다. 동서 대립
이 격화하면서 유엔의 안전보장 기능 자체가 동결되었다. 이 시기의 몇 안
되는 진전은 1960년의 식민지 독립 부여 선언과 1974년의 '침략의 정의'
에 관한 유엔총회 결의였다.

국제형사법정에 관한 논의가 재개된 것은 1981년이었다. 다음해 1982
년 세네갈의 두두 티암Doudou Thiam이 특별보고자로 임명되었다. 정력적
으로 연구를 진행한 티암 특별보고자는 여섯 권의 보고서를 작성해 유엔
국제법위원회에 제출했다. 그리고 여기에 '식민지 지배 범죄'라는 명칭이
들어 있었다.

티암 특별보고자가 1991년 국제법위원회 제43차 회의에 제출한 보고서
에는 열두 가지 범죄 유형이 포함되어 있었다. 침략초안제15조, 침략의 위협제
16조, 개입제17조, 식민지 지배 및 기타 형태의 외국 지배colonial domination and
other forms of domination, 제18조, 제노사이드제19조, 아파르트헤이트제20조, 인권
의 조직적 침해 또는 대규모 침해제21조, 중대한 전쟁 범죄제22조, 용병의 징

집·이용·재정·훈련제23조, 국제 테러리즘제24조, 마약의 불법 취급제25조, 환경의 자의적 중대 파괴제26조가 그것이다.

제18조 식민지 지배 및 기타 형태의 외국 지배는 규정은 다음과 같다.

> 유엔헌장에 규정된 인민의 자결권에 반하여 식민지 지배 또는 기타 형태의 외국 지배를 지도자 또는 조직자로서 무력으로 창출하거나 유지한 개인, 또는 무력으로 창출하거나 유지하도록to establish or maintain by force 다른 개인에게 명령한 개인은 유죄로 인정될 경우 ……의 판결을 언도받을 수 있다.

첫째, 인민의 자결권에 위반된다는 것이 명시되어 있다. 유엔헌장 제1조 제2항은 '인민의 동권同權 및 자결 원칙의 존중'을 내걸었다. 1966년의 두 개의 국제인권규약에는 공통적으로 제1조에 인민의 자결권이 명기되어 있다.

둘째, '식민지 지배 또는 기타 형태의 외국 지배'라는 표현을 쓰고 있다. '기타 형태의 외국 지배'란 아마 형식상으로는 식민지 지배가 아니라 하더라도 실질적으로 인민의 자결권을 침해하고 있는 경우일 것이다.

셋째, 범죄의 실행 주체는 '지도자 또는 조직자'로서 일정한 행위를 한 개인으로 되어 있다. 지도자 또는 조직자에는 정부 핵심부의 정치가, 고급 관료, 군대 지휘관 등이 포함될 수 있을 것이다.

넷째, 실행 행위는 '무력으로 창출하거나 유지한 개인, 또는 무력으로 창출하거나 유지하도록 다른 개인에게 명령한'것으로 되어 있다. 식민지 상태의 창출, 식민지 상태의 유지 및 그것들의 명령이다. 식민지 상태의 창출은 타국을 식민지화할 계획을 세우고, 그 계획을 실행에 옮기기 위해

군사적 행동을 한 것이라 할 수 있다.

다섯째, 형벌은 공란으로 되어 있다. 유엔총회는 1989년 국제자유권규약 제2선택의정서사형폐지조약을 채택했기 때문에 종신형 이하의 형사 시설 수용을 상정할 수 있다.

각국 정부의 견해

유엔 국제법위원회는 1992년부터 1993년까지 ICC 규정 초안 작성 작업을 하면서 각국 정부에 의견을 구했다. 각국 정부25개국가 1993년 유엔 국제법위원회에 제출한 의견서가 하나의 문서로 정리되었다A/CN.4/448 and Add.1. 그 중에서 식민지 지배 범죄와 관련된 부분을 요약하여 소개한다.

① 오스트레일리아 : 인민의 자결권의 범위에 관해서는 논의의 여지가 상당히 있으며, 형사 범죄의 요소를 정의하는 데에 충분하다고는 말할 수 없다. '외국 지배'라는 표현에도 문제가 있다. 국제법위원회의 주석서注釋書에서는 외국 지배를 '외국 점령 또는 병합'이라고 정의하는데, 이것은 자결권에 대한 범죄라기보다 침략의 범주에 포함된다.

② 오스트리아 : '식민지 지배'라는 표현은 특별히 패러그래프를 추가하여 정의해야 한다. '인민의 자결권에 반하여'라는 어구는 '인민의 자결권을 침해하여'로 바꾸어야 한다.

③ 네덜란드 : 제17조에 관하여 서술한 것과 마찬가지 이유로 제18조를 법전에 포함하는 것은 바람직하지 않다.

④ 북유럽 5개국 : 이 규정은 법전을 마련하는 데 필요한 기준을 충족시키지 못한다. '인민의 자결권에 반하여'라는 어구는 대단히 부정확하고 지나

치게 포괄적이다. 현재의 용어법에 따르면 이 규정은 예컨대 다양한 형태의 무역 보이콧이나 개발 원조 공여국이 개발 원조에 동반하여 일정한 조건을 요구하는 상황에까지 적용될 수 있을 것이다. 이 규정은 해석의 여지가 적지 않고, 분쟁을 초래할 수도 있을 것이다.

⑤ 영국 : '식민지 지배'나 '외국 지배'라는 용어는 형법전에 포함되는 데 필요한 법적 내용을 갖고 있지 못하며, 국제형법에 기초를 두고 있지 않다. '식민지 지배'는 아무래도 정치적 태도를 생각나게 하는 시대에 뒤처진 개념이다. 이 말이 국가책임조약 초안 제19조에 있다고 해서 본 법전에 포함되는 것이 정당화되지는 못한다. 법적 문서인 법전에 정치적 슬로건에 지나지 않는 것을 도입하는 것은 유감이다. 위원회는 처벌되어야 할 행위나 관행을 한정하여 정의해야 한다.

⑥ 미국 : 식민지 지배 범죄라는 표현은 애매할 뿐만 아니라 지나치게 광범하여 정의할 수가 없다. 이런 결함은 오늘날의 국제적인 분위기에서 특히 중대하다. 민족적으로 보다 크게 나뉘어 있는 사회의 영역에서 보다 작은 국가가 출현하는 것을 목격하고 있는 상황에서 '외국 지배'와 같은 행위를 범죄화하려는 시도는 국제적 긴장과 분쟁을 증대시킬 수밖에 없을 것이다.

⑦ 스위스 : 이 규정은 식민지 지배나 기타 형태의 외국 지배를 비난한다. 위원회 안에 그렇게 생각하는 국가가 있는 듯한데 외국 지배를 '신식민지주의'라는 의미로 이해해야 할까. 이는 적잖이 의심스럽다. '신식민지주의'는 법적으로 확립된 개념이 아니다. '신식민지주의'는 무력으로 행해지는 것에 한정되지 않는다. 그것은 종종 국가 간 경제적 불균형에서 유래한다.

이상이 식민지 지배 범죄에 대한 각국 정부의 의견이다.

먼저, 영국과 미국을 비롯하여 서방 선진국은 모두 이 범죄 창설에 반대를 표명했다. 아시아와 아프리카의 여러 나라들도 의견서를 제출했지만 식민지 지배 범죄 규정에 대한 의견은 포함되어 있지 않다.

다음으로, 반대 이유는 국제법적 개념이 아니라 정치적이라는 것, 국제형법에 바탕을 두고 있지 않다는 것, 개념이 애매하고 막연하다는 것 등이다. 여기에는 다른 이유가 덧붙여져 있긴 하지만 실제로는 겹치는 것으로 보인다. 실제의 문제는 개념의 명확성 여부가 아니라 식민지 지배를 비난하는가, 옹호하는가이다.

식민지 지배 범죄 개념의 삭제

이상의 논의를 거쳐 유엔 국제법위원회는 1994년 제12 보고서 초안을 검토하고 이어서 1995년 제13 보고서 초안을 검토했는데 여기에서 큰 변화가 있었다. 1995년 열린 유엔 국제법위원회 제47차 회의에서는 법전에 포함되어야 할 범죄를 대폭 삭제할 것을 결정했다.

침략제15조, 제노사이드제19조, 인권의 조직적 침해 또는 대규모 침해제21조, 중대한 전쟁 범죄제22조는 남았지만, 유보되었던 조항 즉 개입제17조, 식민지 지배제18조, 아파르트헤이트제20조, 용병제23조, 국제 테러리즘제24조은 결국 삭제되었다.

식민지 지배 범죄는 왜 삭제되었을까.

첫째, 옛 종주국의 반발 때문이다. 새로운 식민지 지배 범죄 규정이 설정된다 해도 소급 처벌이 이루어지는 것은 아니기 때문에 옛 종주국의 입장에서 볼 때 책임자 처벌의 위험성이 구체화하는 것은 아니다. 옛 종주국 측은 과거의 '합법적'인 식민지 지배와 관련하여 위법성이 확인되는 것을 꺼렸던 것으로 보인다. 위법성을 인지하는 것은 식민지 시대에 대한 손해 배상 요구로 이어질 우려가 있기 때문이다.

둘째, 법적으로 정의하기가 어려웠기 때문이다. 옛 종주국 측의 규정이 애매하다는 주장은 정치적 이유에 뿌리를 둔 것이긴 하지만, 식민지 지배 범죄의 실행 행위를 명확하게 규정하는 것이 곤란하다는 것도 부정할 수 없다.

셋째, 이는 식민지 지배 범죄의 피해를 충분히 인식하지 못한 데서 비롯됐다고 할 수 있다. 식민지 피해가 현재도 지속되고 있다는 점을 충분히 인식하지 못한 것이다. 포스트콜로니얼리즘, '계속되는 식민지주의'와 같은 문제가 제기되기 이전이고, 식민지를 용인하는 국제법을 운용해온 옛 종주국 주도의 유엔 국제법위원회에서는 식민지 지배 범죄의 피해 사실을 정면으로 논의할 수가 없었던 것이다.

4. 인도에 대한 죄와 식민지 지배

더반선언 이후 식민지 범죄를 둘러싼 민중 차원의 논의

유엔 국제법위원회에서 모색되었던 식민지 범죄 개념의 도입은 좌절되었다. 그 후 2001년 남아프리카공화국의 더반에서 열린 인종차별반대세계회의에서 "식민지 지배는 인도人道에 대한 죄였다"라는 점을 인정하게 하려 했다. 더반 NGO선언은 "식민지 지배는 인도에 대한 죄다"라고 인정했지만, 국가 간 회의에서는 과거 종주국이었던 구미 제국의 반대에 부딪혀 "식민지 시대의 노예제는 인도에 대한 죄였다"라고 인정하는 선에 머물렀다. 이리하여 식민지 지배 범죄론은 지지부진한 상태에 놓여 있다. 유엔에서는 '포스트 더반 전략'을 토의했지만 아메리카, EU, 일본이 소극적인 자세를 취하고 있어 2001년의 더반선언은 현실적으로 힘을 발휘하지 못하고 있다.

그러나 민중 차원에서는 세계적 논의가 이어지고 있다. 역사학, 문학, 법학 등 다양한 연구 분야에서 포스트콜로니얼리즘 연구가 진행되었다. 신식민지주의에 대한 비판, 헤이트 스피치hate speech, 혐오발언 또는 증오발언와의 대결은 세계적 과제로 떠올랐다. 2012년에는 유엔 인권고등판무관사무소 주최로 「헤이치 스피치와 싸우는 라바트 행동 계획」, 2013년에는 인종차별철폐위원회의 일반적 권고 35호 「인종주의 헤이트 스피치와 싸운다」가 작성되었다. 식민지 책임이나 전쟁 책임론과 관련하여 '위안부'에 대한 혐오발언과 같은 홀로코스트 부정 발언에 대한 대처도 논의되고 있다.[5]

국제형법의 실천―"광범위하게 또는 조직적으로 가해진 공격"

1990년대 이후 옛 유고 국제형사법정ICTY, 르완다 국제형사법정ICTR 그리고 국제화된 하이브리드법정 등이 현실화하면서 판례가 쌓여왔다. ICC도 판결을 내놓는 등 국제형사법은 대변동의 소용돌이 속에 있다. 이러한 가운데 인도에 대한 죄와 제노사이드 관련 법해석이 실제로 축적되었고, 그 결과 뉘른베르크재판 및 도쿄재판 시대와는 다른 국면에 도달해 있다.

ICTY의 타디치Tadić 사건이 뉘른베르크재판 이후 첫 번째 인도에 대한

---

5   前田朗, 『ヘイト・スピーチ法研究序說―差別煽動犯罪の刑法學』, 三一書房 참조.

죄의 적용이었다.

인도에 대한 죄의 실행 행위는 살인, 섬멸, 노예화, 추방, 구금, 고문, 강간, 박해 등인데, 뉘른베르크 헌장, ICTY 규정, ICC 규정 등에 따라 각각 다르다. 자하르A. Zahar와 슬루이터G. Sluiter가 함께 쓴『국제형사법개론』에 따르면 인도에 대한 죄의 핵심적인 특징은 이 범죄가 저질러지는 맥락을 서술한 문턱규정에 있다.

첫 번째 열쇠는 "무력분쟁에서 저질러진"이라는 표현이다. ICTY 규정에는 "무력분쟁에서 저질러진"이라고 명시되어 있지만, 이것은 처음부터 불충분한 것으로 간주되어왔다. 인도에 대한 죄의 열쇠라고 해야 하는 것은 "무력분쟁에서 저질러진" 것이 아니라 광범위하게 또는 조직적으로 저질러진 것, 정책 추진 과정에서 저질러진 것이다.

뉘른베르크재판과 관리위원회 규칙 제10호 재판에서는 '전쟁 범죄인'의 소추가 문제되었기 때문에 전쟁에서 저질러진 범죄의 소추에 초점이 맞춰졌다. 이 때문에 "무력분쟁에서 저질러진"이라는 어구가 ICTY 규정에 남았다. 그 후 ICTR 규정, ICC 규정에서는 "무력분쟁에서 저질러진"이라는 구절이 빠졌다. 시에라리온 법정과 동티모르 법정도 마찬가지이다. 무력분쟁 요건이 중요한 것이 아니라 광범위하게 또는 조직적으로 저질러진 것, 정책 추진 과정에서 저질러진 것에 초점을 맞추고 있기 때문에 식민지 범죄 개념과의 접합 가능성이 있다.

두 번째 열쇠는 "문민文民인 주민에 대한"이라는 표현이다. 타디치 사건 판결은 이 어구의 의미를 관습법에서 끌어냈다고 했지만 실제로는 프랑스의 바르비K. Barbie[6] 사건 판결에 의거했다. 또, 타디치 사건에서 검사가 주장했듯이 제네바조약 공통 제3조에서 해결의 실마리를 찾았다. 이 때문에 다시 "무력분쟁에서 저질러진"이라는 표현을 어떻게 해석할 것인지가 문제가 된다.

ICTY가 문제의 해결책을 제네바협약에서 찾은 것은 다른 측면에서 보면 적극적인 의미를 지녔다고 할 수 있다. 그도 그럴 것이 피해자가 문민인 주민이 아니면 안 된다라는 표현은 공격 대상이 된 주민이 무엇보다 문민의 성질을 갖지 않으면 안 된다는 의미이다. 이는 '문민'이나 '문민인 주민'을 정의하려 한 조문이 아니라 구별 원칙을 표현한 것이다.

이 점은 식민지 인민의 무력에 의한 저항을 어떻게 이해할 것인가라는 문제와 관련된다. 식민지 인민이 자결권을 회복하기 위해 무력에 의한 저항에 기대지 않을 수 없었던 것이 곧바로 식민지 범죄의 성립을 방해하는 것은 아니라고 말할 수 있지 않을까.

"개인의 기본적 권리를 침해하는 차별의 형태들"

인도에 대한 죄 가운데 여기에서는 '박해'에 초점을 맞춘다. ICC 규정 제7조 제2항에는 다음과 같이 서술되어 있다.

> ⑧ 박해란 집단 또는 공동체의 동일성을 이유로 국제법을 위반하여 기본적인 권리를 의도적으로 또 현저하게 박탈하는 것을 말한다.

박해는 유대인, 아르메니아인, 쿠르드인, 캄보디아인 등 소수집단에 대

---

6 [옮긴이] 독일 게슈타포의 총수. 1942년 리옹의 게슈타포 제4분과 책임자가 된 후 약 4,000명을 살해하고 7,500명을 국외추방시켜 '리옹의 도살자'로 불렸다. 전쟁 후 페루에서 체포되어 1987년 프랑스 정부에 의해 종신형을 선고받았다.

한 학대와 결부되어왔다. 국제법에서는 상세한 정의를 내리지는 않았지만, 뉘른베르크재판에서는 섬멸절멸시키는 행위, 기아, 살해, 고문, 추방, 노예화 등이 박해에 해당하는 경우가 있는 것으로 간주되었다. 특정 집단의 중대한 피해가 이 범죄를 구성하는 것으로 간주되어왔다. 박해가 인도에 대한 죄 중에서도 특수한 의미를 갖는 것은 차별적 이유에 의해 저질러진 것에 주목하고 있기 때문이다. 박해란 신체적 또는 정신적 해악, 추방, 비인간적 취급, 불법 체포 및 구금, 노예화, 고문, 근절, 생존 조건에 영향을 주는 중대한 요인 등의 수단에 의해 문민인 주민의 자유와 생존에 중대한 간섭을 하는 것이다. 박해는 일본에서 '유행'하고 있는 혐오범죄, 혐오발언의 극한적인 형태이다.

박해 그 자체는 뉘른베르크 판결처럼 '소수민족'인 문민에 대하여 또는 정치적 종교적 이유에 기초하여 저질러진 살인, 불법 감금, 고문, 노예화, 이송이다. 박해의 관념은 나치에 의한 유대인 박해와 밀접하게 결부되어 있다. 직업으로부터 유대인 배제, 반셈족 모욕 행위, 유대문화와 역사를 기술한 서적의 소각, 다윗별 착용 등이다. 이러한 행위는 가령 그 후에 살인, 섬멸, 노예화, 추방이 발생하지 않았다고 해도 인도에 대한 죄로 취급되었을까.

이 문제에 관해서는 뉘른베르크재판이나 관리위원회규칙 제10호 재판에서도 논의되지만 통일적인 이해는 보여준다고는 말할 수 없다. 각국이 설치한 법정에서는 항소심에 의한 재심사 기회가 거의 없이 개개의 판단이 그대로 남게 되었다.

뉘른베르크재판에서는 제3제국 내무장관 빌헬름 프리크Wilhelm Frick의 유대인 배척법, 경제장관 발터 풍크Walther Funk의 유대인 차별 정책 관여,

폴란드 총독 한스 프랑크Hans Frank의 게토화 정책과 기아 정책, 보헤미아 ─모라비아 보호관 콘스탄틴 폰 노이라트Konstantin von Neurath의 반셈족법 관여 등이 문제가 되는데, 행동의 자유 부정, 고용의 부정, 재판 받을 기회의 부정은 박해의 한 형태이며, 추방이나 절멸을 초래하는 것으로 규정되었다.

관리위원회 규칙 제10호 재판에서는 재판관 사건이 대응한다. 나치 독일의 재판관이 미국 군사법정에서 재판을 받은 사례이다. 법률전문직으로부터 유대인 배제, 공적 서비스의 부정, 교육으로부터의 배제, 차별적인 형벌 적용, 법률 규정이 없는 사형 적용 등이 박해로 받아들여졌다.

네덜란드 특별법정에서 다룬 한스 알빈 라우터Hanns Albin Rauter 사건에서는 차별적 처우와 격리정책으로서 다윗별 착용 강제, 오락 및 레크리에이션 금지, 공공 공원 이용 금지, 극장·카바레·영화·스포츠클럽 이용 금지, 도서관 이용 금지 등이 박해에 해당하는 것으로 보았다.

폴란드 최고재판소에서 다룬 요제프 뷜러Josef Bühler 사건에서는 폴란드인의 학교·대학 취학 금지 명령이 박해에 해당하는 것으로 간주했다.

타디치 사건 판결에서는 바르비 사건에서 개진한 보고자의 의견에 입각하여 "개인의 기본적 권리를 침해하려는 차별의 형태"로 결론지었다. 이는 박해의 죄를 확대하는 것이다. 살인 등의 행위를 계속하지 않아도 박해의 죄가 성립한다는 생각과 이어지는 것이 아닐까.

5. 마무리 – 류큐 식민지 지배 범죄론의 가능성

그렇다면 식민지 지배 범죄와 인도에 대한 죄로서 박해에 대한 해석을 바탕으로 류큐/오키나와에 대한 일본(및 미국)의 군사기지 강압 정책을 어떻게 보아야 할까.

21세기에 들어서 '신식민지주의', 글로벌화가 동아시아에서도 재편성되고 있다. 중동의 분쟁에서 유럽의 난민으로, 극동의 분쟁에서 오키나와의 미군기지로. 이러한 정치지형 속에서 류큐/오키나와 인민의 자기결정권이 철저하게 무시되고 있다.

일본에서의 배외주의와 인종·민족 차별의 원형은 한반도 식민지 지배시기에 형성된 것으로 알려져 있지만, 그 이전으로 거슬러 올라갈 수 있다. 일본의 제국주의적 대외진출은 아이누蝦夷, 류큐 왕국, 타이완, 한반도, 중국 그리고 남양제도로 확대되어왔다.

더반회의에서 강조되었듯이 침략, 식민지 지배, 인도에 대한 죄, 인종차별, 혐오범죄, 혐오발언은 하나로 이어지는 사회현상이어서 떼어놓고 논할 수 없다. 일본의 논의는 이러한 문맥을 무시하는 경향이 있다. 혐오발언의 본질과 현상 형태를 정확하게 파악하기 위해서는 식민지 지배 범죄와 인도에 대한 죄의 전개 과정을 바탕으로 인도에 대한 죄로서의 박해와 제노사이드의 선동에 관한 검토를 행할 필요가 있다.

동아시아에서 류큐/오키나와의 역사와 현재를 생각할 때, '류큐처분'＝류큐 식민지화이고, 그곳에서 식민지 지배 범죄가 저질러졌으며, 그것이 지금까지 계속되고 있는 것으로 보아야 하지 않을까. 일본 정부의 군사기지 강압, 류큐 인민의 자결권의 노골적인 침해, 그리고 류큐 인민에 대한 혐오발언이 아직껏 끊이지 않는 것은 식민지주의 청산이 전혀 이뤄지지 않았기 때문이다.

*본고는 필자의 「식민지 지배 범죄론의 재검토」(『법률시보』, 2015년 9월호)를 가필, 정정한 것이다.

제9장

오키나와를 통해 본 전전 일본의 아시아연대론

요시노 사쿠조와 미야자키 도텐을 중심으로

후지무라 이치로藤村一郎

일본학술진흥회특별연구원[도쿄대학]

시작하며

동아시아의 젊은이들이 움직이기 시작했다. 2014년 봄에는 타이베이에서 '해바라기 운동', 가을에는 홍콩에서 '우산혁명', 다음해 여름에는 일본에서 안보법제 반대운동이 국회 앞에 집결하여 국제적으로 주목을 끌었다. 종래의 정당이나 조직과는 무관하게 인터넷을 활용하고, 참여한 이들은 누구나 민주주의를 지키자고 하는 이념을 갖추고 있었다. 2015년 말에는 서울에서도 최대 규모의 시위가 벌어졌고, 일본 국회 앞의 젊은이들은 '헤노코로!'를 외치며 맞섰다. 연동성이 있다고 느낄 수 없는 동아시아 각지의 젊은이들이 펼치는 새로운 운동의 과제는, 현상유지적 성격에서 벗어나 자유와 민주주의 그것에서 평화주의를 염두에 둔 적극적인 혁명사상을 현실에 입각한 형태로 얼마나 준비할 수 있는가, 그리고 어떻게 하면 동아시아 젊은이들의 이의신청 운동이라는 형태로 연결할 수 있는 가라는 점으로 옮겨온 것으로 보인다. 그런데 일본의 국회에서는 말도 안 되는 얘기들이 오간다. 2015년 봄, 여당의원 한 사람이 참의원 예산위원회에서 '팔굉일우八紘一宇'를 들고 나왔다. '신주불패神州不敗'[1]를 계승하는 세력의 눈에는 물론 움직이기 시작한 동아시아 젊은이들의 모습이 보일 리 없고, 게다가 참조한 것이 하필이면 피투성이가 된 '대동아공영권'의 '정신'이었다. '대동아공영권' 구상의 사상적 계보에서 찾아볼 수 있는 하나의 특징은 천황을 아시아를 덮는 원추의 정점으로 삼는 일본맹주론에 있다.[2] 맹주론이 구성요소의 하나라는 것은 오래전부터 지적되어왔다.[3] 그런데 널리 알려진 바와 같이 전전기戰前期 일본의 아시아연대론 전부가 일본맹주론을 갖추고 있었던 것은 아니다. 예를 들면 미야자키 도텐宮崎滔天, 1871~1922과 요시노 사쿠조吉野作造, 1868~1933 등은 명확하게 일본맹주론을 부정한다. 이 글에서는 요시노 사쿠조와 미야자키 도텐을 중심으로 아시아연대론을 되돌아보면서 류큐/오키나와라는 렌즈를 통해 21세기 전반기 동아시아 공통의 사상과제의 일부를 살펴보기로 한다.

---

1 [옮긴이] 신의 나라 일본은 패하지 않는다는 주장.
2 먼저 이 글을 집필하면서 참고한 문헌은 다음과 같다. 孫歌·白永瑞·陳光興 編, 『ポスト〈東アジア〉』, 作品社, 2006. 그리고 이 책의 편자 중 한 사람인 백영서 씨가 일본평화학회 2015년 가을학술대회에서 발표한 「沖繩」という核心現場から問う東アジア共生の道」; Paik Nak-Chung, *The Double Project of Modernity*, New Left Review 95, 2015, pp.65~79.
3 예컨대 丸山眞男, 「超國家主義の心理と論理」, 1946; 同, 「日本ファシズムの思想と行動」, 1947 (丸山眞男, 『現代政治の思想と行動』, 未來社, 1964 收錄).

일본맹주론 비판

요시노가 아시아연대론을 주장했을 리가 없는 것으로 알고 있는 사람도 있는 듯하다.

그것은 뒤에서 논하기로 하고, 어쨌든 요시노는 제1차 세계대전 말에 쓴 「우리나라 동방 경영에 관한 3대 문제」라는 논설에서 '대아세아주의'의 일본맹주론을 다음과 같이 비판한다.

먼저 우리들이 홀로 스스로를 높여서 동양 민족을 교도敎導한다는 오만한 태도를 버리지 않으면 안 된다. 겸손하게 스스로를 위해 온힘을 다하고 그들을 위해 온힘을 다할 각오가 없어서는 안 된다.[4]

요시노는 '대아세아주의'를 말하는 것은 괜찮지만, 먼저 일본이 맹주라는 '오만'한 인식은 떨쳐버려야 한다고 단언한다.[5] 요시노는 일본을 맹주로 하는 연대 구상에는 반대했다. 요시노의 선배인 미야자키 도텐도 같은 생각이었다. 도텐은 이렇게 말한다.

나는 일본이 아무리 훌륭해진다 해도 전 세계를 움직일 힘은 없을 것이라고 단정함과 동시에, 중국을 이상적 국가로 여길 수 있다면 그 힘을 천하에 호

---

4 吉野作造, 「我國東方經營に關する三大問題」, 『東方時論』, 1918.1(『吉野作造選集』 第8卷, 岩波書店, 1996 所收, 310면)

5 당시 도쿠토미 소호(德富蘇峰)와 가와타 시로(河田嗣郎) 등이 '대아세아주의'와 '동양먼로주의'를 주창한 것에 대한 응답으로 보인다. 德富蘇峰, 『大正の青年と帝國の前途』, 民友社, 1916; 河田嗣郎, 「經濟的モンロー主義」, 『太陽』, 1918.2.

령하여 만방을 교화함에 족하다는 단정 아래 일신을 내맡겨 자기의 과대망상적 경로를 찾아온 결과가 곧 지금 우리가 놓인 처지이다.[6]

도텐은 명확하게 중심을 중국에 두고 있다. 요시노와 도텐은 일본만으로는 아시아연대의 중핵이 될 수 없다고 보았으며, 일본을 맹주로 하는 '대동아공영권' 구상과 직접적으로는 이어지지 않는 아시아연대 구상을 갖고 있었던 듯하다.

아시아연대론의 또 하나의 계보 – 요시노 사쿠조와 미야자키 도텐

우선 요시노에 관한 종래의 이미지를 해체하지 않으면 안 될 것 같다. 요시노는 '전후 역사학'에서는 '안으로는 입헌주의', '밖으로는 제국주의'의 틀 안에 있는 것으로 이미지화되어 있지만, 1970년대 이후에는 마쓰오 다카요시松尾尊兊 등의 연구에 의해 제1차 세계대전 직후 요시노가 조선의 3·1독립운동과 중국의 5·4운동을 옹호하는 글을 썼다는 것이 밝혀졌고, 아시아연대의 콘텍스트를 갖고 있었다는 것이 알려지게 되었다. 요시노의 아시아연대론에서 몇몇 특징적인 부분을 말하자면 우선 일본과 중국의 '대등'한 제휴관계의 수립을 구상한 것이다. '대등'한 제휴관계를 구축하기 위해서는 중국이 국민혁명을 수행하고 일본이 제국주의 정책을 포기해야만 한다고 했는데, 이는 당시 일본의 외교 논단에서는 상당히 과

---

6   宮崎滔天, 「炬燵の中より」, 宮崎龍介·小野川秀美編, 『宮崎滔天全集』 3卷 所收, 248면. 「炬燵の 中より」는 『上海日日新聞』 1919.2.7부터 3.15까지 게재되었다.

격한 주장이었다. 예를 들면 '대등'한 동반자가 되기 위해 요시노는 일본의 침략적 정책 대부분을 파기해야 한다고 주장하면서, '만한滿韓을 버릴 각오'을 해야 한다고 잘라 말한 이시바시 단잔石橋湛山과 표현이나 타이밍은 다르지만, 종래의 '약정約定의 백지'화대중국 21개조 요구를 포함한 제국주의적 조약의 파기를 제창했다. 또, 요시노는 중일제휴론의 관점에서 만주사변 이후의 일본 외교를 몹시 우려하여 만주사변을 비판하는 한편, 1945년 대일본제국의 붕괴에 이르기까지 끊임없이 일본 외교의 암초가 된 '만주국'의 국가 승인을 피하라고 요구하면서 일'만'지日'滿'支 제휴 따위는 불가능하다고 역설했다.[7]

요시노는 1933년에 세상을 떠나는데, 정상적이고 예리한 외교 관측은 그 후의 역사가 증명하고 있는 바와 같다.

조선의 민족주의가 폭발한 3·1독립운동 이전부터 조선의 자치를 주장했던 요시노의 입장은 3·1독립운동을 전후하여 그다지 크게 달라지지는 않는다. 3·1독립운동에 충격을 받아 '선정善政'과 '문화통치'를 말했던 권력이나 '자치'적 정책으로 나아가지 않을 수 없다고 생각했던 지식인과는 사고의 경위經緯가 달랐다. 요시노에 따르면 운동의 폭발은 상정한 범위 안에 있었다. 요시노는 단순한 식민지정책상의 '선정'론자와 달리 조선 독립의 '정의正義'를 인정했다. 이 점은 따로 논할 예정인데, 독립혁명가 여운형에 대한 응답이 그 증좌라 할 수 있다.[8] 요컨대 요시노의 의론은 조선

---

7 藤村一郎,『吉野作造の國際政治論』, 有志舍, 2012. 日中經濟提携同盟論에 관해서는 앞에서 본 吉野作造,「我國東方經營に關する三大問題」에서도 상세하게 논하고 있다.

8 이 점에 관해서는 우선 다음 문헌을 참조할 수밖에 없다. 藤村一郎,「吉野作造 ─人格主義とアジア」, 趙景達·原田敬一·村田雄二郎·安田常雄 編,『講座 東アジアの知識人』第3卷, 有志舍, 2013 所收.

독립을 예정한 자치정책론이었다.

요시노의 구상은 독립을 예정한 자치 조선, 국민혁명을 수행한 중국, 민본주의화한 일본의 제휴이고 아시아연대론이었다. 단, 요시노의 현실적인 정책론은 점진주의이지, 조선을 포함하여 일거에 상황을 변경하고자 하는 혁명론은 아니다. 또, 앤드류 고든이 지적했듯이 '임페리얼 데모크라시'의 껍질을 깰 구상을 갖고 있지 않았던 것도 사실이다.[9] 하지만 소극적인 면까지 포함하여 배워야 할 점은 있다.

도텐은 요시노가 존경하는 마음을 품고 있었던 선배 중 한 사람이다. 요시노는 도텐의 저서 『33년의 꿈』을 복각하고 「해제」를 『제국대학신문』에 게재했다. 조금 길지만 마지막 부분을 인용한다.

그의 행동의 정직한 기록이라는 것만으로도 큰 가치가 있지만, 그 외에 내가 경복敬服해 마지않는 것은 모든 방면에서 볼 수 있는 그의 태도가 대단히 순진하다는 것이다. 그는 수많은 실패를 되풀이했고 또 수많은 도덕적 죄악마저 저질렀다. 그럼에도 불구하고 우리들은 그것에 무한한 동정을 표하고, 때로는 그것에서 큰 감격을 느끼거나 적잖은 교훈까지 얻는다. 그 가운데 중국의 혁명에 대한 시종일관한 순정한 동정에 이르러서는 그 심경의 공명정대함과 그 희생적 정신의 열렬함이 함께 우리로 하여금 끝내 숭경崇敬의 정을 금지 못하게 한다. 나는 여기에서 숨김없이 고백한다. 나는 본서를 통해서 중국혁명의 초기 상황을 알았을 뿐만 아니라 실로 중국혁명의 참된 정신을 맛볼 수 있었다는 것을. 누군가 나에게 애독서 10권을 말해보라고 한다면 나는 반드시 잊지 않고

9　Andrew Gordon, 岡本松一 譯, 「日本近代史におけるインペリアル デモクラシー」, 『年報日本現代史』 3, 1996.

본서를 그 중 하나로 꼽을 것이다.[10]

이렇게 말한 후 요시노는 『33년의 꿈』에는 실려 있지 않은 도텐의 시 「낙화의 노래」를 「해제」 끝부분에 특별히 인용한다. 당시 이미 도쿄제국대학 교수직에서 물러난 상태여서 상대적으로 '자유'로웠을 터이지만, 그렇다 해도 보기 드물게 절찬으로 가득한 글이다. 그만큼 요시노는 도텐에게 푹 빠져 있었다.

도텐은 본명을 도라조寅藏라 하고, 구마모토현 아시오촌현재의 아시오시에서 미야자키 4형제 중 막내로 태어났으며, 쑨원 등의 중국혁명운동을 헌신적으로 원조한 것으로 알려져 있다. 젊은 시절 도쿠토미 소호의 오에의숙大江義塾에서 배웠고, 자유민권운동에 관심을 가졌다. 그 후 크리스천이 되고, 둘째형彌藏의 영향으로 점차 중국에 관심을 기울여 쑨원을 비롯한 홍중회興中會의 주요 멤버와 교류하면서 혁명운동을 원조하고 실행하게 된다. 혁명의 목표는 중국·조선·타이완·샴·필리핀 등 피억압 민족에 의한 '아세아연맹'의 수립이었다. 미야자키의 중국혁명 참가는 우치다 료헤이 등의 국권론자와 달라서 혁명운동을 국권 확장에 이용하는 것은 아니었다.

앞서 일본맹주론 비판에서 보았듯이 요시노와 도텐은 '대동아공영권' 구상에 직접적으로는 흘러들어가지 않은 아시아연대론자였다. 요시노의 도텐 평가에서 엿볼 수 있듯이 두 사람에게는 뭔가 사상적 유대가 있고, 몇 가지 공통점이 있다.

먼저 두 사람 모두 청년기에 기독교의 영향을 받았다는 점이다. 요시노

---

10 吉野作造, 「『三十三年の夢』解題」, 『帝國大學新聞』 1926.5.31부터 게재. 『吉野作造選集』 12卷, 314면.

는 1898년 센다이의 침례교회에서 나카지마 리키사부로中島力三郎 목사로부터 세례를 받고 기독교 신자가 되었다. 그 후 요시노는 평생 크리스천으로 살았다. 센다이 시절에는 밥티스트파에 속했었지만, 도쿄제국대학 학생 시절에 신신학운동新神學運動, 일본의 신학논쟁에서는 리버럴한 운동으로 알려져 있다의 중심인물 중 한 사람인 에비나 단조海老名彈正에게 이끌려 에비나의 혼고교회本鄕教會로 옮겼다.

도텐은 1886년 도쿄전문학교 영어과현재의 와세다대학에 입학했고, 열일곱 살 되던 해 고자키 히로미치小崎弘道가 이끄는 반초교회番町教會에서 세례를 받은 후, 에비나 단조당시 구마모토 영학교(英學校)의 설교를 듣고 신학을 더욱 깊이 배우기 위해 나가사키의 카블리학교에 들어갔지만, 열아홉 살 때 아마도 아나키스트 이삭 아브라함Isak Abraham과 만나면서 자신의 개조사상이 '신앙'의 틀에 받아들여지지 않자 배교자가 된다.[11]

그들의 기독교 신앙은 신 앞에 개인을 평등하게 두고, 인격을 자유롭게 하기 위한 정치 사회의 변혁론을 낳는 것으로 연결된다. 기독교적 인격주의는 국내정치만이 아니라 국제정치에도 적용되어 권력 정치에 대한 반감과 결부된다. 요시노와 도텐이 인종·민족에 대한 편견과 국제정치의 위계로부터 상대적으로 자유로웠던 요인 중 하나는 기독교였다고 할 수 있다.

---

11 武田淸子, 「アジアの革新におけるキリスト敎」, 『國際基督敎大學學報』 I -A, 敎育硏究 17, 1974
참조.

보편주의와 아시아주의

요시노의 크리스천으로서의 특징은 그의 국제관에도 나타난다. 요시노는 각 민족에 갖춰져 있는 '인격'을 국제사회에서 자유롭게 '개전開展'할 수 있도록 민족 간의 자유와 평등이 필요하다는 보편주의적인 '사해동포주의'를 주장했다. 요시노의 이념적인 '사회동포주의'의 지향성은 처음에는 보편적이면서 집권적集權的인 국제기구 구상의 이론적 연구를 향했다. 그 후 '사해동포주의'를 현실의 국제관계에 입각하여 고찰하게 되고, 제1차 세계대전 시기부터 동아시아에 중점을 두는데, 거기에서 '대등'한 중일 제휴론이나 조선 민족주의 존중과 같은 주장이 나오게 되는 것이다. 요컨대 요시노는 추상적인 보편주의와 인도주의의 관점에서 동아시아에서 그것의 정책적 표현으로서 동아시아 연대를 얼마나 달성할까라는 관점으로 서서히 옮겨갔던 것이다. 앞에서 언급한 「우리나라 동방 경영에 관한 3대 문제」에서는 '대아세아주의' 비판의 문맥에서 일본의 '문화'적 사명을 다음과 같이 논한다.

일본은 머지않아 세계의 문명에 공헌해야 할 한층 더 높은 사명을 자각하지 않으면 안 될 터이지만, 적어도 오늘날 주어진 문화적 사명에 따라 활동할 범위를 일단 동양으로 한정해도 하는 수 없다. 먼저 여기에서 성공하지 않으면 일본의 세계적 사명은 필경 공론에 그치고 말 것이다.[12]

---

[12] 吉野作造, 앞의 글, 311면.

요시노는 '대아세아주의' 비판의 맥락에서 보편적 역할을 수행하려면 우선 동아시아에서 그 역할을 충분히 해야 하고, 동시에 '국방적 견지'로 기울어 동아시아의 패자가 되는 것을 목표로 삼을 게 아니라 동아시아에서 '문화'를 소중하게 여기는 지위를 획득하라고 말한다. 나아가 요시노에 따르면, 일본은 "동양의 후진 민족을 가르칠 만한 자격을 갖추고" 있지 않으며, "확실한 내면적 근거"가 부족한 상황에 있었다. "동양의 문화적 개발"을 위해서는 우선 자기 변혁이 필요했다. 보편주의적 경향이 강한 요시노였기 때문에 '대아세아주의'와는 다른 맥락에서 동아시아를 중시했던 것이다.[13]

보편주의적 경향은 도텐에게서도 일관되게 보인다. 예를 들어 그는 『33년의 꿈』에서 이렇게 말한다.

> 나는 인류가 동포라는 뜻을 믿기에 약육강식의 현상을 싫어한다. 나는 세계가 한 집이라는 말을 받아들이기에 현금의 국가적 경쟁을 미워한다. 싫어하는 것은 없애야만 하고 미워하는 것은 깨뜨려야만 한다. 그렇지 않으면 몽상에 그친다. 여기에서 나는 완력의 필요성을 인정한다. 그래서 마침내 나는 세계혁명자임을 자임하기에 이르렀다.[14]

아시아연대론자로서 근대사에서 강력한 개성을 내뿜는 도텐은 사실 보편주의적 경향이 강했다. 황화론黃禍論에 대해 백화론白禍論 운운하는 식의 발상은 아닌 것이다. 위 인용 부분을 만년인 1919년에 쓴 「고다쓰[15] 속에

---

13   吉野作造, 앞의 글, 306~310면.
14   宮崎滔天, 『三十三年の夢』, 國光書房, 1902. 이 글에서 인용한 것은 岩波文庫, 1993, 27면.

서」에서 다시 인용하고 있는 것을 보면 보편주의적 이념"인류가 동포라는 뜻"을 평생 동안 견지한 것으로 보인다. 게다가 이상과 같은 보편주의적 경향은 현실 정치의 세계에서는 다음과 같이 변용된다.

나는 나의 최초의 출발점이 세계인류주의였기 때문에, 그리고 중국을 근거로 한 역주의力主義였기 때문에 아무래도 그것에 갇혀 부분적인 문제를 중시하는 병이 있었습니다[부분적인 문제란 일본의 개조를 의미한다].[16]

도텐은 "일본이 아무리 훌륭해진다 해도 전 세계를 움직일 힘은 없을 것이라고 단정"했기 때문에 우선은 중국 중심의 아시아 변혁을 구상하게 된다. 더구나 그 발단은 '세계인류주의'였다. 이렇게 다시 읽어보면 요시노와 도텐은 다른 점이 적지 않지만 그럼에도 기본적인 생각은 같다는 것을 알 수 있다. 즉, 자유와 평등과 같은 보편주의적 이념을 내걸고서 현실 정치와 대결할 때에는 동아시아 문제의 해결에 매진하는 것이다. 동아시아 문제를 해결하는 과정에서 보편주의적 과제에 응답하고자 하는 자세라고 바꿔 말할 수도 있을 것이다. 흥아興亞를 방법으로 하여 보편주의를 실천하고자 한다는 것이다.

그런데 제2차 세계대전 후 일본사상론 안에서 요시노와 도텐의 '연계'에 관하여 남다른 관심을 가진 사람은 다케우치 요시미竹內好이다. 다케우치는 제2차 세계대전 후 아시아주의에 관한 논의를 이끈 대표적인 저술가

---

15 [옮긴이] 일본의 전통적인 난방기구. 난로를 사각 나무판으로 얹은 다음 그 위에 이불을 덮는다. 발을 이불 속에 넣는 구조이다.
16 宮崎滔天, 앞의 글, 253면.

이다. 다케우치는 명시하지는 않지만 요시노와 도텐 사이의 '연계'를 의식하고 있는 것처럼 보인다. 예컨대 다케우치는 1963년에 간행된 『현대일본사상대계』 제9권 「해제」에서 '아시아주의'를 논했다.[17] 이 글 제9절의 소제목이 '미야자키 도텐과 요시노 사쿠조'인데, 여기에서는 도텐의 사상보다는 주로 앞서 인용한 요시노의 「해제」를 소개하고 있다. 이어서 다케우치는 하시카와 분조橋川文三와 공편으로 『근대 일본과 중국』을 간행했는데, 이 때에도 '미야자키 도텐과 요시노 사쿠조'를 테마로 하여 아스카이 마사미치飛鳥井雅道에게 집필을 맡겼다.[18] 단, 이 때 아스카이는 두 사람을 대조적으로 다룰 수밖에 없었다. 결국 다케우치는 요시노와 도텐 사이에서 '연계'를 발견했지만 명시하지는 않았다.

하지만 다케우치의 발견은 역시 '발견으로서의 아시아'로 연결된다고 할 수 있다. 다케우치는 다음과 같이 '방법으로서의 아시아'를 설명한다.

> 서구적인 뛰어난 문화가치를 보다 대규모로 실현하기 위해 동양이 다시 한번 서양을 끌어안고, 거꾸로 이쪽에서 서양 자체를 변혁한다. 이러한 문화적인 되감기巻返し, 반격 또는 가치상의 되감기를 통해 보편성을 만들어낸다. 동양의 힘이 서양이 낳았던 보편적인 가치를 보다 높이기 위해 서양을 변혁한다.[19]

이상과 같은 문맥을 따라가다 보면 다케우치의 「방법으로서의 아시아」에는 요시노와 도텐의 공통적인 생각과 서로 통하는 점이 있다는 것을 알

---

17 竹内好 編, 『竹内好評論集 第三卷 日本とアジア』, 筑摩書房, 1966에서는 제목이 「日本とアジア主義」로 바뀐다.
18 竹内好・橋川文三 編, 『近代日本と中國』, 朝日選書, 1974.
19 竹内好, 「方法としてのアジア」, 前揭, 『日本とアジア』, 420면에 수록. 初出은 1961年.

수 있다. 종래 다케우치 요시미의 「방법으로서의 아시아」 해석은 '근대화' 과정을 둘러싼 문제로 파악, 서구형의 보편적 '근대화'인가 아니면 '일본형' 내지 '중국형'인가라는 물음으로 치환되어왔다. 하지만 다케우치는 '근대화'에 머물지 않고 보다 넓은 가치론적인 것은 없는가라는 물음을 던진다. 그리하여 보편적인 과제를 아시아의 구체적인 문제 속에서 발견하고, 아시아가 주체가 되어 문제를 해결하며, 이를 통해 보편주의를 보다 강화하고자 했던 것이다. 보편성을 "동양이 서양을 다시 끌어안는" '방법으로서의 아시아'는 다케우치를 통해 두 번의 세계대전 사이에 여전히 일본이 제시한 아시아연대론의 또 하나의 전통으로 받아들여진 것이라 할 수 있다.[20]

누락된 오키나와─파워와 네이션 스테이트

근대 일본의 아시아연대론에서 하나의 계보를 이루고 있는 것으로 이해할 수 있는 요시노와 도텐의 생각을 따라가다 보면 결국 류큐/오키나와 문제가 떠오른다. 근대 동아시아사에서 오랫동안 중요한 자리를 차지했던 류큐/오키나와 문제가 왜 요시노와 도텐의 시점에서는 누락되었던 것일까.

첫 번째로 지적해야 할 것은 국제관계라는 정치의 장이 권력/폭력에 의

---

20 21세기에 들어서도 보편주의적인 아시아연대론을 계속 이어가려는 움직임이 있다. 坂本義和, 「東アジアを超えた'東アジア共同體'の構想を」, 『世界』, 2010.1; 坂本義和, 『平和研究と未來責任』, 岩波書店, 2015 所收.

해 규정된다는 현실인식과, 그것을 바꾸기 위해서는 또 다시 권력/폭력이 일정 정도 필요하다는 인식이다. 이러한 인식은 가장 가까운 곳에서 고통을 겪고 있는 조선과의 연대가 아니라 왜 중국과의 연대가 가장 중요한가라는 물음만 봐도 명확해진다. 요시노의 중일제휴론에서는 군사적 역할을 담당할 중국에 의뢰하는 동아시아 질서를 읽을 수 있다. 도텐의 경우도 중국이 잠재적인 대국이기 때문에 중국혁명을 우선시했던 것이다. 두 사람의 생각에는 권력/폭력이 없이 아시아연대는 곤란하다는 이해가 잠재해 있다. 이러한 인식은 다음 문제로 이어진다,

둘째, 요시노와 도텐 모두 내셔널리즘을 시대를 움직이는 키워드로 파악하고 있다는 점이다. 예를 들어 요시노는 도쿄제국대학 법과대학 강의에서 '빈Wien 회의'에 이르는 유럽의 사상적 바탕으로서 '정치적 자유의 요구'를 다음과 같이 설명한다. 첫째는 "전제정치에 대하여 내정상의 자유를 요구하는 방면"이고, 둘째는 "공동의 문명을 가진 다수 개인의 단체 또는 민족이 전체로서의 자유 독립을 요구하는 방면이다. (…중략…) 후자는 특히 민족주의의 운동을 주창한다".[21]

피억압 민족의 내셔널리즘은 "정치적 자유의 요구"이며, "오늘날의 democratic 조류"의 범주에 있다는 것이다.[22] 요시노의 눈에는 피억압 민족의 내셔널리즘 운동이 "특권 계급에 대한 비특권 계급의 항쟁"의 요소를 반영한 것으로 보였다. 이 강의의 다음해에 '민본주의'를 세상에 묻게 되는 요시노의 머릿속에는 금후의 동아시아에서 "democratic 조류"의 일렁임

21 吉野作造講義録研究會 編, 「吉野作造講義録」(一), 『國家學會雜誌』 121(9-10), 2008, 75면. 인용 부분은 「赤松克麿筆記ノート」, 1915, '政治史A'.
22 위의 글, 93면.

가운데 일본의 '민본주의'와 함께 조선과 중국의 내셔널리즘 운동이 포함되어 있었을 것이다. 그랬기 때문에 요시노는 조선의 3·1독립운동과 중국의 5·4운동을 기다리고 있었던 것처럼 옹호할 수 있었을 터이다.

도텐은 내셔널리스트는 아니었다. 그는 자신의 고향에 다음과 같이 애정을 표한다.

> 나는 몽매에도 아시오촌荒尾村을 잊을 수 없다. (…중략…) 아시오촌을 사랑하는 마음은 곧 일본을 사랑하는 마음이다. 이 마음을 드러내 다른 사람의 그것과 비교하면 나는 애국심의 정도에서 결코 다른 사람에게 지지 않을 터이지만, 다른 한편에서 보자면 나는 일본만큼 싫어하는 나라가 없고, 실제로 몸서리를 칠 정도로 싫어한다.[23]

'애국애민'이라고들 하지만 도텐이 토로한 애정은 아시오 사람들과 고향에 대한 것이고, 그 생각의 연장선상에 일본이 있을 뿐 결코 현실의 일본이라는 국가를 향한 것은 아니었다. 하지만 일본 개조가 어렵다고 판단한 이상 이웃나라 중국에서의 혁명 사업이 현실적 과제가 되었고, 쑨원과 중국혁명동맹회가 우선 내세운 '민족주의'에 의지하는 수밖에 없었다. 도텐은 내셔널리즘의 힘에 몸을 싣고 있었던던 것이다.

20세기 초반 요시노와 도텐은 함께 내셔널리즘의 에너지가 강력하다는 것을 간파하고 장래에 대국일 될 중국에서 국민혁명을 기대했다. 두 사람은 네이션 스테이트를 주체로 하고 국가적 파워를 중시했는데, 그들의 이

---

23 宮崎滔天, 앞의 글, 243면.

해를 살피다 보면 동아시아에서는 중일 제휴 구상이 자동적으로 떠오른다. 이와 같은 20세기의 국제정치학의 상식적인 이해에서 류큐/오키나와 문제는 누락되고 말았던 것이다.

　류큐/오키나와가 야기한 문제들 중에서 특징적인 것은 동아시아에서 민족성ethnicity이나 소수성minority과 같은 '경계에 있는 사람'의 자립화 문제를 포함하고 있다는 점이다. 그것은 류큐/오키나와에 한정된 이야기가 아니다. 미소 냉전에 의해 형성된 이래 지금껏 이어지고 있는 동아시아 분단구조는 네이션 스테이트로 포섭하기 어려운 로컬과 마이너리티 그리고 분단된 민족을 낳았다. 예를 들면 홍콩이 그렇고, 타이완이 그러하며, 남북한의 그렇다. 여기에 더해 중국에서 많은 사례를 볼 수 있듯이 본래는 다른 민족이었음에도 불구하고 큰 민족에 동화되어가고 있는 민족 집단이 동아시아 각지에 존재한다. 이상과 같이 네이션 스테이트라는 이데올로기가 외연에서부터 떨어져나가는 포스트 내셔널post-national한 상황 속에서 류큐/오키나와 문제가 중시되는 것은, 냉전에 따른 분단 라인의 최전선에 놓여 혹독한 환경에서 살 것을 강요받았기 때문에, 양 진영으로부터도 그리고 귀속해 있던 국가로부터도 떨어져 나와 '경계의 사람'이 되었다는 점에 있을 것이다.[24] 류큐/오키나와와 유사한 존재는 1948년 4·3사건을 경험한 제주도를 거론할 수 있을 것이다. 타이완도 그 포지션에 접근해 가고 있다. 이 세 지역의 연락이 긴밀해지면 아시아의 미래를 열어 나갈 다음의 연대를 이끌 수 있을 것이다.[25]

24　'포스트 내셔널(post-national)'에 관해서는 坂本義和, 「ポスト・ナショナルデモクラシー」, 『未來』, 2009.12; 坂本義和, 앞의 책.

25　그러한 제휴가 모색될 즈음, 앞의 백낙청의 논문에서도 밝히고 있는 것처럼, 동아시아의 국제공공재가 될 수 있는 유력한 것은 일본국 헌법 특히 제9조일 것이다. 지금은 그것을 부연한 능력도

근대 네이션 스테이트의 틀을 유연하게 하여 '경계의 사람'에 의한 새로운 공동체의 존재를 허용하는 구상을 모색하고 있다. 예컨대 유럽이 글로벌리즘의 추세에 따라 국가의 위에 상상한 큰 '국가' 방식이 아니라, 국가의 틀 안에 위치한다 하더라도 국가를 넘어서는 공동체의 구축과 그것들 사이의 연대일 것이다. 이를 위해서는 지역의 자치권이 무엇보다 자립적으로 사태를 진전시키기 위한 상상력이 뒷받침되지 않으면 안 된다.

다행스럽게도 신자유주의적 권력은 자본 축적을 위해 각 지역에 대한 재정적 원조를 지속적으로 삭감해왔다. 지역의 재정적인 자립은 정치적 자립과 병행하여 진행되도록 하지 않으면 아니 될 터이다. 이를 정상적으로 진행해나가다 보면 '경계의 사람'의 상대적 자립의 길이 보일 것이다. 단, 신자유주의는 국가주의와 나란히 가야 비로소 존재의의를 발휘한다. 국가권력을 강화하지 않고서는, 경계선과 불균등 발전을 보호·유지하지 않고서는 현행 '자유무역'을 확대할 수 없기 때문이다.

셋째, 인민의 복리를 잊지 말아야 한다. 최저한도의 표현을 하자면, 우선은 인민의 생활비 문제이고, 인민의 안정된 생활 구상이다. 인민의 복리는 요시노와 도텐의 동아시아 구상까지 포함하여 20세기와 21세기 초반 일본의 동아시아연대론에서 대체로 빠져 있는 포인트이다. 인민이 살아갈 만한 경제상의 보장은 필요불가결하다. 정말로 당연하고 아무리 정치적으로 '옳다'고 해도 먹고 살 수 없는 공동체 따위에서 인민은 그 어떤 정당성도 발견하지 못한다.

인민의 복리라는 점에 관하여 요시노가 전혀 생각하지 않았다는 것은

지면도 없지만, 북한의 파국이 초래할 지정학적 딜레마는 한반도 및 그 지역 내지 주변에 비핵·비무장·부전(不戰)의 원칙을 적용함으로써 해결의 길이 열릴 것이라고 상정할 수 있다.

정확한 얘기가 아니다. 이미 백년 전에 요시노는 자신을 시대의 총아로 만든 논문 「헌정의 본의를 말하여 그 유종의 미를 거두는 길을 논한다」1916에서 "'정치의 목적'이 일반 민중의 복리에 있다"고 선언한다. 요시노는 '민중의 복리'라는 목적을 달성하기 위해 "'정책의 결정'이 일반 민중의 의향에 따르는"'민본주의'를 설파했던 것이다.[26] 이 논문에서 요시노는 중국과의 제휴 구상 속에 '미증유의' 자원의 보고로서의 역할, 또 거대한 시장으로서의 역할을 중국에 맡겼다. 중일 제휴 구상 속에서 인민의 복리를 계산하고 있었던 것이다.

그런데 요시노의 평화적이고 경제적인 중일제휴론은 당시에 적극적 의의를 갖긴 했지만, 그 후의 역사를 아는 자의 입장에서 보자면 이중의 의미에서 문제를 안고 있다. 하나는, 앞에서도 말했듯이 군사력에 의한 중국의 경제적 활용이 가능하다면 그것으로 치환되어버릴 위험성이다. 요시노는 '만몽滿蒙 생명선론'과 같은 수상쩍은 주장에는 반대했지만, 멀리서 보면 요시노의 의견도 중국활용론으로서 같은 범주에 넣을 수 있다. 세계대공황에 의한 자본주의의 종언이 눈앞에 다가오는 상황에서는 요시노의 주장과 같은 '대등'한 중일 제휴는 아니라 해도 군사력에 의해 약취略取하듯이 중국을 활용하는 것이 가능해 보인다. 여기에서 1930년대 이후 일본의 인민이 군부 중심의 침략주의로 흘러간 이유의 일단을 찾을 수 있다. 다른 하나는, 중일경제제휴론이 'Social Misery' 즉 시장의 실패를 보완하거나 시장원리주의를 극복하려는 시도는 아니었다는 것이다. 그 후의 파시즘은 이러한 '다이쇼 데모크라시'의 약점을 파고든 것으로 보인다. 이상과 같은

---

26 吉野作造, 「憲政の本義を說いて其有終の美を濟すの途を論ず」, 『中央公論』1916.1; 『吉野作造選集』第2卷. 35면.

요시노의 경험은 류큐/오키나와 문제를 생각할 때 되살리지 않으면 안 된다. 신자유주의의 희생이 두드러지게 오키나와에서 나타나고 있기 때문이다. 인민의 복리를 중시해야 한다고 해서 기지산업이나 국가로부터 돈을 받아야 하는 것은 아니라는 것을 기억하기 위해 부기해 둔다.

마무리

이상 류큐/오키나와 문제라는 렌즈를 통해 요시노와 도텐의 아시아연대 구상을 살펴보았다. 그 과정에서 떠오른 과제는 현실적인 긴장 관계를 가진 21세기 동아시아 공통의 정치적 과제이자 사상적 과제의 일부라고 이해한다. 이를 함께 깊이 생각하면서 대처하는 것이 아시아연대이고, 류큐/오키나와의 빛을 더하는 방향으로 나아갈 것이라고 생각한다.

하토야마 정권 붕괴와 동아시아공동체 구상

새로운 아시아 외교와 안보 · 기지 정책을 중심으로

기무라 아키라木村朗

가고시마대학 교수, 평화학 전공

시작하며

2009년 여름에 등장한 하토야마 정권은, 현민의 총의가 '현내 이설 반대'라는 것을 받아들여 그때까지 자민당 주도의 정부가 추진해온 헤노코 V자안V字案, 후텐마 비행장 '이설'이 아니라 군항과 탄약고 등을 포함한 거대한 '신기지 건설안'을 백지화하고 '국외 이전, 최소한 현외 이전'이라는 방향으로 정책을 전환하고자 했지만, 다양한 요인으로 그 방침을 실현하지 못한 채 끝내 좌절하고 만다. 그렇다면 왜 오키나와의 민의를 따른 후텐마 비행장 이설 문제의 근본적 해결을 목표로 했던 하토야마 정권은 중도에 좌절하여 붕괴하기에 이르렀던 것일까.

이 글에서는 하토야마 민주당 정권 붕괴와 하토야마 정권이 발족 당초부터 중요한 외교 과제의 하나로 내걸었던 동아시아공동체 구상이 얼마나 밀접하게 연결되어 있었는가를 구체적으로 고찰하고자 한다.

1. 하토야만 민주당 (연립) 정권의 동아시아공동체 구상의 제창

동아시아공동체 구상의 기원은 1990년 말레이시아의 마하티르 수상이 제창한 '동아시아경제협의체EAEC', 1997년 아시아 통화위기 때 당시의 하시모토 수상이 제창한 '아시아통화기금AMF 구상'이다. 그러나 이제까지 동아시아경제협의체나 아시아통화기금 구상의 움직임은 미국의 강한 반대와 중국의 소극적인 자세 등으로 거의 구체적인 진전을 보이지 못했다. 예를 들면 1994년에 'ASEAN+3한중일'에 의한 동아시아경제협의체의 준비 회의가 열릴 예정이었으나 제임스 베이커 미 국무장관이 당시 무라야마 정권에 반대하도록 압력을 넣어 실현되지 못했다. 1997년 하시모토 수상이 아시아통화기금을 제안했지만 G7에서 미국의 강한 반대에 부딪혀 좌절되었다. 또, 1995년 말 개최된 'ASEAN+3' 정상회담에서 고이즈미 정권은 미국의 의향을 헤아려 '동아시아공동체' 구상의 방향성으로 중국의 영향력을 줄이기 위해 'ASEAN+3'에 인도, 오스트레일리아, 뉴질랜드를 더하는 'ASEAN+6'이라는 새로운 제안을 내놓기도 했다.

그리고 이러한 흐름을 크게 바꾼 것이 2009년 여름 총선거에서 본격적인 정권교체를 시작한 민주당을 중심으로 하는 하토야마 연립내각의 등장이다. 하토야마 유키오 수상은 정권교체 후 월간지 *Voice* 2009년 9월호에 실린 논문 「나의 정치철학 – 조부로부터 배운 '우애'의 기치」에서 "내셔널리즘을 억제하는 동아시아공동체 : 유럽과 달리 인구 규모도 정치체제도 다른 이 지역에서 경제적인 통합을 실현하는 것은 일조일석에 가능한 일이 아니다. 그러나 일본이 앞장서고 한국, 타이완, 홍콩이 뒤를 이었으며, ASEAN과 중국이 달성한 고도경제성장의 연장선상에서 역시 지역적인 통화 통합, '아시아 공통통화'의 실현을 목표로 해야 하고, 그 배경이 되는 동아시아 지역에서 항구적인 안전보장의 틀을 창출하는 노력을 아껴서는 안 된다"라고 하면서, 동아시아 지역에서 통화를 통합하고 항구적인 안전보장의 틀을 만든다는 구체적인 '동아시아공동체 구상'을 제기했던 것이다.

그렇다면 하토야마의 '동아시아공동체 구상'은 어떻게 생겨난 것일까. 하토야마의 논문 「나의 정치철학」은 코우덴호페-칼레르기Coudenhove-Kalergi, 1894~1972 및 조부 하토야마 이치로鳩山一郎와 만난다. 칼레르기는 『범유럽』1923이라는 저서를 통해 오늘날의 EU로 이어지는 범유럽운동을 제창한 인물이다. 칼레르기의 저서를 번역하여 출판할 때 프랑스어 '프라테르니테fraternité'라는 말을 '박애'가 아니라 '우애'로 번역한 사람이 하토야마 이치로이다. 하토야마 이치로가 번역한 『자유와 인생』원제는 '전체주의국가 대 인간'의 제12장 '우애 혁명'에서 칼레르기는 "우애주의의 정치적 필수 조건은 연방조직이며 그것은 실로 개인으로부터 국가를 만들어내는 유기적 방법이다. 인간으로부터 우주에 이르는 길은 동심원을 통해 이르게 된다. 다시 말해 인간이 가족을 만들고, 가족이 자치체commune를 만들고, 자치체가 군canton을 만들고, 군이 주state를 만들고, 주가 대륙을 만들고, 대륙이 지구를 만들고, 지구가 태양계를 만들고, 태양계가 우주를 만들어내는 것이다"라고 말한다. 이러한 언어에 강하게 공감했을 조부 하토야마 이치로에게서 하토야마가 큰 사상적 영향을 받았다는 것을 엿볼 수 있다. 이를 보건대 하토야마가 제창하는 동아시아공동체 구상은 그저 즉흥적인 생각에서 나온 것이 아니라 훨씬 깊은 사상적 배경을 가진 것이라 할 수 있다.

이 논문은 그 후 일부가 요약, 발췌되어 「일본의 새로운 길A New Path for Japan」이라는 제목으로 미국의 뉴욕 타임즈 인터넷판*The New Times* : August 6. 2009에 전재되었는데, 그 내용(미국 주도의 글로벌리즘과 시장원리주의를 비판하고 동아시아를 축으로 한 경제협력과 안전보장을 제창한 것)이 반미적이라 하여 문제가 되었다. 2009년 8월 31일 기자들을 만난 민주당의 하토야마 대표는, 『뉴욕 타임즈』에 게재된 논문에 관하여 "기고한 것이 아니다. 일본의 잡지에 기고한 것을 신문사가 발췌하여 실었다"라고 말하고, "반미적인 생각을 보인 것이 아니라는 것은 논문 전체를 읽어보면 알 수 있다"라고 밝히면서 "일부만 가져다 썼다"며 불쾌감을 표시했다. 이러한 하토야마의 논문이 본인의 명확한 동의도 얻지 않고 논문의 취지가 과장, 왜곡된 채 뉴욕 타임즈에 전재된 경위를 보면 이해할 수 없는 뭔가를 느끼지 않을 수 없다.

또, 하토야마는 2005년에 출판한 저서 『신헌법 시안試案』에서 "금후 50년의 일본의 국가 목표의 하나로 아시아·태평양판 EU를 구상하고, 그 선도 역할을 다하는 것을 들고 싶다", "일본은 이들 국가를 포함한 아시아·태평양 지역을 스스로의 기본적인 생활공간으로 인식하고, 이 지역에 안정된 경제협력과 안전보장의 틀을 만드는 데 노력을 기울여야 한다"라고 말한다. 이미 2005년 시점에 하토야마는 '동아시아공동체 구상'에 이어지는 '아시아·태평양판 EU 구상'을 제기했던 것이다.

'동아시아공동체 구상'이 보다 구체적으로 제기되는 것은 2009년 7월 27일 공표된 민주당의 정강정책Manifesto의 외교분야에서, 긴밀하고 대등한 미일 관계를 구축하고, 북한의 핵 보유를 인정하지 않으며, 세계의 평화와 번영을 실현하고, 핵무기 철폐의 선두에 서며, 테러의 위협을 제거하는 것과 함께 "동아시아공동체의 구축을 목표로 아시아 외교를 강화한다"는 방침을 내놓았을 때였다. 이 마니페스토에서는 보다 구체적으로 다음과 같은 항목을 내걸었다. ① 중국, 한국을 비롯해 아시아 국가들과의 신뢰 구축에 전력을 기울인다. ② 통상, 금융, 에너지, 환경, 재해 구원救援, 감염증 대책 등의 분야에서 아시아·태평양 지역의 지역 협력 체제를 확립한다. ③ 아시아·태평양 국가들을 비롯해 세계 각국과의 투자·노동과 지적 재산 등 넓은 분야를 포함하는 경제제휴협정EPA, 자유무역협정FTA의 교섭을 적극적으로 추진한다. 이때 먹을거리의 안전하고 안정적인 공급, 식량 자급률 향상, 국내 농업 및 농촌 진흥 등을 해치는 것은 시행하지 않는다. ④ 공생을 실현하기 위한 아시아 외교를 전개한다. 또, 동중국해를 '평화, 우호, 협력의 바다'로 삼기 위해 특히 해양 분야에서 중일 간 의사소통을 모색한다. ⑤ 한중일 FTA, 역내포괄적경제동반자협정RCEP 등의 경제 제휴를 추진한다.

그리고 이 방침은 2009년 여름 정권교체 후 하토야마 정권이 내놓은 새로운 일본 외교의 '우애정신'에 기초한 5대 과제(㉠ 세계적 경제 위기 대처, ㉡ 지구 온난화 문제 대처, ㉢ 핵군축 및 불확산, ㉣ 평화 구축·개발·빈곤 문제, ㉤ 동아시아공동체 구축)의 하나로서 마지막에 제시되기에 이른다. 하토야마 수상은 이에 대해 2009년 9월 24일 유엔총회 일반토론 연설에서 다음과 같이 말한다.

다섯 번째는 동아시아공동체 구축이라는 과제입니다. 오늘날 아시아·태평양 지역에 깊이 관여하지 않고서 일본이 발전할 길은 없습니다. '열린 지역주의'의 원칙에 입각하여 이 지역의 안전보장상의 리스크를 줄이고 경제적인 역동성을 공유하는 것은 우리나라에는 물론 지역과 국제사회에도 큰 이익이 될 것입니다.

지금까지 일본은 과거의 잘못된 행동에서 기인하는 역사적 사정도 있고 해서, 이 지역에서 적극적인 역할을 하는 것을 망설였습니다. 새로운 일본은 역사를 타고 넘어 아시아 국가들의 '가교'가 될 것을 바라고 있습니다. FTA, 금융, 통화, 에너지, 환경, 재해 구원 등 가능한 분야에서부터 함께할 수 있는 파트너끼리 한 걸음 한 걸음 협력을 쌓아가다 보면 동아시아공동체가 모습을 드러내리라고 기대합니다. 물론 로마는 하루아침에 이루지지 않았습니다. 느리지만 착실하게 진행되는 것이 아니겠습니까.

그런데 하토야마 수상의 '동아시아공동체 구축이라는 과제'라는 이 연설에 강한 반감을 가진 미국 정부 관계자가 있었다. 류큐신보사가 하토야마 정권의 궤적을 검증한 연재기자를 정리한 책을 보면 이렇게 적혀 있다.

각국의 정상들이 모인 유엔총회에서 2009년 9월 24일 미 국가안전보장회의NSC 아시아담당 선임보좌관 제프리 베이더는 일반 토론 연설을 불쾌한 표정으로 지켜보고 있었다. 단상에 오른 사람은 그날 외교 무대에 데뷔하는 일본의 수상 하토야마 유키오였다. 하토야마는 잔뜩 고양된 표정으로 '일본이 가교가 되어 도전해야 할 다섯 가지 과제'를 내걸었다. 마지막으로 내건 것이 동아시아공동체 구축이었다. 아시아·태평양 각국에 안전보장상의 위험을 줄이고 "경제적인 역동성을 공유하는" 것은 커다란 이익이 될 것이라고 호소했다. 베이더는 그 자리에서 주변에 격렬한 분노를 감추지 않았다. 하토야마가 '동아시아공동체'에 관하여 언급할 것을 일본 측은 미국 측에 설명하지 않고 갑자기 연설에서 말했다고 생각했다. '하토야마가 이 공동체에서 미국을 제외할 생각'인 것으로 짐작한 베이더는 하토야마의 동아시아공동체 구상을 '가장 중대한 문제'로 받아들인다.[1]

또, 이 책을 주로 담당한 기자 우치마 겐유內間健友와 시마부쿠로 료타島袋良太는 "하토야마 정권 당시 일본 국내에서는 오로지 미 정부가 후텐마 문제를 둘러싸고 일본 정부에 분개하고 있다는 보도만 있었다. 하지만 미 정부가 당초 가장 예민하게 반응한 것은 '미국 배제'로 비친 동아시아공동체 구상이었다. 후텐마 문제를 논의하기 이전에 하토야마 정권에 대한 불신감이 커지면서 후텐마 교섭에도 영향을 주었을 가능성이 높다"라고 결론짓는다.

필자도 기본적으로 이러한 견해에 동의할 수 있다. 왜냐하면 그것은 다른 미국 관계자의 증언으로도 뒷받침되기 때문이다. 예를 들어 미일 관계에서 군사 및 안전보장 문제에서 일본을 다루는 중심적 인물로 알려져 있기도 한 조지프 나이와 리처드 아미티지는 공저 『미일동맹 vs. 북한·중국−아미티지와 나이의 긴급제언』에서 동아시아공동체 구상에 강한 경계심을 보인다.

"키신저는 이전부터 중일 양국이 화해한 후 손을 잡고 하나가 되어 미국에

---

1   琉球新報 '日米廻り舞臺' 取材班, 『普天間移設 日米の深層』, 靑燈社, 2014.9, 71~72면.

저항할 것이라는 시나리오를 두려워했습니다"나이, 106면, "하토야마가 후진타오 국가주석과 함께 '동아시아공동체'에 관하여 언급했을 때 워싱턴에서는 호의 적으로 받아들이지 않았습니다. 실제로 우리들은 그것에 대해 전적으로 부정 적이었습니다"아미티지, 80면, "하토야마도 오자와小澤도 과거 10년간 미국을 방문 하지 않았습니다. 그것은 뭔가를 포함하고 있습니다. 더구나 오자와는 2009년 'Japanese Liberation Army(오자와 방중단을 가리킨다─인용자)'를 이끌고 베이징을 방문합니다"아미티지, 81면, "(동아시아공동체가) 미국을 배제하는 것이 라면 그것은 일본뿐만 아니라 중국에도 역효과를 낳을 것입니다. 중국도 일본 도 미국의 시장에 의존하고 있기 때문입니다. 만약 미국이 '배제되고 있다'고 느낀다면 보복에 나설지도 모릅니다. 그것은 일본과 중국 모두에게 비싼 대가 를 요구할 것입니다."

이러한 발언들에서 읽어낼 수 있는 것은 그들이 미국을 뺀 동아시아공 동체를 적대시하고 있다는 것, 또 만약 중일 양국(특히 일본)이 그러한 기 색을 조금이라도 내비친다면 '미국에 의한 보복 조치'가 있을 수 있다는 것을 시사하고 있다는 점이다. 특히 그들이 민감했던 것은 동아시아공동 체의 핵심멤버에 미국을 포함할 것인지 여부였다. 이 점과 관련하여 주목 할 만한 것이 당시 오카다 가쓰야岡田克也 외상의 발언이다. 오카다 외상은 2009년 10월 7일 오후 도쿄도 내 일본외국특파원협회에서 행한 강연에 서, 하시모토 수상이 아시아 중시의 관점에서 제창하고 있는 '동아시아공 동체' 구상에 관하여 "일본, 중국, 한국, 동남아시아국가연합ASEAN, 인도, 오스트레일리아, 뉴질랜드의 범위에서 구성하고자 한다"면서 미국은 공 식적인 가맹국으로 포함하지 않는 형태로 창설하고자 한다는 생각을 표명했다. 그러나 오카다 외상의 이 발언은 "하토야마 정권에 대하여 '반미적'이라는 견해까지 갖고 있는 미국 측이 반발을 강화할 것으로 예상되기도 한다"라고 당일자 지지통신時事通信이 보도하고 있듯이 너무나도 부주의한 것이었다고 할 수 있다. 그것을 아마키 나오토天木直人, 전 레바논 대사는 2012년 11월 29일 자신의 블로그에서, 전날 도쿄도 내의 심포지엄에서 나가시마 방위성 부대신이 한 발언 중 "하토야마 수상의 '미군 후텐마 기지 비행장을 오키나와 현외 또는 국외로'라는 발언보다도 '동아시아공동체' 구상에서 실수가 컸다. (…중략…) 당시 오카다 외상이 '구상에는 미국을 포함하지 않는다'라고 정중하게 설명하면서 하토야마 수상의 개인적 견해가 아니라 정권 전체의 목표가 되어 버렸다" 운운하는 부분을 소개하면서, "맞는 말이다. 당시 나는 그것을 블로그와 메일 매거진에서 지적했다. 오카다 외상의 이 발언이 바로 미국을 격노케 했던 것이다"라고 솔직하게 지적한다. 이 문제가 얼마나 나이브했는지를 당시 하토야마 수상을 잘 알고 있었고, 대단히 신중하게 언어를 선택했던 만큼 그 타격은 컸던 것으로 보인다.

또 신도 에이이치進藤榮一, 국제아시아공동체학회 회장는, 이러한 일련의 흐름 속에서 한중일 사이에 다툼이 사라지고 나아가 ASEAN과의 제휴가 실현된다면, 동아시아에서 미국이 관여할 여지가 줄어들어 미국이 배제되는 것을 미국 관계자는 경계했다고 말한다. 이와 동시에 '지역공동체'가 주권국가 간 분쟁을 평화적 수단으로 해결하는 방향으로 나아감으로써 동아시아에서 긴장관계가 해소되고 미일관계가 느슨해지는 것을 두려워한 재팬 핸들러에 의해 '동아시아공동체' 구상은 하토야마 내각과 함께 묻히고 말았다고 지적한다. 이는 중요한 지적이자 혜안이라고 할 수 있다.[2]

2. '유사주둔'론과 미일 안보 체제의 재검토 — 오자와 사건의 그림자

1) '유사주둔' 론의 기원과 새로운 전개 — 동아시아공동체 구상과의 연동

동아시아공동체 구상과 밀접한 관련이 있는 것이 '유사주둔' 론 즉 '상시 주둔 없는 안보' 론이다. 마고사키 우케루孫崎亨, 전 외무성 국제정보국장은 큰 화제가 되었던 저작『전후사의 정체』에서 대미종속으로부터 탈각을 지향한 자주독립파의 흐름을 형성한 사람들로 시게미쓰 마모루重光葵, 이시바시 단잔石橋湛山, 아시다 히토시芦田均, 기시 노부스케岸信介, 하토야마 이치로, 사토 에이사쿠佐藤榮作, 다나카 가쿠에이田中角榮, 후쿠다 다케오福田赳夫, 미야자와 기이치宮澤喜一, 호소카와 모리히로細川護熙, 하토야마 유키오 등의 정치가총리대신 경험자 이름을 거론한다.

이 인물들 중에서 아시다 히토시가 외무상 시절가타야마 내각에서 재임 시기는 1947년 6월 1일~1948년 3월 10일에 미국에 대하여 미군의 '유사주둔'안을 제시한 것이 눈길을 끈다. 이 유사주둔론을 지론으로 삼은 사람이 하토야마 유키오 전 총리이다. 또, 그것은 앞에서 서술한 동아시아공동체 구상뿐만 아니라 다음 절에서 서술할 후텐마 기지 '이설'과 관련하여 '가능하면 국외 이설, 최소한 현외 이설' 방침과도 연동하고 있었던 것이다.

하토야마는『문예춘추』1996년 11월호에 실린 논문「나의 정권 구상」에서 동아시아 각국과의 관계를 개선하고, 일본에 대한 위협을 낮추며, 미군의 상시주둔이 필요하지 않은 평화적인 상황을 조성해가는 '상시주둔 없는 미일 안보'라는 중장기적 구상을 제기한다. 이것은 바로 미일동맹미

2 進藤榮一,「東アジア共同體の理念を生かすーもはや時代遲れとなった日米同盟との訣別を」,『週間金曜日』2012.9.14(911号), 18~19면.

일 안보 체제의 장래 전망을 제시한 것이면서 동시에 그 후에 제창하는 동아시아공동체 구상이나 그때까지 후텐마 기지에 관한 미일 합의안이었던 헤노코안의 재검토, '가능하면 국외 이설, 최소한 현외 이설' 방침으로 이어지는 것이었다.

이러한 하토야마의 지론을 『산케이신문』2009.6.18은 다음과 같이 비판한다.

일소 교섭과 개헌론으로 알려진 하토야마 이치로가 일찍이 시게미쓰 마모루 외상을 통해 재일 미군의 전면 철수를 미국에 타진한 적이 있다. 손자인 하토야마 유키오의 지론은 '상시주둔 없는 안보'론이자 개헌론이기 때문에 하토야마 이치로의 주장과 형식상으로는 똑같다. (…중략…) 하토야마는 『문예춘추』1996년 11월에 실린 논문 「나의 정권 구상」에서 뻔뻔스러운 '상시주둔 없는 안보'를 내세웠다. 그 소리를 듣자마자 미국의 캠벨 국방성 보좌관 대리가 날아와 민주당 본부에서 하토야마 등을 만나 "분쟁이 일어났을 때의 대응은 이차적 요소이며 현존 그 자체가 억지력"이라며 정면으로 비판했다.

이 문제에 관하여 1996년 옛 민주당 결성에 깊이 관여한 하토야마의 맹우 다카노 하지메高野孟, 인사이더 편집장는 이렇게 말한다.

1996년 4월 하시모토와 클린턴의 '미일 안보 재확인' 선언이 있었고, 그것에 대한 이론異論이랄까 대안으로서 같은 해 9월 옛 민주당에서는 대담하게도 '상시주둔 없는 안보'론을 제기했다. 이를 두고 엉뚱한 소리니 뭐니 했지만, 미국의 국방 정책의 중추에서도 '포스트 냉전' 시대 상황에서 적합성을 따지고, 소녀 폭행 사건의 참상으로 상징되는 오키나와에서 과도한 기지 부담에 대응하고자 하는 그 나름대로 진지한 노력이 시작되고 있었다.

그러나 그러한 미국 측의 움직임은 동아시아에서 '세력균형＝억지력'이라는 19세기적인 사고에 발목을 잡힌 불철저한 것에 머물러 있었고, 오키나와현의 '기지 반환 프로그램'과 거기에서 배운 옛 민주당의 '상시주둔 없는 안보'론은 바로 그 지점을 치고 들어가 미일이 함께 '탈냉전'을 수행하고자 하는, 일본이 이니셔티브를 쥐고 미국을 적극적으로 이끌어가는 것을 겨냥한 것이었다. 그런 의미에서 '상시주둔 없는 안보'론은 별 생각 없이 툭 내민 게 아니라 1996년 당시 전략적 사고의 자장 속에서 과감하게 앞에 내놓고자 한 의욕적인 문제제기였다는 것을 이해해야만 한다.[3]

다카노는 또 자신의 저서 『오키나와에 해병대은 안 된다!』에서 옛 민주당의 '상시주둔 없는 안보'론이 오키나와현의 오타 마사히데大田昌秀 지사 시절에 내놓은 '기지 반환 프로그램'과 '국제도시 형성 구상'에서 볼 수 있는 오키나와의 자립 자존의 정신에서 배우는 일에서부터 시작됐다고 상술하면서, "1996년 당시에는 '몽상적'이라고까지 비판을 받은 그 생각은 미국의 전략적 재검토와 군사 예산 삭감 움직임을 비롯해 세계 정세의 흐름이 크게 변화하는 중에 이제부터 점차 현실감을 높여갈 것"210면이라고 강조한다. 그리고 자위대의 축소·재편안으로서 삼분할안三分割案(① 해공군 병력이 중심이 된 국토방위대, ② 주로 육상 병력으로 편성되어 훈련을 받는 국제평화협력부대(유엔 PKO 대기부대+동아시아 경찰군), ③ 재해구원부대)을 제안한다. 이러한 동아시아 안전보장 공동체의 구축을 동아시아 경찰군·유엔 PKO

---

3 高野孟, 「後ろ向きに終わった '日米安保再確認' －10年前の沖縄への想いを振り返る(その三)」, *THE JOURNAL*, 編輯部, 2010.1.12.

대기부대의 창설을 포함하는 자위대의 삼분할안과 연동시킨 제안은 대단히 설득력이 있는 매력적인 제언이라 할 수 있다. 나 자신은 어디까지나 헌법 9조에 따른 비무장 중립을 지향하기 때문에 일부는 유보하지 않을 수 없다 해도 보다 큰 의미에서 공통점이 있어서 이러한 제안에 강하게 공감한다.

또, 하토야마와 가까운 브레인 중 한 사람이었던 데라시마 지쓰로寺島實郎는 『문예춘추』 2009년 10월호에 실린 논문 「미중 양극화 '일본 외교'가 택해야 할 길 – '미국 추종'에서 벗어나 진실로 '자립'하기 위한 대원칙」에서 ① 미국과의 관계를 어른의 관계로 바꿀 것, ② 미국을 아시아로부터 고립시키지 말 것, ③ 중국을 국제사회의 일원으로서 책임 있는 관여자로 받아들일 것을 중요한 포인트로 지적한 다음, 미국에 대한 과잉 기대와 과잉 의존의 노선으로부터 벗어나 자립한 일본을 목표로 삼아 미일중 3개국 관계에서 트라이앵글을 정삼각형에 보다 가깝게 하는 '대미' '대중' 외교 전략을 일본은 지향해야 한다는, 경청할 만한 제안을 한다. 나아가 데라시마는 "동아시아에서 군사적 공백을 낳지 않는 선에서 미군기지의 단계적 축소와 지위 협정의 개정"을 지향할 것, 무엇보다 먼저 '전방 전개 병력'의 필요성을 원점에서부터 다시 물을 것, 동아시아의 안전을 확보하면서 미군과 간격을 두고 또 미군이 경제적으로도 납득하는 형태로 사태를 해결할 것과 같은 보다 구체적인 방책을 제시한다. 여기에서 데리시마가 주장하는 재일 미군기지의 단계적 축소와 동아시아의 다각적 집단안전보장 체제의 구축은 바로 지금까지 서술해온 하토야마와 다카노의 '상시주둔 없는 안보'론 및 '동아시아공동체' 구상과 그대로 겹치는 내용이라는 것을 알 수 있다.

2) 오자와의 제7함대 발언의 충격과 오자와 사건의 발생

2009년 2월 24일 열린 기자회견에서 민주당의 오자와 이치로小澤一郎 대표는 "미군의 존재는 필요하지만 대체로 제7함대만으로 충분하다. 일본의 방위에 관한 것은 일본이 책임을 지는 게 낫다"라고 말했다. 오자와의 이른바 7함대 발언을 둘러싸고 그 후 정부와 자민당으로부터 비판이 잇달았다. 당시의 신문 보도『마이니치신문』 2월 27일자 조간를 보면 다음과 같이 전하고 있다.

아소 다로麻生太郎 수상은 기자단에게 일반론이라고 말하면서도 "방위에 적지 않은 지식이 있는 사람이라면 그런 발언은 할 수 없지 않은가"라고 강조, 민주당의 정권 담당 능력에 의문을 던졌다. 가와무라 다케오河村建夫 관방장관도 26일의 기자회견에서 "비현실적이다. 정권교체를 표방하는 민주당 대표의 생각으로는 어떤가"라며 비꼬았다.

자민당의 마치무라 노부타키町村信孝 전 관방장관도 26일 열린 마치무라파 총회에서 "난폭한 생각일 뿐 아무것도 아니다"라고 엄중하게 비판했다. 자민당의 이부키 분메이伊吹文明 전 간사장도 "일본의 군사력 증강으로 커버한다는 발상이라면 공산당과 사회당이 함께 잘 행동하고 있다"고 하는 등 의문을 제기하는 목소리가 이어졌다.

오자와의 발언을 둘러싸고 일본의 방위비가 한꺼번에 네다섯 배 뛸 거라는 둥, 오자와가 자위대를 비대화할 의도를 갖고 있다는 둥, 일본의 핵무장을 통해 미국으로부터 자립할 것을 노리고 있다는 둥, 미국의 분노를 언급하며 미일 안보 체제가 곧바로 붕괴할 것이라는 둥 근거 없는 선동과 폭론이 잇달았다.

그러나 오자와의 발언은 단순히 즉흥적인 생각이나 '멋모르는 사람의 헛소리'가 아니라 지금까지 서술해온 '상시주둔 없는 안보유사주둔'론이라는 확고한 이론적 뒷받침과 배경을 가진 것이다. 정부와 자민당 그리고 일부 어용학자들의 비판은 미군 재편의 배경이나 억지력을 알지 못하는, 그것이야말로 '군사적 비상식' 그 자체라고 말해도 좋다.

군사 저널리스트인 다오카 준지田岡俊次는 *SAPIO* 2010년 2월 10·17일 호에 게재된 기사 「'제7함대만으로 충분하다'는 발언의 평가」에서 이렇게 해설한다.

미 해병대는 미 해군성에 속하는 '해군 육전대'로 지금은 해군과는 별도의 군으로서 육군, 해군, 공군에 이어지는 '제4의 군'으로 간주되는데, 함대의 편성상 오키나와의 제3해병원정군은 미 제7함대에 속하는 '제79임무부대'이기 때문에 오자와가 말하는 '미 제7함대만으로 충분하다'는 말은 해병대를 포함한다고도 말할 수 있다. 미 해병대는 3, 4척의 양륙함에 타는 '해병원정대'를 기본단위로 하며, 전란이나 폭동, 재해 등이 발생할 시 재외 미국인의 구출이나 상륙작전의 선봉이 되는 것이 임무여서 오키나와의 방위전력이 아니라는 것은 말할 필요도 없다. 오자와의 말은 미군 재편의 방향과도 합치한다. 재편의 기본적 개념은 다음과 같다. ① 냉전시대에는 공산권 국가 주변에 미군을 배치했지만 지금은 시대에 뒤처지기 때문에 고정적 배치보다 유연한 운용을 목표로 한다. ② 경량부대를 신속하게 전개할 수 있도록 육군은 사단약 2만 명에서 여단약 4,000명으로 편성을 바꾸고, 장갑차량도 중형수송기 C130으로 운반할 수 있는 것으로 바꾼다. ③ 중장비, 탄약, 연료 등은 '사전집적선'에 실어 대기시키고, 해외의 보급 거점과 창고는 정리한다. ④ 재외 병력은 극력 해당 지역과의 마찰을 줄일 수 있도록 축소하여 7만 명을 본국으로 돌려보낸다.

미 공군은 10개 '항공원정군AEF'로 개편하고, 그 가운데 2개 AEF를 즉시 출동 가능하도록 하고 있다. 하토야마 수상이 '유사주둔'을 말했다고 사대적 자민당과 친미 미디어는 비난하지만, 미 육군 및 공군 자체가 유사주둔을 향하고 있다는 것을 알지 못하는 것이다.

또 다른 군사 저널리스트 가미우라 모토아키神浦元彰도 "오자와의 발언은 재일 미군 소멸론이 아니다. 미군 무기 기술의 진보와 전략 환경의 변화에 따라 가장 효율적인 운용으로 전환하기 위한 미군 재편이다. 육군, 공군, 해병대를 일본에서 철수시키는 것은 바로 미국이 일본에 요구하고 있는 21세기형 전략 전환이다. 냉전시대도 아니고, 일본의 현실적인 평화론에는 좌우가 없다. 가까운 장래의 미일 안보 동맹 관계는 제7함대만이 일본에 상시 배치되는 미군 체제밖에 없다"라고 정곡을 찌르는 발언을 한다.[4]

여기에서 주목해야 할 것은 오자와의 발언으로부터 1개월도 지나지 않은 2009년 3월 3일 오자와의 비서 오쿠보 다카노리大久保隆規 등이 체포되는 사건이 발생했다는 사실이다. 도대체 이 오자와 사건의 배경에는 무엇이 있었던 것일까. 이와 관련해 마고사키 우케루는 미국의 노림수가 있었을 것이라면서 다음과 같이 적확하게 지적한다.

이 발언이 결정타가 되었을 것입니다. 대단히 유능하다며 높이 평가를 받

---

4 「What's New! 最新情報」, http://www.kamiura.com/new.html

고 있던 정치가가 탈미국을 시도하자 미국은 계획 아래 행동을 개시합니다. 발언으로부터 1개월도 지나지 않은 2009년 3월 3일, 오자와 이치로의 자금 관리 단체 '리쿠잔카이陸山會'의 회계책임자이자 공식 비서이기도 한 오쿠보 다카노리와 니시마쓰西松 건설 사장 구니자와 미키오國澤幹雄 등이 정치자금법 위반으로 체포되는 사건이 일어난 것입니다. (…중략…) 제7함대 발언 후 우연히 검찰이 정보를 쥐게 된 것일까요? 저는 도저히 그렇게 생각할 수가 없습니다. 미국 첩보기관의 수법은 정보를 쥐면 언제라도 내놓을 수 있는 카드로 쌓아두는 것입니다. 이때다 싶을 때에 검찰에 흘리면 되는 것이지요.[5]

오자와 사건 배후에는 대미 자립과 탈관료정치라는 당시의 오자와·하토야마 콤비가 주도하는 민주당의 새로운 정책과 노선을 경계하여 반발하는 미국과, 일본의 펜타곤관계·정계·언론계·학계, 우에쿠사 가즈히테(植草一秀)의 표현으로 불리는 기득권 계층'안보마피아'와 '원자력마피아'를 포함한다의 존재가 있었던 것이다. 단순한 형사사건이 아니라 오자와 이치로를 겨냥해 내려친 '국책수사'였다. 뻔히 보이는 특정한 개인과 집단이 검찰과 사법을 폭주하게 하고, 여기에 미디어가 가담한 결과로서 만들어진 것이다. 다시 말해 그것은 '위로부터의 파시즘'구시마 가네자부로(具島兼三郎) 선생의 표현인 사법 파쇼검찰뿐만 아니라 재판소도 일체화와 미디어 파시즘이 결합한 '조용한 정치 쿠데타', '일종의 정치적 모략'마고사키 우케루의 표현이고, 틀림없는 권력투쟁이자 정치투쟁이었다.[6]

---

5   孫崎亨著, 『アメリカに潰された政治家たち』, 小學館, 2012, 98면.
6   보다 상세한 내용은 鳥越俊太郎・木村朗共編, 『20人の識者がみた'小澤事件'の眞實 −搜査勸力 とメディアの共犯關係を問う!』, 日本文藝社, 2013 참조.

3. 후텐마 비행장 이설 문제의 난맥상과
하토야마 정권 붕괴의 심층

동아시아공동체 구상 및 '상시주둔 없는 안보유사주둔'론과의 구체적인 관련성 속에서 검토할 필요가 있는 것이 후텐마 비행장 이설 문제이다. 이 문제는 잘 알려져 있다시피 오타 마사히데 지사 시절인 1995년에 일어난 오키나와 소녀 폭행 사건을 계기로 부상한 이래 20년 이상이 지난 오늘날까지도 근본적인 해결책을 찾지 못하고 있는 실정이다. 원래 후텐마 비행장 철거가 대체 기지의 제공이라는 '조건부'였다는 것은 부조리하며, 2004년 8월 13일 미군 헬기가 오키나와국제대학에 추락한 사건 이후에도 '세계에서 제일 위험한 비행장'2003년 11월 상공에서 시찰할 당시 럼즈펠드 미 국무장관이 한 말으로 간주되는 후텐마 비행장이 즉각 폐쇄되지 않고 지금까지도 여전히 운영되고 있는 것 자체도 광기어린 행위라고 말할 수 있다.

이러한 경위와 현상은 일본이 미국의 속국임과 동시에 오키나와가 미군 직할의 군사 식민지 나아가 일본의 국내 식민지라는 것을 증명한다. 그것을 오키나와에 사는 작가이자 비평가인 야마구치 이즈미山泉는 그의 저서 『헤네코의 변증법―포스트 후쿠시마와 '오키나와 혁명'』에서 오키나와에 대한 '일본과 미국의 이중 지배구조'라고 지적하는데, 그야말로 정곡을 찌르는 말이다.

2009년 여름에 등장한 하토야마 정권은 오키나와 현민의 총의總意가 '현내 이설 반대'라는 것을 받아들여, 그때까지 자민당 주도의 정부가 추진해온 헤노코 V자안을 일단 백지화하고 '국외 이전, 최소한 현외 이전'이라는 방향으로 정책 전환을 모색하려 하지만, 결국 여러 요인 때문에 그

방침을 실현하지 못한 채 좌절하고 만다. 그렇다면 왜 오키나와의 민의에 따른 후텐마 비행장 이설 문제의 근본적 해결을 목표로 했을 터인 하토야마 정권은 도중에 좌절하여 붕괴하고 만 것일까.

다음에 소개하는 것은 하토야마 총리가 스스로 설정했다는 2010년 5월 말의 기한이 다가오는 중에 후텐마 비행장 이설 문제의 최종 해결책으로서 헤노코안으로 돌아서기 시작한 하토야마 정권에 호소하기 위해 쓴 나의 글을 일부 수정한 것이다.(「지금이야말로 대미 자립의 기회, 억지력이라는 환상을 넘어」, 『교도통신』 2010년 5월 19일; 『류큐신보』 5월 10일자 조간 및 『오키나와 타임즈』 5월 21일자 조간에 게재)

미군 후텐마 비행장 문제를 둘러싼 '난맥상'으로 하토야마 정권이 궁지에 몰려 있다는 보도가 나오고 있는데, 정말로 '돌파구'는 없는 것일까.

미국과 자민당, 종합건설회사 등이 고집하는 현행안과, 캠프 슈와브 앞바다에 말뚝을 박아 설치하는 잔교 방식을 포함한 하토야마 정권의 수정안은 모두 금년 1월의 나고시장 선거 결과와 4월 25일의 90,000인 현민 집회 등에서 드러난 명확한 민의가 보여주듯이 이미 파탄에 이르렀다. 또, 도쿠노시마德之島에 기지를 건설하는 것과 훈련의 일부를 이전하자는 제안도 섬 전체가 들고 일어선 4월 18일의 반대집회와 2만 6,000명의 반대 서명의 무게를 보면 실현 불가능하다고 해야 할 것이다. 원래 도쿠노시마안案은 오키나와와 아마미奄美는 같은 류큐권 안에 있었고, 패전 후 8년 동안 미군 점령 아래 있었던 역사에 대한 무시 또는 역사 그 자체에 무지에서 기인하는 게 아닌가.

오키나와 현내뿐만 아니라 현외 신기지 건설안을 민의는 명확하게 거부하고 있다. 남은 선택지는 국외 또는 오키나와 현외에 있는 자위대 기지의 미일 공동 사용 이외에는 없는 것으로 보인다.

주목되는 것은 후텐마 기지를 안고 있는 오키나와 기노완시의 이하 요이치伊波洋一 시장 등이 지적하고 있는, 미군이 2006년 7월에 책정한 문서 「괌 통합 군사 개발 계획」의 존재이다. 이 문서에는 2014년까지 사령부만이 아니라 헬기 부대와 보병 부대를 포함한 대부분의 재오키나와 해병대를 괌으로 이전한다고 명기되어 있다. 그러나 이 중대한 사실은 모든 논의의 전제가 될 터인 재오키나와 해병대의 실제 수와 함께 관계 각료나 관료 사이뿐만 아니라 매스컴 보도에서도 왠지 중요하게 받아들여지지 않았다.

하토야마 총리는 5월초 오키나와를 방문했을 때 해병대에 의한 '억지력'을 재평가하는 발언을 하여 많은 사람들을 실망시켰다. 오키나와의 해병대는 긴급시 미국인 구출이 주요 임무인데 이를 일본 방위의 억지력이라고 생각하는 것은 '환상'이라는 복수의 군사분석가의 지적이 옳다면, 수상의 '억지력' 발언은 방위성과 외무성의 관료가 끼어들었는지는 몰라도 미국과 기득권 세력의 공감이 효력을 발휘한 결과처럼 보이기도 한다.

우선시해야 할 일은 미국을 대신해 대체 기지를 찾아다니는 것이 아니라, 미국의 정치학자 찰머스 존슨Chalmers Johnson도 제기했듯이, 미국 기준으로는 있을 수 없는 '세계에서 제일 위험한' 후텐마 비행장에서 훈련을 즉시 중지할 것과 기지를 폐쇄할 것을 다시 한 번 확실하게 미국 측에 들이미는 것이다. '미국과 일본본토에 의한 이중의 점령·식민지' 하에 있는 오키나와에 대한 과중한 부담을 줄이고, 미일지위협정과 미군을 배려한 예산도 바로잡아야 한다.

지금이라도 늦지 않았다. 하토야마 총리는 지론인 '상시주둔 없는 안보'

를 봉인하지 말고 '대등한 미일 관계의 구축', '가능하면 국외, 최소한 현외 이설'을 호소해온 원점으로 되돌아가기 바란다. 하토야마 총리는 본래의 '복안'에 포함되어 있었을 재오키나와 해병대의 괌, 티니언 등 국외 이설 실현을 진지하게 모색해야 한다. 현지를 시찰하고 그곳으로 이설할 것을 호소하는 민주당의 가와우치 히로시川內博史 중의원 의원 등의 목소리에 귀를 귀울일 필요가 있다.

미국을 추수해온 정치나가 관료뿐만 아니라 우리 국민도 '속국의식', '(식민지) 노예근성'이라고까지 불린 적이 있었던 발상 또는 사고정지로부터 한시라도 빨리 빠져나와 미국과 정면으로 맞부딪혀야 할 때이다.

오바마 정권도 융통성이 없지는 않을 터여서 일본 측의 '각오'에 따라 대응이 바뀔 가능성이 있다. 바로 지금이 미일 안보의 현상을 포함한 양국 간 관계를 근본적으로 다시 묻고, 대미 자립의 시점에서 재일 미군기지의 철거를 추진할 기회다.

제2차 아베 정권 등장 이후 오키나와 정책은 돈과 폭력 등 모든 수단을 총동원하여 오키나와의 인권과 민의를 짓밟는 것이어서, 너무나도 불합리하고 부조리하다고 말할 수 있다. 미일 양국 정부는 "헤노코 이설안이 유일한 해결책"이라면서 무슨 수를 써서든 헤노코 '신기지 건설'을 강행할 자세를 관철하려 하고 있다. 끝까지 헤노코안에 얽매이는 것은 실은 일본 측(외무성과 방위성 관료, 종미 보수 정치가, 종합건설회사, 거대 미디어, 자위대 등)이 아닌가. 최근 20일 동안의 경위를 보아도 유연한 것은 오히려 미국 쪽이었던 것 같다. 물론 그 속사정은 복잡할 터이고, 미국 측도 반드시 융통성이 없지는 않을 것이라는 점은 명백하지만…….

이와 관련하여 당사자였던 하토야마 전 수상 자신이 다음과 같이 말한 것이 눈길을 끈다.

　　무엇을 하든 미국의 의향을 헤아리지 않으면 안 된다고 말하는 것은 독립국이 아니란 얘기다. 그리고 그 근저에서 미일 안보로 일본의 안전이 미국에 의해 지켜지고 있기 때문에 방법이 없다고 말하는 것이라면, 지금 당장은 무리가 따른다 하더라도, 설령 50년, 100년이 걸린다 하더라도 일본의 안전은 일본인이 지킬 수 있는 나라로 만들어야 하는 게 아닐까 생각한다. 필요한 때 즉 긴급사태가 발생했을 때에만 미국의 도움을 빌려야 한다는 상시주둔 없는 안전보장이라는 사고방식이 그 중간단계로서 생겨난다. 나아가 눈앞에 닥친 문제로는 후텐마 비행장 이설 장소를 가능하면 국외에, 최소한 오키나와현 밖에 정하는 게 좋겠다는 발상이 생겨나는 것이다. '최소한 현외'를 총리 시절에 실현하지 못한 것은 참으로 부끄럽기 짝이 없다. 그러나 지금도 발상이 잘못됐다고는 생각하지 않는다.[7]

　　이것은 그야말로 후텐마 비행장 이설 문제의 소용돌이 속에 서 있었던 전 총리의 말이라는 것만으로 대단히 무겁다고 말하지 않을 수 없다. 여기에서 언급하고 있는 '도쿠노시마 기지 건설과 훈련의 일부 이전 제안'은 하토야마 총리가 말한 '최소한 현외 이설'을 실현하기 위해 기한으로 정한 5월말 안에 검토하려 한 최후의 '복안'이었다. 이 도쿠노시마안은 결국 그곳 주민의 압도적 반대에 부딪혀, 그리고 도쿠노시마가 류큐호琉球弧의 일부이기 때문에 오키나와 현민의 지지도 얻지 못해서 실현할 수가 없었

7　孫崎亨・木村朗編著, 『終わらない〈占領〉－對米自立と日米安保見直しを提言する！』, 法律文化社, 2013, 「序言」.

다. 원래 5월 말로 기한을 설정한 것이 무리였을 뿐만 아니라 지금 생각해 보면 불필요했고, 정책 판단의 실수도 있었던 듯하다. 이 때문에 가와우치 히로시 의원과 이하 요이치 기노완시장 등이 추구하고 있던, 본래의 '복안'이었어야 할 '국외 이전'안은 시간적 여유가 없다는 이유로 정부와 관저 안에서 한 번도 구체적으로 검토되지 못한 채, 마치 목표로 정하기라도 한 것처럼 헤노코 V자안으로 회귀하고 말았던 것이다.[8]

　그러나 이 문제의 배후에는 실은 그러한 것보다도 감춰져 있던 중대한 움직임이 있었다. 그것은 먼저 당시 하토야마 총리가 '복안'이라 하여 관계자외무성과 관저에 엄중한 함구령을 내렸음에도, 그 내용이 간단하게 흘러나가 거대 신문과 텔레비전특히 아사히신문사, 텔레아사 계열에서 3월 25일과 26일에 걸쳐 보도한 것이었다. 이 문제와 관련하여 프리저널리스트 우에스기 다카시上杉隆가 도쿠노시마안은 히라노 히로부미平野博文 관방장관이 아마도 기자간담회에서 흘린 것으로 보인다고 말한 것이 눈길을 끈다『주간 아사히』, 5.21. 훗날 하토야마 자신은 "이른바 보비保秘, 비밀유지라고들 합니다만, 비밀이 충분히 지켜지지 않았다는 것과 관련하여, 어떤 의미에서 정치를 이끌어가다 보면 관료들의 어려운 지식을 받아들이면서 가야 할 경우가 있는데, 그 과정에서 어려움이 있지 않았을까 생각합니다"라고 말하는데, 진상은 분명하지 않지만 관료들에 의한 정보 누설을 암암리에 시사하고 있다『산케이 뉴스』, 2010.5.28.

　또, 2015년 5월 21일에 발행된 『주간 포스트』의 기사 「하토야마 총리가 틀어쥔 '후텐마 현외 이설 울트라 C' 단독 특종 ─ 완전 비밀 계획서 전

8　　그 동안의 경위에 관해서는 每日新聞政治部著, 『琉球の星條旗 '普天間'は終わらない』, 講談社, 2012.12 참조.

문 공개」에 따르면, 완전 비밀 계획서 「총리 시안試案 개요-규슈 지구 이설·로테이션안」은 다음과 같았다.

1. 후텐마 기지의 위험성을 시급히 제거한다.

   후텐마 기지는 평상시에는 폐쇄하고, 자위대가 관리·운영한다. 유사시에는 미군이 완전히 이용할 수 있도록 한다새로운 유사주둔.

2. 이설 장소는 오키나와현 밖으로 하고, 자위대까지 포함한 재편을 시행한다.

① 후텐마 기지의 해병대 회전익기回轉翼機, rotorcraft는 규슈 지구에 있는 기존의 자위대 비행장에 사령부, 정비 지원 시설 및 가족 지원 시설과 함께 이주移駐·소속한다.

② 해병대가 이주·소속하는 자위대 기지에서는 기존의 자위대 부대의 부담이 과도해지지 않도록 연쇄하게 하고, 과도해질 경우 민간을 포함한 다른 비행장·기지로 가중 부담을 줄이기 위해 재편·이주한다(오키나와 지구에서는 나하공항 기지와 시모지시마도 연쇄의 대상).

3. 오키나와 본섬에서의 전개는 로테이션으로 한다.

① 규슈로 이주·소속하는 해병대기機는 훈련 및 운용을 위해 오키나와 본섬의 거점에 정기적으로 로테이션으로 전개한다(당시 항공기의 전개를 지원하기 위해 오키나와 본섬에서 필요한 시설이 정비된다).

② 후보지로는 헤노코의 캠프 슈와브의 육상에 해병대가 운용하는 헬리패드 helipad를 건설한다(이를 위해 '헬리콥터 부대는 이설 후에도 일체로 운용하는 지상부대와 비행시간으로 30분 이내에 배치'할 수 있다).

[평가] 이상과 같은 '규슈 지구 이설이주·로테이션' 방식이 가동함에 따라 후텐마 기지는 폐쇄되어 2014년까지 완전 반환된다. 다른 오키나와 기지

반환은 '2+2²⁰⁰⁶' 합의에 기초하여 동일한 반환 내용을 이행한다. 억지력과 신속한 대응 능력의 유지가 훼손되지 않는 것을 전제로, 안전보장 환경의 변화와 함께 후텐마 기지의 변환 후에도 이주시킨 신기지의 해외 이전이 이루어지도록 4년마다 8년 후의 상황을 '2+2'로 평가한다.

이것은 하토야마 총리의 지론이었던 '상시주둔 없는 안보유사주둔'론, 즉 후텐마 기지 폐쇄 및 반환과 오키나와의 부담 경감을 실현하고, 장래에 국외 이설^{미국으로 철수 및 이전}을 향한 가능성까지 어렵사리 남겨둔 안이었다고 평가할 수도 있다. 하지만 이 도쿠노시마안은 누설된 정보에 기초한 거대 신문과 텔레비전 보도로 지역의 반대운동이 커져서 좌절되는 결과로 끝난 것만은 아니다. 그 이상으로 중대한 문제가 감추어져 있었다.

그것은 이 안을 하토야마 총리가 최종적으로 단념하지 않을 수 없게 된 '극비문서'의 존재이다. 그 문서는 도쿠노시마안이 정부안으로서 부상하기 시작한 시기에 방위성과 외무성의 관리가 수상 관저로 와서 하토야마 총리에게 보여준 것인데, '후텐마 이설 문제에 관한 미국 측의 설명'이라는 제목의 2010년 4월 19일자 문서에는 '극비'라는 도장이 찍혀 있었다. 거기에는 "항공부대와 육상부대의 훈련의 일체성을 고려하면 이전 장소는 후텐마에서 65마일^{105킬로미터} 이내로 제한한다"라고 명시되어 있었다. 그런데 도쿠노시마와 오키나와 본섬 중북부^{미 해병대 헬기부대 기지}는 약 104해리^{약 192킬로미터} 떨어져 있고, 이것은 '65마일 기준'을 충족시키지 못하기 때문에 도쿠노시마안은 실현 불가능한 것이 된다. 당시 상황을 하토야마 총리 자신은 다음과 같이 말한다.

오키나와 북부 훈련장에서 65마일을 원으로 그리면 오키나와 대부분이 그 안에 들어옵니다. 나는 아마미오시마와 도쿠노시마를 생각하고 있었습니다만, 둘 다 어그러지고 말았습니다. 그 결과 헤노코밖에 남지 않았던 것입니다. (…중략…) 외무성의 극비문서에 그렇게 되어 있고, 미군의 매뉴얼에도 명기하고 있다고 적혀 있었기 때문에 나로서는 최후통지를 받은 것이라고 생각하고 현외 이설을 단념하지 않을 수 없었던 것입니다. 지금 와서 생각해보면, 어떻게든 헤노코로 이설하고 싶어 하는 세력이 나를 속인 것만 같습니다.[9]

여기에서 문제가 되는 것은 이 '극비문서'라는 것이 실은 외무성의 공식 문서가 아니었고, 더구나 미군에는 '65마일 기준'을 명기한 미군 매뉴얼이 존재하지 않는다는 사실이 밝혀지게 되었다는 것이다. 이를 최초로 보도한 것이 2013년 11월 27일자 『류큐신보』인데, 재오키나와 해병대는 26일 류큐신보의 취재에 답하면서 "해병대의 공식적인 기준이나 규칙에는 없다"라는 견해를 제시했다고 한다. 또, 『류큐신보』는 2015년 9월 7일, 하토야마는 수상 시절 방위성 관료로부터 "미국 측의 이설 장소의 조건은 오키나와로부터 65마일 이내"라는 말을 들었는데 이는 사실무근이었다는 것 등을 거론하면서, "방위성과 외무성의 관료는 한번 결정된 헤노코 이설을 다시 문제 삼는 것은 곤란하기 때문에 미국 측의 의향까지 제멋대로 헤아려 헤노코밖에 없다는 쪽으로 이끌었다"라는 하토야마 총리의 말을 소개했다.

---

9   미야케 유키코(三宅雪子) 전 중의원 의원이 2016년 2월 29일자 트윗캐스팅에서 전한 하토야마 총리 전화 인터뷰 : '킷코의 블로그' 2016.2.29; 하토야마 유키오, 「나는 외무성과 방위성의 관료에게 속았다」 참조.

그리고 이 문제를 일반인들이 널리 아는 계기가 된 것이 2016년 2월 4일 열린 「하토야마 전 총리가 밝히는 '헤노코 신기지'의 진상」이라는 강연회(일본저널리스트회의와 매스컴9조회 주최)였다. 이 자리에서 하토야마는, 극비의 지정기간이 2015년 4월 18일이어서 그 극비가 해제되었기 때문에 자신의 측근인 가와우치 히로시 전 중의원 의원이 외무성에 문의한 바, "외무성의 공식적인 문서는 아니다"라는 답변이 있었다고 밝혔다. 하토야마는 다시 한 번 관료에 의한 정보 조작을 비난하면서 이렇게 말한다. "헤노코 문제는 해결할 수 없는 문제가 아니다. 독일에서는 미군 철수 시 이설 장소는 미군이 결정하기로 했다. 일본 정부가 교섭할 수 없는 것은 저자세인데다 대미 종속이 너무 강하기 때문이다. 진정한 의미에서 일본을 독립시키지 않으면 안 된다."[10]

여기에서 드러난 하토야마 정권 당시 관료의 면종복배面從腹背, 사보타지와 정보 조작 등은 이외의 문제에서도 많이 찾아볼 수 있다. 여기에서는 상세하게 언급할 수 없지만, 위키리스크가 유출한 정보(예를 들어 다카미자와 노부시게高見澤將林 방위성 정책국장은 2009년 10월 12일 캠벨 국무차관보와 가진 오찬 자리에서 후텐마 기지 현외 이전을 모색하는 하토야마 정권의 방침에 관하여 "미국 측이 조기에 유연함을 보여서는 안 된다"라고 발언했다)까지 포함하여 생각하면, 관료의 면종복배, 사보타지 또는 반反하토야마·오자와파 그룹에 의한 획책으로 후텐바 비행장 이설 문제가 난맥상을 보이다가 최종적으로 하토야마 정권이 무너져가는 경위를 잘 알 수 있을 것이다.

또, 이 문제와 관련하여 대단히 중요하다고 생각하는 것이 하토야마가

---

10 2016년 2월 7일자 『류큐신보』 및 같은 해 2월 16일자 IWJ에서 가진 하토야마의 인터뷰 참조.

『일본은 왜 '기지'와 '원전'을 중지시키지 못하는가』의 저자 야베 고지矢部宏治와 나눈 대화이다. 이 자리에서 야베가 "그 중에서도 가장 중요한 문제는 미일 합동위원회의 멤버인 법무 관료가 법무성의 요직인 사무차관에서 차지하는 비율은 과거 17명 중 12명, 그 가운데 9명이 검사총장까지 쭉 올라간다는 것, 요컨대 미군과 일본의 고급관료를 멤버로 하는 이 공동체가 검찰 권력을 사실상 장악하고 있다는 것입니다"라고 말하자, 하토야마는 "그것은 결국 미일 합동위원회의 결정 사항이 헌법까지 포함한 일본의 법률보다도 우선시된다는 것입니다. 그 사실을 총리대신인 나는 모르고 있었지만, 검사총장은 알고 있었고 관리도 알고 있었던 것입니다"라고 답한다.[11] 하토야마는 지금은 도쿠노시마안에 무리가 있었다는 것을 솔직하게 인정하고 "국외 이설밖에 없다"고 말한다. 또, 오키나와국제대학 교수 사토 마나부佐藤學가 2016년 3월 19일자 『마이니치신문』의 「미디어 시평」에서 "재오키나와 해병대가 일본의 외딴섬 방위를 위해 존재하는 것은 아니라는 것"을 분명히 해야 한다고 주장하고, 그 다음날 『도쿄신문』 사설에서 "후텐마 대체 기지는 국외로"라고 했듯이 "헤노코 이설이 유일한 해결책"인 것은 아니다.

지금 오키나와에서는 일본 정부, 아베 정권이 민의를 짓밟아가며 헤노코 신기지 건설을 강행하려 하고 있다. 오나가 다케시 지사의 헤노코 매립 승인 취소2015년 10월 13일 문제는 법정투쟁으로 들어섰는데, 후쿠오카고등재판소 나하지부의 화해안을 국가와 오키나와현 쌍방이 받아들여 일시 휴전상태에 있다. 하지만 쌍방의 주장은 전혀 거리를 좁히지 못하고 있으

---

11 『週プレNEWS』, 2014.12.15.

며, 상황을 보건대 신기지 건설 공사는 재개될 수밖에 없을 것이다. 이와 관련하여 헤노코의 바다와 나고시 헤노코의 미군 캠프 슈와브 게이트 앞에서는 오키나와 안팎에서 온 다양한 사람들이 각각의 입장에서 분노를 담아 강한 항의와 이의신청의 목소리를 계속해서 내고 있다. 현장에서 반대운동을 압살하기 위한 해방보안청과 경시청 기동대 등의 폭력은 이미 한도를 넘어서고 있으며, 그야말로 목숨을 건 투쟁으로 흘러가고 있다. 미군 캠프 슈와브 게이트 앞에서 벌어지고 있는 신기지 건설 저지 운동의 최전선에서 연일 연좌농성의 맨 앞에 서는 야마시로 히로지山城博治, 오키나와 평화센터 의장의 "오키나와는 오스프레이와 신기지 건설을 중단시키기 위해 목숨을 걸고 싸운다", "11월 이후 경시청 기동대가 매일 덮치러 오지만 비폭력 직접행동에 나선 우리는 절대로 굴하지 않는다"라는 힘찬 호소가 가슴을 때린다.[12]

이러한 상황 속에서 오키나와의 자기결정권을 요구하는 목소리는 점점 높아지고 있다. 오나가 지사는 2015년 9월 21일 유엔 인권이사회에서 미군 후텐마 기지 이설 계획에 관하여 오키나와에 미군기지가 집중되어 있는 실태를 소개하면서, "오키나와 사람들은 자기결정권과 인권을 무시당하고 있다"고 호소했다. 또 다음달 10월 29일 국가가 헤노코 매립을 위한 본체 공사에 착수하려 했을 때, "강권이 극에 달했다는 느낌이며 대단히 유감이다. 국가가 여유가 없고 도망치려 하는 것만 같다"며 통렬하게 비판했다. 그리고 '이데올로기보다 아이덴티티'라는 슬로건을 내걸고 당선

---

12 야마시로 히로지와 오키나와 민중의 싸움은 미카미 치에(三上智慧) 감독의 영화 〈싸움터의 고통을 끝내자〉 및 존 준커먼(John Junkerman) 감독의 영화 〈오키나와에 내리는 봄비 – 전후 70년, 오키나와는 묻는다〉 참조.

한 오나가 지사가 오키나와의 목소리=민의에 전혀 귀를 기울이지 않는 아베 정권의 횡포와 오키나와에 대한 본토 사람들의 무관심과 냉담함에 대하여 "현민의 마음은 혼에 굶주린 느낌"이라고 표현한 것의 의미는 너무나도 무겁다.

또, 작년에 화제가 됐던 『오키나와의 자기결정권』의 저자 아라카키 쓰요시 기자류큐신보사 편집위원는 오키나와 나하에서 열린 간행 기념 이벤트에서, "오키나와의 꽉 막힌 상황을 타파하는 데 오키나와가 자기결정권을 행사하는 것이 대단히 중요하다", "인권 문제와 자기결정권은 차의 두 바퀴와 같은 관계이다. 자기결정권을 확립하지 않으면 오키나와의 인권은 지킬 수 없다"고 역설하면서, "미군기지의 정리 축소를 추진하여 평화 교류 거점으로서 동아시아 지역에 공헌하는 오키나와를 구축하기 위한 그랜드 디자인이 필요하다"며 자기결정권을 토대로 한 오키나와의 비전에 대해 언급했다.

나를 포함한 일본 본토 사람은 오키나와의 많은 사람들이 '이데올로기보다 아이덴티티'를 중시한 것의 의미를 스스로 되물어야 하며, 동시에 '류큐 처분' 이후 계속 쌓여온 오키나와 차별의 근본적 해소를 호소하는 목소리, 즉 일본 본토 사람들 속에 자리 잡고 있는 무의식적인 식민지주의근거 없는 우월 의식 및 그것과 정반대되는 멸시와 차별 의식에 대한 고발에 당장이라도 진지하게 귀를 기울여야 할 때이다. 그리고 야마시로 히로지, 아시토미 히로시安次富浩, 오나가 다케시뿐만 아니라, 여기까지 오는 과정에서 결코 권력에 굴하지 않는 혼으로 오키나와 사람을 존중하고 인권을 지키며, 미군기지 철거와 평화로운 사회의 실현을 목표로 미군 당국과 일본 정부의 국책에 맞서 목숨을 걸고 싸웠던 세나가 가메지로瀬長亀次郎, 아하곤 쇼코阿波根昌鴻, 아사토 세이신安

里清新, 아라 조보屋良朝苗, 오타 마사히데를 비롯한 오키나와 민중의 투쟁을 배우지 않으면 안 된다.

　오키나와의 기지 문제는 오키나와만의 문제가 아니라 본래는 일본의 문제 그리고 미국의 문제이다. 또, 오키나와 문제는 군사와 안전보장의 문제이기 전에 인권과 민주주의와 지방자치의 문제이다(물론 환경 문제이기도 하다). 이러한 오키나와 문제를 정말로 해결하기 위해서는 미일 안전보장 체제의 본질인 '자발적 종속 동맹냉전형 사고'에서 벗어나 진정으로 독립한 평화국가를 실현함과 함께 일본인 속에 깊이 침투해 있는 속국의식, 노예근성(이것이야말로 진짜 자학사관이다)을 묻지 않으면 안 될 것이다.

　동아시아공동체 구상은 몽상적이라기보다 지극히 현실적인 가능성을 내장한, 일본과 동아시아 미래의 책임 있는 비전을 제시하는 것이었다. 그런데도 그것을 두려워한 미국과 일본 국내의 기득권층의 물불 가리지 않는 저항과 압력에 직면하여 좌절되는 결과로 끝나고 말았다.[13] 동아시아공동체 구상을 다시 한 번 제기하는 정치세력이 결집하는 것이야말로 대단히 중요한 과제이다.

　지금까지 서술해온 일련의 사건은 일본이 진정한 의미에서 민주주의 국가도, 독립한 주권국가도 아니라는 것을 보여준다. 그리고 현재 일본의 가장 큰 문제는 권력 범죄 발생, 즉 공권력이 자의적恣意的으로 남용되었을 때 그것을 수습할 시스템이 존재하지 않는다는 것, 그리고 권력의 폭주를 감시·비판해야 할 미디어가 그 역할을 방기하여 지금 일어나고 있는 사건의 본질과 진실을 전하지 못한다는 것이다. 그것은 지금 정치 문제가 되고 있

13　동아시아공동체 구상이 무너지는 과정을 다른 시점에서 파악한 뛰어난 저작으로는 奧田博子, 『沖繩の記憶 ―〈支配〉と〈抵抗〉の歷史』, 慶應義塾大學出版會, 2012 참조.

다. '잠자는 거악巨惡' 아마리 아키라甘利明 전 대신의 의혹을 법무 관료, 최고 검찰청, 특수검찰, 최고재판소 총국이 방치하고, 거대 미디어가 그것을 묵인하고 있는 현상에서도 잘 드러난다. 그것이 얼마나 이상한 사태인가는 오자와 사건과 비교해보면 일목요연할 것이다.[14] 아베 정권의 언론 통제·정보 조작과 자율 규제위축·지속·집난적 동조 압력은 점점 더 심각해지고 있다. 일본은 이미 법치국가·민주국가가 아니라 암흑사회·파시즘 국가로 이행하고 있고 말할 수 있다.[15]

동아시아 특히 한반도와 오키나와에 두 번 다시 전화戰火를 부르는 일이 절대로 있어서는 안 된다. 그러한 지옥도를 피하기 위해서라도 바로 지금 한 사람 한 사람이 용기와 각오를 갖고 일어서서 항의의 목소리를 내야 한다. 전쟁과 파시즘으로 나아가는 길은 이미 불가역적인 흐름이 되어가고 있으며, 그 가운데에서 우리들에게 남겨진 시간과 기회는 너무나도 적기 때문에…….

*본고와 관련한 취재 과정에서 작년(2015년) 4월에 하토야마 유키오 씨(가와우치 히로시 씨도 동석), 5월에 마고사키 우케루 씨, 6월에 다카노 하지메 씨가 인터뷰에 응해 주셨다. 이 자리를 빌려 감사의 뜻을 표한다.

---

14 『月刊ゲンダイ』, 2016.3.19 참조.
15 木村朗·前田朗共編著, 『二十一世紀のグローバル·ファシズム －侵略戰爭と暗黑社會を許さないために』, 耕文社, 2013; 九人共著, 『'開戰前夜'のファシズムに抗して』, かもがわ書店, 2015 참조.

제2부

칼럼

미래에 남겨야 할 것

오키나와의 자랑과 참된 민주주의를 내걸고

이나미네 스스무稻嶺進

나고시 시장

'이차리바초데イチャリバチョーデー'. 오키나와를 잘 아는 사람이라면 한 번쯤은 들어보았을 '만나면 형제'라는 의미의 오키나와 금언金言입니다. 이 말은 한 번 만난 사람은 모두가 형제라는 직접적인 뜻만 아니라 다른 사람과 그 의견을 넓은 마음으로 받아들인다는 간접적인 뜻도 포함하고 있습니다. 오키나와 현민은 지금까지 '이차리바초데' 정신으로 일본과 미국을 이해하면서 관용적으로 받아들여왔습니다.

일본 정부는 오키나와 현민의 애국심을 보여준다고도 할 수 있는 그런 마음가짐을 기지경제에 대한 의존으로 파악하고, 전후 70년이라는 오랜 기간에 걸쳐 재일 미군 전용 시설의 73.7퍼센트를 오키나와현에 떠맡겼습니다. 그리고 지금 많은 오키나와 현민이 헤노코 이설은 부담을 줄이는 데 도움이 되지 않는다고 생각하는 가운데, 일본 정부는 '오키나와의 부담 경감을 위해서'라며 위에서 내려 보는 시선으로 새로운 부담을 오키나와 쪽에 밀어붙이려 압박하고 있습니다.

현재에도 나고시名護市 전 면적의 11.1퍼센트가 미군기지이고, 이것은 오키나와 현내 미군기지 면적의 약 9.9퍼센트에 해당하며, 구니가미촌國頭村과 히가시촌東村 다음으로 넓은 약 2,280헥타르의 광대한 면적입니다. 나고시에 있는 미군기지의 대부분을 차지하는 것이 캠프 슈와브이고, 일본 정부는 그 일부인 45헥타르의 육지와 오우라만大浦灣의 160헥타르를 매립하여 후텐마 비행장 대체 시설이라 부르는 헤노코 신기지를 건설하려 하고 있습니다. 우리들이 대체 시설을 신기지라고 부르는 데에는 그만한 이유가 있습니다. 그것은 신기지가 탄약 탑재 구역과 계선係船 기능을 갖춘 호안護岸 등 후텐마 비행장에 없는 기능을 갖고 있기 때문입니다.

오키나와현 안에서도 보기 드물게 수심이 깊은 오우라만은 미군이 1960년부터 군항 기능을 갖춘 새로운 기지의 건설 예정지로서 뜨거운 눈길을 보내온 장소입니다. 그러나 오우라만에는 군사적인 활용보다 훨씬 의미 있고 놀라운 활용 방법이 있습니다. 오키나와 현내에서도 유례를 찾을 수 없는 생물다양성이 풍부한 자연이 오우라만 안쪽으로 펼쳐져 있는 것입니다. 먹이가 되는 해초를 찾아오는 듀공, 다양한 색깔의 열대어, 또 그 거처가 되는 산호, 세계에서도 여기에서만 볼 수 있는 귀중한 고유종도 많이 살아 숨 쉬고 있습니다.

우리들은 지금 일본 정부의 신기지 건설 강행을 앞두고, 100기가 넘는 오스프레이가 배치되고 핵잠수함이 기항하는, 내용연한耐用年限 200년 이상인 거대한 군사기지를 두 눈으로 지켜보면서 장래의 오키나와를 떠맡을 자손들을 위해 필사적으로 저항하고 있습니다. 또, 현재까지도 나고시가 기지 피해로 고통 받고 있다는 사실은 오키나와 현내에서도 잘 알려져 있지 않습니다. 미군은 나고시의 캠프 슈와브에서 사격훈련과 폭파훈련, 폐탄 처리, 헬기와 오스프레이의 이착륙 훈련을 실시하고 있습니다. 이 훈련들은 대화를 할 수 없을 정도의 소음80데시벨 이상과 지진과 같은 진동을 주변지역에 초래하고 있습니다. 최근에도 이로 인한 피해가 이른 아침인 4시 이전부터 장시간 계속되기도 했습니다.

오키나와현의 다른 시정촌市町村과 마찬가지로 나고시에도 주민을 끌어들였던 지상전 체험자가 지금도 건재합니다. 오키나와전투의 산 증인인 그분들의 귀에 불길한 기억을 불러일으키는 미군의 훈련음을 들려드리고 싶지 않다고 생각하는 것은 자식으로서 그리고 손자로서 당연한 일이 아니겠습니까. 미군의 훈련에는 그 외에도 부정적인 요소가 있습니다. 오키나와현에서는 미군기 추락사고가 1972년 조국 복귀 이래 45건 발생했습니다. 평균 1년에 한 번은 추락하는 두려운 현실입니다. 특히 아동을 포함하여 17명이 희생된 1959년 6월 우루마시 이시카와에서 발생한 미야모리소학교 미군기 추락사고는 최악일 것입니다. 오키나와 현내의 학교라면 어디서나 이와 같은 최악을 사고가 일어날 수 있습니다. 이러한 현실을 보면 신기지가 건설되는 것에 많은 나고 시민과 오키나와 현민이 반대하는 현상을 다른 현에 사는 사람들도 이해할 수 있지 않겠습니까.

정부 관계자는 걸핏하면 '후텐마의 위험성 제거가 원점'이라고 말하곤 합니다만, 오키나와에 있는 미군 전용 시설 대부분은 일본 정부가 미국 측을 움직여 다른 현에서 당시 미군정 하에 있던 오키나와로 옮겨온 것입니다. 그런 사실조차 오키나와 현민에게는 알리지 않았습니다. 일본 정부는 스스로 위험성을 오키나와에 떠맡겨 두고서 그 사실을 국민에게 알리지도 않은 채 오키나와를 위해 위험성을 제거하려는 것이라는 오만한 자세로 일관하고 있습니다. 덧붙여 말하자면, 이설 장소가 같은 오키나와 현내라는 것은 이미 오키나와 현민을 우롱하는 것이라고밖에 생각할 수 없습니다.

내 앞에는 헤노코 이설을 용인하는 입장을 취한 시장도 있었습니다만, 다른 현에 비해 너무나도 불합리한 현상을 보고 있으면 당시 그들의 결단이 얼마나 힘들었을지 잘 알 수 있습니다. 보다 나은 장래의 나고시와 오키나와현을 위해 국책으로 떠맡겨진 부담을 어떻게 줄일 수 있을까 생각한 끝에 일본 정부가 받아들였으면 했던 것이 앞바다 2킬로미터 매립안이고, 15년 사용기한이며, 군민軍民 공용 공항이고, 일곱 가지 조건이었습니다. 그런 그들의 구상을 짓밟기라도 하듯이 일본 정부는 그 조건들을 전부 파기해버렸습니다.

그러나 지금은 이전과 같은 중앙집권의 시대가 아니라 지방분권의 시대입니다. 밀어붙이는 것을 일방적으로 받아들이는 게 아니라 오히려 지방의 발전을 위해 중앙과 대등한 입장에서 의견을 개진함으로써 지방이 중앙을 움직이게 하는 시대입니다. 지방이란 곧 시민이고 현민이며 국민입니다. 우리나라는 국민주권을 표방하는 민주주의 국가입니다. 지방의 목소리, 오키나와의 목소리가 티끌만큼도 중앙에 도달하지 않는 현상이 과연 국민주권을 내건 참된 민주주의 국가의 모습이라고 할 수 있겠습니까.

나는 이제부터라도 "헤노코의 바다에도 땅에도 새로운 기지를 만들어서는 안 된다"라는 신념 아래 나고 시민, 오키나와 현민 그리고 오키나와에 마음을 써주시는 현 밖의 사람들과 함께 보다 나은 나고시, 보나 나은 오키나와현, 보나 나은 일본의 실현에 기여하고 싶습니다. 현재를 사는 우리들이 맨 먼저 생각해야 할 것은 장래를 살아갈 자손들의 일이고, 그 생각을 밀고나갈 때 보다 나은 사회와 빛나는 미래가 있을 것이라고 나는 굳게 믿습니다.

동아시아와 다시 이어지기 시작한 오키나와/류큐

이하 요이치伊波洋一

전 기노완시 시장

동아시아에서 오키나와의 시좌視座를 생각할 때 과거 류큐국의 존재를 잊어서는 안 된다. 류큐국은 1429년부터 1879년까지 450년 동안 이어졌다. 중국의 왕조는 당나라가 289년으로 가장 길고, 청나라와 명나라가 276년 동안 이어진다. 에도 바쿠후의 267년과 비교해도 류큐국의 지속 기간은 특기할 만하다. 류큐국 성립 이전 난잔南山, 주잔中山, 호쿠잔北山의 류큐 산잔시대三山時代, 1322~1429부터 류큐는 명나라에 조공을 바쳤다. 몽고족의 원 왕조가 쇠퇴하고 1386년 한민족의 명 왕조가 건국된 직후인 1372년 류큐 산잔의 하나인 주산 왕 삿토察渡가 명에 조공을 바치자 명 왕조는 주산 왕에게 대형 선박을 제공하여 조공무역을 인가했다. 그 후 호쿠잔과 난잔도 명에 조공을 하면서 류큐 산잔은 명 왕조의 책봉을 받는다.

책봉 조공 체제 아래에서 조공무역은 류큐 산잔을 류큐국으로 통일한 쇼하시尚巴志에게 이어졌고, 류큐국은 명·청과 일본, 조선, 동남아시아 각국 사이에 들어가 무역하는 조공무역을 500년 넘게 계속했다. 조공무역을 통해 많은 물품이 오갔고, 오키나와에 정착한 것도 많다. 동남아시아의 토속주 양조법으로 오키나와에서 생산한 아와모리泡盛도 그 중 하나다. 오키나와 각지에서 만들어지는 가쓰리絣, 무명 직물의 일종, 산신三線, 발현 악기을 비롯한 전통악기, 전통공예품 등이 있다. 명 왕조가 자국민의 해외 도항을 금하는 해금정책海禁政策 하에서 조공국인 류큐는 샴, 말라카, 수마트라, 자바 등 동남아시아의 주요 교역지와 중국, 일본을 빈번하게 오가며 무역을 했다. 14세기부터 유럽 각국이 동남아시아로 진출하는 16세기에 걸친 시기를 류큐의 대교역 시대라 부른다. 명나라 초기 약 150년 동안에 30척이 넘는 대형 선박을 명나라로부터 하사받았고, 조공 횟수는 70회가 넘어 고려 다음으로 많았다.

'만국진량萬國津梁의 종'으로 유명한 옛 슈리성 정전正殿 종1458년 주조의 명문銘文은 대교역 시대의 모습을 잘 보여준다. "류큐국은 남쪽 바다의 빼어난 땅으로 삼한三韓의 우수한 문물을 모으며, 대명大明을 보거輔車로 삼고, 일역日域을 순치脣齒로 삼는다. 이 두 나라 사이에 솟아오른 봉래도蓬萊島이고, 배를 세계를 잇는 다리로 삼으며, 이국의 물산과 재보가 곳곳에 가득하다."[1]

500년 전 류큐국은 일본·중국과 동남아시아 각지를 잇는 교역을 했고, 나하항 왕부王府의 보물창고인 오모노구스쿠御物城에는 아시아 각지에서 온 교역품이 가득 차 있었다.

과거 대교역 시대에 그랬던 것처럼 지금 오키나와가 다시 동아시아의 가교가 되려 하고 있다. 나하항의 대안對岸에 있는 나하공항에는 옛날의 교역선 대신 동아시아 각지에서 매일 항공화물편이 심야 0시 이후에 도착하

---

1 [옮긴이] 銘文의 전문은 이 책의 제3장 참조.

여 일본 각지로 향하는 화물을 내리고, 그 대신 일본 각지와 아시아 각지에서 도착하는 화물을 싣고서 날이 밝기 전에 출발한다. 아침에 도쿄의 쓰키치築地 어시장에서 낙찰된 해산물이 심야에 나하공항에 도착하고, 다음 날 아침까지 홍콩이나 싱가포르로 가서 낮에는 레스토랑에서 제공된다. 잘 익은 고급 망고와 야마가타현에서 생산된 체리, 구마모토의 딸기, 홋카이도산 털게 등 일본 각지의 신선한 일품逸品이 국내 공항에서 나하공항으로 모이며, 동아시아 부유층을 대상으로 택배 편으로도 제공되고 있다.

일본의 거대 택배 회사가 진출해 있으며, 중국의 대규모 택배 회사도 진출해 있다. 과거의 진공선進貢船 무역은 계절풍에 따른 연 1회가 한도였지만 전일본공운수全日本空運輸가 운영하는 ANA 오키나와 화물 허브 항공 네트워크는 매일 아시아 각국 열두 곳의 주요 공항과 연결하여 각국의 국내 항공 네트워크에 접속한다. 2009년 새 화물 터미널이 문을 연 지 5년째인 2014년 나하공항의 국제 화물 취급량은 약 17만 8,000톤을 넘어 국내 4위, 개시 전인 2008년의 약 190배에 달했다.

오키나와로 오는 것은 화물만이 아니다. 동아시아의 성장의 바람도 오키나와에 불고 있다. 상징적인 것이 동아시아에서 오는 관광객의 급증이다. 오키나와 관광객 수는 2013년 641만 명, 2014년 705만 명, 2015년 775만 명으로 급격히 증가하고 있다. 이러한 증가세를 지탱하고 있는 것이 동아시아에서 오는 관광객인데, 2013년 55만 명에서 2014년 89만 명, 2015년 150만 명으로 3년 동안 100만 명 가까이 늘었다. 동아시아 각지에서 오는 관광객은 항공 네트워크의 발달에 따라 더욱 증가할 것이다.

오키나와의 따뜻한 기후, 바닷가의 하얀 모래밭, 에메랄드그린에서 짙은 청색까지 아름다운 색깔을 짜 넣은 산호초 바다, 맑고 투명한 푸른 하늘, 눈부신 햇빛, 푸르른 나무들과 풀, 노란색 꽃과 붉은 빛이 도는 보랏빛 꽃들……. 일본의 다른 지역에서 온 관광객도 매료되는 오키나와의 자연은 중국 대륙에 사는 많은 사람들에게도 놀라운 자연환경일 것이다. 일찍이 오키나와에서 개최된 국제회의에서 동남아시아 참가자가 첫인상으로 "공기가 맛있다"라고 말한 것이 생각난다. 이미 십수 년이 지났지만 경제 발전과 함께 중국 대도시의 대기오염은 점점 심각해지고 있다. 중국에서 오는 사람들이 "오키나와는 아시아의 진주, 숨어 있는 집과 같은 존재다"라는 인상을 갖는 것도 납득할 수 있다.

류큐 왕국이 500년에 걸쳐 명청 시대의 중국과 조공의 형태로 공식적인 국교를 맺고 조공무역을 통해 평화롭게 교류할 수 있었던 것에 비해, 일본은 중국 대륙의 나라들과 공식적인 국교를 맺고 평화롭게 교류한 적이 없었다. 일본과 중국의 군사적 긴장이 높아지고 있는 지금이야말로 류큐국이 500년 넘게 중국과 평화롭게 교류를 이어왔다는 것을 재인식하는 것이 중요하다.

오키나와의 자기결정권 회복을 향한 길

아시아 이웃나라들과의 우호관계를 찾아

이토카즈 게이코絲數慶子

오키나와 사회대중당 당수, 참의원 의원

1879년 류큐처분 이후 계속되고 있는 오키나와의 자기결정권 침해는 오늘날까지 개선된 적이 없었다. 일본에 의한 침략과 병합, 본토 방위를 위해 버리는 돌이 되었던 오키나와전투, 복귀 후의 과중한 기지 부담의 항구화—130년 넘게 오키나와인은 참된 의미의 자유를 얻지 못해고, 인권을 유린당했으며, 지금까지 미일 양 정부에 의한 미군기지 강요와 기지에서 파생되는 문제들로 허덕이고 있다.

일본의 일개 현에 지나지 않은 오키나와가 세계 제1위인 경제대국 미국과 제3위인 일본의 식민지 지배에서 벗어나, 자신의 일을 자신이 결정하는 자기결정권을 회복하고자 할 때 어떤 방법이 있을까. 일본은 입헌민주주의 국가이며, 헌법은 인권을 존중하고, 평화를 지키며, 주권은 국민에게 있다고 밝히고 있기 때문에 본래대로라면 정당한 권리를 호소하면 끝날 터이지만, 실제로는 선거로 몇 번씩이나 드러나는 민의와는 반대 방향으로 정치는 움직이고, 사법은 책임을 방기하여 판단을 계속 피하고 있다. 헌법은 나라의 최고 법규일 터인데 웬일인지 헌법보다 상위의 결정이 있고, 그것은 미국과 크게 관련이 있다고 생각하지 않을 수 없다. 그만큼 일본은 철저히 대미 추종으로 일관하고 있으며, 미일 안보를 가장 중요하고 침범할 수 없는 것으로 취급한다. 일본 정부의 입장에서 볼 때 오키나와는 미군기지 부담을 거부하고 미일 안보를 위험에 빠뜨리는 성가신 존재임과 동시에 미군기지를 떠맡을 다른 도도부현都道府縣이 없으니 안보 유지를 위해 대단히 중요한 존재이기도 하다.

이렇게 상반된 측면을 함께 갖고 있는 오키나와에 대한 일본 정부의 억압적이고 차별적인 대응은 본토의 거대 미디어가 다루는 경우가 적기 때문에 전국에 알려지지 않았다. 그러나 2014년의 지사 선거, 중의원에서 '올 오키나와All Okinawa'1의 완승이 전국에 초래한 반향은 적지 않아서 본토 미디어도 오키나와의 기지 문제에 점차 관심을 갖고 다루게 되었다. 또, 최근 아베가 이끄는 자민당과 공명당 연립정권에 의한 안보 관련 법안의 강행 채결採決을 향한 반발로부터 정권의 자세에 대한 의문이 분출했다. 그 의문에서 생겨난 SEALDs2와 고교생들의 시위 움직임, 반원전 운동 등에서 일본의 민주주의에 대한 자각을 엿볼 수 있으며, 그 앞에 오키나와의 자기결정권 회복을 향한 길이 열릴 것 같은 느낌이다.

'미일 안보를 지지하지 않는다'라는 의견을 일본인은 대체로 인정하지

---

1 [옮긴이] 운동을 가리키기도 하고 선거연대의 명칭이기도 하며 조직을 일컫기도 한다. '올 오키나와'를 관통하는 단 하나의 지점은 '헤노코 신기지 반대'이다. 2014년 선거에서 '올 오키나와'를 슬로건으로 내세운 후보들의 완승했다.

2 [옮긴이] 자유와 민주주의를 위한 학생 긴급 행동(Students Emergency Action for Liberal Democracy-s). 2015년 5월부터 2016년 8월까지 활동한, 학생들에 의해 결성된 정치단체이자 학생단체이다.

않는다. 그러나 타국의 군대가 전후 70년 동안이나 주둔하고, 광대한 땅과 하늘, 바다를 자유롭게 사용하고 있는 것이 이상하다는 것을 알고 있는 일본인이 얼마나 될까. 객관적으로 보건대 일본은 미국의 속국이다. 일본인은 자국이 주권국가가 아니라는 사실을 하루라도 빨리 알아차려야 한다. '미일 안보는 중요하다'라는 주문의 이면에 주권의 침해가 얼마나 교묘하게 감추어져 있는가. 모르는 사이에 그 대가를 지불하는 것이 일본 국민, 특히 오키나와 현민이라는 것을 알아차리지 못한다면 앞으로 일본은 미국에 먹힌 상태에서 벗어나지 못할 것이다.

오키나와는 류큐 왕국이었던 시대에 동아시아 각국과 우호관계를 맺고 해상무역으로 번영을 누렸다. 작은 섬나라에서 아무런 무력도 갖고 있지 못했던 류큐의 유일한 무기는 외교와 상업이었다. 지정학적으로 보아 오키나와에는 기지를 둘 필요가 있다는 의견이 있다. 그러나 군대에 의해 나라를 지킨다는 것이 환상에 지나지 않는다는 것을 오키나와전투에서 호되게 배웠다. 현대를 살고 있는 우리들은 타국과 평화적으로 공존하고 상호 존중하는 관계를 유지할 방법을 찾는 데 노력해야지, 기지의 장소와 군대의 규모, 무기 구입 예산의 변통에 마음을 쓸 필요는 없다. 그러한 이야기는 태평양전쟁과 함께 끝내자는 의미에서 헌법 9조가 명문화됐던 것이며, 전후 일본은 그 지점을 목표로 삼고 있었던 것이다. 원점으로 돌아가 이웃 나라들을 다시 바라보면 우호관계를 향한 길은 쉽게 열릴 것이라고 확신한다. 결국 어떤 나라든 전쟁을 하고 싶어 하는 것은 늘 국민이 아니라 일부 생각이 짧은 정치가와 전쟁에서 한몫 잡고자 하는 장사꾼이기 때문이다. 최근 일본의 정권은 센카쿠댜오위댜오와 독도다케시마 영유권 문제와 야스쿠니 참배 문제로 쓸데없이 이웃나라들과 관계를 악화시키고, 국민의 불안을 부채질해 비밀보안법과 안보 관련법 등을 국민적 논의도 제대로 거치지 않은 채 하나씩 통과시켜왔다. 바로 지금 일본인은 의무감을 갖고서 정치를 주시하고, 잠시 멈춰 서서 일본의 미래에 관하여 숙고하기 바란다. 아시아 이웃나라들과 긴장된 관계를 이대로 이어갈 것인가, 아니면 우호관계를 맺고 함께 발전하는 길을 걸을 것인가. 오키나와는 그 지리적 조건을 군사에 활용할 것이 아니라 아시아 이웃나라들을 잇는 우호의 가교로 활용했으면 한다. 오나가 현지사는 '평화의 완충지대'라는 말을 종종 사용한다. 아시아에서 평화의 상징이 되고 싶다는 말이다. 일본이 대미 추종으로 내달릴 게 아니라 아시아 국가들과 지속적인 우호관계를 맺어야 한다. 그리고 우호관계가 성숙해졌을 때 오키나와는 진정한 의미에서 자기결정권을 회복할 수 있을 것이라고 생각한다.

미군기지 문제의 진실

가와우치 히로시川內博史
전 중의원 의원

오키나와에 미군기지가 집중되어 있는 것은 무엇을 의미하며 무엇을 상징하는 것일까? 왜 우리들의 정부는 아무런 주저 없이 우리들의 세금을 미군을 위해 사용하는 것일까? 왜 후텐마의 오키나와 현외 또는 국외 이설에 도전했던 하토야마 유키오는 인격까지 공격당하며 매장되어야만 했던 것일까? 왜 아베 총리대신은 헤노코가 유일한 해결책이라고 말하는 것일까?

오키나와의 미군기지 문제는 이 나라가 국제법상으로는 독립국이자 주권국이라 하지만 실체는 미국 정부의 지배 하에 있다는 것을 상징적으로 보여준다. 그러나 일본국 정부는 그것을 많은 국민에게 알리고 싶어 하지 않는다. 그래서 도쿄에서 멀리 떨어진 오키나와에 미군기지를 집중시켜 미국 정부에 의한 지배를 의식하지 못하게 하는 것이 지배 정부 미국과 피지배 정부 일본의 암묵적인 양해 사항이었다.

그래서 미일안보조약에도 미일지위협정에도 조문으로서 "뭔가 사정이 좋지 않으면 말해 달라"고 명기되어 있음에도, 전후 역대 총리 중에서 현상의 변경을 요구한 유일한 총리대신이었던 하토야마는 아주 간단하게 무너지고 말았다. 게다가 그것은 미국 정부에 의해서가 아니라 미국 정부의 영원한 지배를 바라는 국내 세력에 의해서이다. 지배당하는 것이 길들여진 이 나라의 정계, 관계, 재계, 학계, 언론계의 리더들은 문을 열고 새로운 세계로 나아가고자 했던 하토야마를 내리눌러 문을 열지 못하게 했다. 그들은 새로운 세계를 보는 것이 무서웠던 것이다.

그러나 2015년 5월 미일 정상회담 후 오바마 대통령이 회견에서 "오키나와 해병대의 괌 이전을 촉진시킨다"라고 말했듯이, 국제 안전보장 환경의 변화 속에서 미국 정부는 우리 정부에 대하여 자립을 요구하고 있다.

중국과 러시아 혹은 신흥국가가 경제적으로 놀라운 파워를 갖고, 이슬람과 아프리카가 서양의 착취에 따른 빈곤과 싸우며, 그것이 폭력의 연쇄라는 형태로 나타나고 있는 지금, 우리 정부는 국제사회로부터 어떻게 행동할 것인지 질문을 받고 있다.

아베 내각도 국제사회에서 일정한 역할을 하고 싶다고 말한다. 하지만 유감스럽게도 우리 정부는 '국제사회'의 일원이 아니라 '미국 정부의 일원'에 지나지 않는다. 미국 정부는 일본 정부가 양국의 우호관계를 강화하면서 자립하여 독자적인 길을 걸어가기를 바라는 듯하다. 미국 대통령 선거에서 미국의 유력한 싱크탱크인 '외교문제평의회'는 그 모임이 지원하고 있는 트럼프에게 그렇게 말하도록 하고 있다. 다른 한편 군이 지배를 바란다면 돈도 내게 하고 피도 흘리게 하라고, 다시 말해 형편에 맞게 이용하라고 말하기도 한다.

어떤 길을 선택할 것인지를 상징하는 것이 헤노코 문제이다. 진정으로 자립하여 주변국가나 국제사회와 외교관계를 맺어갈 것인가, 아니면 미국 정부에 의한 지배를 계속 바라면서 형편에 맞게 이용당할 것인가.

국제사회는 군사나 폭력에 지칠 대로 지쳤다. 많은 사람들이 죽어가고 있는 것을 모두가 알고 있다. 그리고 지금 이대로는 정말 안 된다는 것을 알고 있다. 다른 한편 방침을 변경하는 것이 쉽지만은 않다. 어떻게 하면 좋을까? 하나하나 구체적인 문제를 해결해가는 수밖에 없다. 그 하나가 오키나와의 미군기지 문제, 즉 헤노코 문제다.

전후 70년 유엔 가맹 193개국 중에서 전쟁에 가담하지 않은 8개국 중 하나인 일본이 후텐마 기지를 폐쇄하고 헤노코 기지 건설을 중지하여 오키나와 해병대의 괌 이주에 협력하는 것은 우리 정부가 자립하여 진정으로 '국제사회의 일원'이 되는 것을 의미한다.

나는 우리 정부에 대해 자립을 촉구해온 오나가 오키나와현 지사를 비롯한 현민과 미국 정부에 경의를 표하고 싶다.

왜냐하면 군산복합체라는 사상 최강의 세력에 대항하려면 맷집 좋은 평화 세력을 구축할 필요가 있기 때문이다. 진정한 자립은 진정한 자유와 표리일체이다. 군산복합체는 일부 사람들에게는 부와 자유를 보증하지만 다수 사람들에게는 억압과 예종隷從을 강요한다. 세계의 많은 사람들은 그 점을 알고 있다. 바뀌지 않으면 안 된다는 것을 알고 있다.

그리고 그 선두에 서 있는 것이 오키나와 현민이고, 그것을 알아챈 것이 미국 정부이다. 그래서 경의를 표하는 것이다.

오키나와 현민 그리고 일본 정부, 미국 정부는 거울 속의 자신이다. 거울 속의 자신에게 이렇게 물어보면 된다. "나는 어떻게 하고 싶은가? 바뀌어야 하는 게 아닐까? 이대로는 정말 안 된다는 것을 알고 있을까? 그러므로 헤노코 기지 건설도 무리하게 추진해서 좋을 게 전혀 없다."

오키나와 구상의 과거와 현재

나카치 히로시仲地博
오키나와대학 학장

1910년 8월 29일 대일본제국은 대한제국을 병합했다. 오키나와학의 태두 이하 후유伊波普猷 밑에서 공부하고 있던 히가 슌초比嘉春潮는 당시 일기에 이렇게 적는다.

> 지난달 29일 일한병합. 만감이 교차하여 필설로 다할 수가 없다. 알고자 하는 것은 우리 류큐시硫球史의 진상이다. 사람들은 말한다. 류큐는 장남, 타이완은 차남, 조선은 삼남이라고.

류큐는 장남, 타이완은 차남, 조선은 삼남이라는 말은 제국이 동아시아로 팽창하는 역사적 경위를 단적으로 말한 것이다. 오키나와는 일본의 평범한 한 지방으로 그저 최남단에 있을 뿐이며 그것은 홋카이도가 북단에 있는 것과 다르지 않다고 믿고 있는 청년에게 이 말을 소개하면 대부분 믿기 어렵다는 표정을 짓는다.

일본 쪽에서 보면 류큐오키나와는 동아시아로 팽창하는 데 돌파구와 같은 위치에 있었다. 자유민권운동가 스에히로 텟초末廣鐵腸가 『조야신문朝野新聞』에 게재한 「유노가토琉奴可討」라는 글에서 "유노琉奴가 우리 일본제국을 얼마나 멸시했던가. 유노가 지나국支那國을 얼마나 경모傾慕했던가"라고 논한 것은 류큐처분 전야였다. 토벌당하는 '유노' 쪽에서 보면 일본은 당연히 침략자에 지나지 않았다.

동아시아와 오키나와를 생각할 때, 우선 오키나와가 일본이 된 출발점에 대한 논의부터 살펴보는 것은 대단히 흥미롭다. 메이지 초기 언론계는 오키나와를 어떻게 논했을까. 히야네 테루오比屋根照夫가 젊었을 때 쓴 논문 「오키나와 구상의 역사적 귀결」[1]을 보면 잘 알 수 있다. 이 글이 발표된 지 반세기 가까이 지났지만 지금 보아도 선명하다. 히야네의 논문에 근거하여 당시의 '오키나와 구상'을 본고의 관심에 입각하여 요약하기로 한다.

메이지 정부에서는 남해의 류큐를 어떻게 일본의 판도로 편입할 것인지가 외교·내정상 중요 정책과제였는데, 이에 대해 재야의 지식인은 어떻게 논했을까.

우선 자유민권파를 대표하는 신문 『유빈호치郵便報知』는 류큐는 중국과 일본에 속하는 애매한 나라이며, 류큐에 일본의 힘을 쏟기보다 국내 개혁을 우선시해야 한다고 주장했다. 말하자면 '오키나와 방기放棄 구상'이다.

『근시평론近時評論』의 논조는 약소국 류큐를 "불쌍하게 여겨야 한다"면서 "일본이 약소국의 권리를 보전하고 자주성을 존중하는 태도를 보여야만 비로소 일본은 구미 선진국에 대해서도 자주성을 강하게 요구할 수 있다"

1　『自由民權思想と沖繩』, 研文出版 所收.

는 입장마쓰모토 산노스케(松本三之助)이었다. 인민의 발언권과 참정권의 보장을 주장하는 이른바 '오키나와 자치 구상'이다.

우에키 에모리植木枝盛는 '오키나와 독립'을 구상했다. "아시아의 기본이념은 아시아 각국 간의 상호불가침, 주권 평등, 인간의 자주적 정신 존중이다. 이 기본이념을 내외에 선명하게 하기 위해 류큐를 독립시키라"고 말한다.

마지막으로 후쿠자와 유키치의 '내지화 구상'이다. 후쿠자와는 일본이 서양을 본받아 오키나와를 내지화해야 한다고 했다. 그리고 후쿠자와의 "(오키나와의) 내지화 주장은 궁박한 국제 환경 속에서 정치·교육·사회 등 여러 영역의 개혁에 우선하는 군사적·국방적 내지화의 색채를 농후하게 지니게 된다".

이상에서 볼 수 있듯이 논자들의 오키나와 구상은 많든 적든 아시아와의 관계에서 논의되고 있다. 그리고 군이 말할 것까지도 없지만, 현대사에서도 오키나와의 운명은 아시아와의 관계에서 처리되어왔다. 미국이 류큐제도를 군사적으로 점령하기를 바랐던 천황 메시지, 공산주의의 위협이 있는 한 오키나와를 보유하기로 한 아이젠하워 대통령의 성명, 미일 안보를 아시아 안보로 확대한 오키나와 시정권施政權의 반환이 그러했다. 그리고 지금 주변 국가들을 위협으로 인식하고 억지력을 위해 해병대 기지를 강요하고 있다.

이쯤 되면 100년 이상이 지난 오키나와 구상이 현대에 그대로 겹쳐지는 것을 알 수 있다. 현대의 오키나와 구상을 보면, 정부에 대항하는 오키나와는 제멋대로 하게 내버려두라는 방기론이 인터넷상에서 발호하고, 미군기지를 완전히 폐지하기 위해서는 독립해야 한다는 독립론을 주장하는 사람들이 있는가 하면, 오키나와의 독자성에 입각한 자치론이 있다. 또, 오키나와 기지는 일본 방위를 위해 필요불가결하다는 것은 후쿠자와의 내지화 구상을 연상시킨다.

그렇다면 현대의 오키나와 구상에서 가장 강력한 것은 무엇일까. 오키나와현이 책정한 '오키나와 21세기 비전 기본계획'은 "현민과 함께 책정"한 것이고, "오키나와현 시책의 기본"이며, 실천성을 가진(실제로 실현할 수 있는지 여부는 별도로 하고) 문자 그대로 최강의 오키나와 구상이다. 이 계획은 실은 현에서 책정하는 첫 종합 계획이다. 복귀 후 4차에 걸쳐 '오키나와 (개발) 진흥 계획'이 책정되었는데, 이는 다른 도도부현都道府縣과 달리 나라의 계획이라는 특수한 것이었다.

이 기본 계획의 한 가지 특징은 전체를 통해 오키나와가 일본과 아시아의 가교가 된다는 관점을 강조하고 있는 것이다. 몇몇 문구를 소개하면 다음과 같다.

> "(오키나와현은) 교류와 공생을 통하여 아시아 및 세계와 연결하고 우리나라가 세계에 공헌하는 일익을 담당한다.""오키나와의 특성을 발휘하여 일본과 세계를 연결하고 아시아·태평양 지역의 평화와 발전에 공헌하는 선구적 지역을 형성한다.""민간 주도의 자율적 경제의 구축을 계승 발전시키고 만국진량萬國津梁의 정신을 계승하여 일본과 세계의 가교가 되는 오키나와형 자립경제의 구축에 매진한다."

지금 오키나와는 일본과 동아시아의 결절점으로서 스스로의 존재 의의와 가치를 확인하려 하고 있다.

'우야후아후지'의 나라 중국과 우치난추

이시하라 마사이에石原昌家
오키나와국제대학 명예교수

동아시아공동체 사회를 열어가고자 할 때 중국과 오키나와의 관계를 서민庶民 수준의 역사 인식을 바탕으로 하여 확인해두는 것도 필요할 것이다. '신분사회학'이라는 사회학적 감각으로 일상적 서민의 회화 속에서 고른 말을 전문 지식으로 뒷받침하면서, 특히 젊은 세대에게 중국과 오키나와의 관계에 대한 역사적 각성을 촉구하고 싶다.

'우야후아후지'의 나라 중국

구메산주로쿠세이久米三十六姓라고 불리는 다양한 면에서 뛰어난 사람들이 중국에서 류큐로 건너오자(1392년 이후 홍무제의 명에 따라 건너오기 시작한 것으로 알려져 있다), 류큐 왕부王符는 구닌다久米村, 현재의 나하시 구메초. 구닌다는 오키나와 방언를 기능집단의 거주지로 정했다. 그 자손은 지금 모두 오키나와에 스며들었고, 고키후휴와 같은 성姓에 혼적을 간직한 채 오키나와인 의식을 갖고서 살아가고 있다. 일상생활 속에서 중국계라는 것을 의식하는 경우는 거의 없다. 다만 그 자손들로 이루어진 구메소세이카이久米崇聖會에 참가할 때는 구닌단추久米村人의 자손이라는 것을 약간 의식하는 듯하다.

내가 1981년 우라소에시浦添市 마키미나토牧港에 사는 마타요시 에이초又吉榮長 씨로부터 전쟁 체험을 청취할 때 구닌단추의 의식을 알 수 있었다. 황군 병사로 중국 대륙을 전전하며 싸우던 중 그 부대의 일본 병사 한 명이 살해되었다. 이에 대한 앙갚음으로 가까이 있던 작은 마을의 전 주민 60명가량을 총탄이 없다면서 도끼 따위를 휘둘러 모두 살해했다. 그 부대에는 오키나와 출신 황군 병사가 마타요시 말고도 한 사람이 더 있었다. 마타요시 씨가 성이 아라가키新垣인 구닌단추에게 "너의 우야후아후지うやふぁーふじ, 조상님이라는 의미의 나라 사람들을 이렇게 몰살하는 것을 어떻게 생각하느냐"고 물었더니, "쉿, 내가 중국계라는 것을 부대에 알려지면 나도 살해될지 모르니까 잠자코 있으라"며 벌벌 떨면서 대답했다고 한다. 1937년 중일전쟁이 본격화한 지 얼마 되지 않은 무렵의 구닌단추 의식을 알 수 있는 에피소드이다.

문중과 중국명

오키나와에는 친족조직으로 문중門中 제도가 있다. 각지에 사는 그 친족은 연중행사인 오월제나 유월제가 되면 새전賽錢을 들고 문중의 우후무토우大宗家나 나카무토우中宗家의 조상 대대의 위패 앞에 인사를 드리러 온다.

슈리 사족士族의 문중은 모우우지毛氏, 요우우지楊氏 등과 중국명으로 조직되어 있다. 나는 요우우지의 나카무토우의 대를 잇고 있어서 300년이 넘은 조상의 위패를 모신 불단과 묘를 돌보고 있다. 평상시에는 별다른 교제가 없는 문중 분들이 제사를 드리는 날에는 각지에서 우리 집을 찾아오는 것을 보고 오키나와인이 얼마나 독실하게 조상을 숭배하는지를 피부로 느끼곤 한다.

이처럼 이전에는 구닌단추가 아니라도 오키나와의 사족은 중국명을 갖고 있었다는 것도 젊은 세대에게는 진기하게 들릴 것이다. 우리 세대는 어렸을 때부터 우치난추오키나와 사람는 토나唐名, 중국 이름가 있었다는 얘기를 조부모 세대로부터 들었다. 그것은 1879년 류큐국이 무력을 배경으로 한 야마토 국가에 병합되었을 때, 중국청나라에서 구국운동을 펼친 류큐 사람 가운데 이케구스쿠 안키池城安規는 '毛鳳來', 요나바루 료케쓰與那原良傑는 '馬兼才', 고치 초조幸地朝常는 '尚德宏'과 같은 중국명을 가진 슈리 사족이 있었다는 것을 보아도 알 수 있다.[1]

1458년에 주조한 '만국진량의 종'의 명문에서 류큐국은 동아시아의 중심으로서 교역을 통해 세계의 가교가 된다고 선언하고 있다오키나와현의 박물관에 현물 전시. 류큐국 사람들은 중국명나라을 종주국으로 하는 조공체제 하에서 말라카 등 동아시아를 자유롭게 오갔다. 중국의 조공국은 "조선, 류큐, 베트남, 라오스, 태국, 술루1898년 미국령 필리핀에 병합, 네덜란드, 버마 등"[2]인데, 그야말로 동아시아 국제질서는 '책봉체제중국 황제가 정점'로 평화 공존이 유지되고 있었던 것이다. 나는 어린 시절부터 중국으로부터 받은 경제적 은혜

1 　後多田敦, 『琉球救國運動』 참조.
2 　위의 책 참조.

를 '당구배唐九培'[3]라고 하는 것을 들어왔다. 베이질 홀Basil Hall의 『조선 류큐 항해기-1816년 애머스트 사절단과 함께』에서는 각지를 탐험했지만 '류큐인'만큼 평화롭고 우호적인 백성은 없다라고 극찬했다. 또, 아편전쟁 때 영국 배가 오키나와 섬 자탄北谷 앞바다에서 난파했을 때 류큐 사람들의 상상을 초월한 우호적인 대응에 감탄하면서, 미개의 땅이지만 '착한 사마리아인' 그 자체라고 칭찬해 마지않았다. 그리하여 류큐에 폐를 끼칠 일이 었음에도 불구하고 사례로서 베텔하임 선교사를 류큐로 들여보내는 등 성의를 다했다.[4]

그러나 1879년 메이지 정부에 의한 류큐 병합, 1945년 천황제를 지키는 싸움이었던 오키나와전투에서의 주민 피해, 전후 미일 양 정부에 의한 오키나와 군사기지화……. 그 결과 류큐는 타국을 향한 전쟁·분쟁의 출격기지로서 '악마의 섬'이라고도 불릴 정도로 폄하되었다.

하지만 21세기인 지금 아베 정권에 의한 '헤노코 신기지 건설'에서 볼 수 있는 오키나와 박해의 구도는 많은 사람들에게 류큐/오키나와의 역사를 각성하게 했고, 보수와 혁신을 뛰어넘는 '올 오키나와'라는, 가슴이 있는 일본인을 포함해 비군사 평화·민주주의를 지향하는 광범한 사람들의 집합체를 형성하고 있다. 그것은 모순을 끌어안으면서도 당면한 아베 정치를 종식시키고, 끝내는 난세이제도南西諸島와 류큐호琉球弧의 비군사화 운동으로 전개해가는 조짐이라고 말할 수도 있다. 그리고 동아시아공동체 사회의 평화 공존 공영 세계를 목표로 만국진량의 종 명문의 정신을 21세

---

3 류큐에서 중국으로 조공물을 가져가면 그 아홉 배의 보답을 받았다. 그러나 사쓰마가 그것을 가로채갔다.
4 『北谷町史』 참조.

기에 실현시키는 것이 이 시대의 강력한 요청이다. 이 요청에 부응하기 위해 역사의 추이를 아는 세대는 젊은 세대를 중심으로 미래를 열어나갈 역사적 대운동을 위해 그 방향을 제시하지 않으면 안 된다.

역사, 국제법, 인권 보장

아베 코키阿部浩己

가나가와대학교 법과대학원 교수

오키나와의 현재를 얘기할 때 지금은 빼놓을 수 없는 말이 된 '자기결정권'은 역사적으로나 실정법상으로 인권의 근간을 이루는 개념이다. 자기의 삶을 자기가 결정한다는 당연한 생각을 규범화한 이 권리는 서양에 의한 '신대륙' 정복에 저항하는 논리로 등장했고, 현대 국제법에서는 세계인권선언을 조약화한 국제인권법규약의 첫머리를 장식하는 가장 중요한 규범으로 성문화되어 있다.

물론 어떤 곳이든 변함이 없는 것처럼 인권이란 억압과 차별에 저항하는 당사자의 개별적인 싸움을 통해 현현顯現한다. 오키나와의 자기결정권도 일본 '본토'와 미국에 의한 식민지주의적이고 군사주의적인 지배에 저항하는 문맥 속에서 생성되고 있는 것이다. 하지만 연마鍊磨되는 그 양상은 현대 국제법의 기본 원칙인 자기결정권자결권을 구체화하는 것이 틀림없고, 그 사정射程과 통용력通用力에는 확실하게 보편적인 넓이와 깊이가 갖춰져 있다.

자기결정권이라는 말은 종종 역사적인 불의不義를 배후에 두고 소환된다. 실제로 외국에 의한 지배, 정복, 점령 또는 식민지 지배와 같은 문맥 속에서 이 말은 가장 쉽게 이해된다. 오키나와의 경우도, 시간적 범위를 근대로 한정한다면, 1879년 일본에 의한 강압적인 류큐병합이 이 개념을 되살리는 역사적인 기점이 된다는 것은 말할 필요도 없다. 그 후 일본 '본토'와 미국의 입장에서 오키나와는 일관되게 나라의 안전보장을 이유로 이리저리 끌려 다녀야 했다. 달리 말하면 일본의 안전보장과 미일동맹을 위해 바쳐야 할 '공물' 역할이 구조적으로 오키나와에 강요되어왔다는 것이다.

　하지만 미군기지를 오키나와에 설치할 특별한 군사적 필요가 없다는 것은 지금은 모두가 잘 아는 사실이라고 말할 수 있다. 그리고 특히 중요한 점은, 군사기지의 존재가 오늘날 오키나와 사람들의 자기결정권지방의 자율을 저해하는 요인으로서 새로운 인식틀 아래 정식화되기에 이르렀다는 것이다. 사법 관료를 포함한 일본의 정책결정자들이 나라의 안전보장이라는 고리타분한 말장난으로 오키나와의 목소리를 억누르려 하는 것은 사태의 본질적인 전환을 제대로 이해하지 못한 정치적 횡포라고밖에 말할 수 없다.

　'비무장'의 문화가 지탱해온 오키나와의 싸움은 전력戰力을 포기한 일본국 헌법의 이념에 더없이 잘 어울린다. 폭력에 호소하는 것을 삼가는 비무장 사상은 적을 만들지 않는 관계성의 구축을 전제로 한다는 점에서 적과 자기편의 구분에 입각한 집단적 자위권의 행사를 용인하고 나선 아베 정권의 비입헌적 행태와 분명히 대비되기도 한다.

　내 생각으로는 이와 같은 자랑스러워해야 할 비무장의 사상을 기반으로

'자기결정권' 개념을 통해 우리와 가까워진 국제인권보장의 틀에 오키나와가 더욱 주체적으로 관여하는 것이 좋을 듯하다. 그 함의는 일본 '본토'에 대한 이의신청의 국제적 정통성을 강화한다는 선에 그치지 않는다. 오히려 그 이상으로 국제인권보장의 틀을 활용하여 동아시아와 연대를 강화하고, 역내에서 인권보장의 요충지로서 오키나와의 존재감을 더욱 높여갈 수 있을 것이다. 무력에 의거한 안전보장의 요석要石이 아니라 인간의 존엄을 지탱하는 인권보장의 터전이 될 수 있을 것이다.

뜻밖에도 잘 알려져 있지 않은 사실이지만, 동아시아에서는 국제인권보장과 관련하여 대단히 흥미로운 현상이 나타나고 있다. 예컨대 앞서 얘기한 국제인권규약은 주권국가만을 체약국締約國으로 상정하고 있는바, 현재의 유엔 질서 내에서 중국을 대표하는 것은 중화인민공화국이기 때문에 타이완중화민국은 국제인권규약의 정식 체약국에 이름을 올릴 수가 없다. 하지만 타이완은 국제인권규약상의 의무를 스스로 받아들일 것을 선언하고, 인권 의무의 이행 상황을 국제인권법 전문가들에게 심사하도록 하는 체제를 정비하고 있다.

또, 홍콩과 마카오는 각각 영국과 포르투갈의 통치에서 벗어났음에도 불구하고 양국이 국제인권규약의 체약국이었기 때문에 중국 복귀 후에도 국제인권보장의 틀 안에 머물러 있다. 더 정확하게 말하면, 국제인권규약의 한 축이 되는 자유권규약시민적 및 정치적 권리에 관한 국제규약을 중화인민공화국이 체결하고 있지 않음에도 불구하고 홍콩과 마카오에서는 이 규약에 따라 자유권이 엄연히 보장되고 있는 것이다.

이처럼 동아시아에서는 타이완이나 홍콩, 마카오처럼 반드시 주권국가인 것은 아닌 정치적 실체가 국제인권보장과 밀접하게 결부되어 있는 현실적인 사례가 있다. 오키나와도 스스로 그 가운데 편입되어 동아시아에서 국경을 넘어선 독자적인 인권보장의 제도적 흐름을 만들어가는 것은 어떨까.

오키나와와 대비되어 종종 논의되곤 하는 스코틀랜드도 주권국가는 아니지만 자유권규약에 비춰 스스로의 인권 상황에 관한 보고서를 작성하고, 그것을 영국의 정기 보고 심사 때 인권 조약 기관에 제출하고 있다. 이와 마찬가지로 오키나와도 국제인권규약에 비춰 현내의 인권 시책 및 인권 상황을 정밀하게 조사하여 일본의 정기 보고 심사 때 자주적으로 인권 조약 기관에 제출하고, 이와 함께 타이완 등과 보조를 맞춰 역내에서 공동의 인권 상황 심사의 틀을 구축하는 게 어떨까.

자기결정권에 바탕을 둔 오키나와의 자율은 일본 '본토'와의 정치적 관계 재편에 머물지 않고, 오키나와 자체 내의 변혁과 '비무장' 사상에 의거한 동아시아 역내의 제휴로 이어져야 그 의의가 더욱 커질 것이다. 인간의 존엄에 기초한 국제인권보장에 자발적으로 관여하는 것은 그 발걸음을 재촉할 수 있는 중요한 정책적 선택지임에 틀림없다.

'주권'이라는 이름의 덫

북방영토에서 오키나와의 기지 문제를 생각한다

이와시타 아키히로岩下明裕

홋카이도대학 교수

『영토 문제를 어떻게 해결할까』에서 와다 하루키和田春樹는 결말 부분에 일본이 안고 있는 가장 큰 영토 문제는 오키나와의 기지라고 썼다. 『영토라는 병』에서 와다와 대담을 했을 때부터 나는 그 의미를 계속 생각해왔다. 상식적으로 생각하면 영토 문제란 국가와 국가의 특정 공간일본의 경우는 섬에 대한 주권을 둘러싼 싸움이다. 오키나와의 주권이 일본에 있다는 데 의심의 여지가 없고, 일본국이 주권자로서 섬의 일부를 미군이 사용하게 한 것이기 때문에 이것은 영토 문제는 아닐 터이다.

영토 문제를 말할 경우 대표적인 존재는 북방 네 개 섬이다. 홋카이도 동단東端 네무로시 노삿푸곶에 서면 스이쇼시마水晶島, 러시아명은 탄필레바섬, 모에모시리土萌茂尻島, 러시아명 스토로제보이 등 하보마이군도가 눈앞에 펼쳐진다. 그곳에는 일본의 주권이 미칠 터이지만 주민들은 섬에 들어갈 수 없다. 그곳에서 국가는 러시아에 섬을 반환하라고 요구한다. 이것이 이른바 영토 문제이다.

바다 위에 펜스가 설치되어 있지는 않지만 사람들은 맞은편으로 자유롭게 들어갈 수 없다. 하보마이군도는 원래 네무로시의 일부이기 때문에 도시가 분단되어 있다고 말할 수도 있다.

이에 비해 오키나와의 기지는 펜스로 둘러쳐져 있어 공간의 분단이 눈에 보인다. 그리고 그곳에서 사는 사람들은 역시 맞은편으로 들어갈 수 없다. 주권이 일본에 있는가 그렇지 않은가는 국가 차원에서 보면 큰 차이가 있지만, 과연 현지 사람들에게 그 둘은 어떤 차이가 있을까. '벽'이 삶을 압박하고 있다는 점에서는 다르지 않을 것이다.

UCLA에서 일하는 정치지리학의 석학 존 애그뉴John Agnew. 일본에서는 잘 알려져 있지 않지만 1994년 그가 국제관계를 논의하는 자리에서 제기한 '영토의 덫'이라는 개념은 한동안 학계를 휩쓸었다. 그에 따르면 '영토의 덫'은 ① 국가는 명확하게 획정된 영토 위에 배타적으로 주권을 행사할 수 있다, ② 국내외가 분리되어 각각이 명확한 영역을 구성하고 있다, ③ 국가의 경계가 그대로 사회의 경계를 획정하고 있다는 세 가지 점으로 구성되어 있다.[1]

여기에서 특히 생각하고 싶은 것은 정말로 국가는 자국의 영토 위에서 배타적으로 주권을 행사할 수 있는지 여부이다. 애그뉴는 주권을 '절대주권'과 '실효주권' 둘로 나누고, 주권을 실효적으로 행사할 수 있는지 여부가 열쇠이며 영토 밖에서도 그것은 가능하다고 주장한다. '절대'라는 말은 오해를 부를지도 모른다. 나는 이것을 알기 쉽게 '명목상의'라고 부를 것이다. '실효주권'은 시정권施政權이라고 바꿔 불러도 좋다. 이렇게 생각하

---

[1]　山崎孝史,「政治地理學からみた領土論の罠」,『領土という病』, 21면 참조.

면 확실해질 것이다. 오키나와에는 확실히 일본의 명목상의 주권이 있다. 하지만 기지의 시정권은 미국에 있다. 그리고 더욱 강조해야 할 것은 시정권을 갖고 있는 나라 쪽이 명목상의 주권을 갖고 있는 나라보다 입장이 강하다는 점이다.

북방 영토 문제에 대한 견해도 변해왔다. 1998년 하시모토 류타로 수상은 러시아의 옐친 대통령과 시즈오카현 가와나川奈에서 회담할 때, 에토로후토澤捉島, 러시아명 이투루프섬와 우루프토得撫島, 러시아명 오스트로프 사이에 국경선을 긋자고 제안한 것으로 알려져 있다. 가와나 제안이라 일컬어지는 이 제안은 북방 네 개 섬에 대한 일본의 주권을 러시아에 인정하게 하는 비장의 카드였다. 그런데 이때 동시에 러시아가 일본의 주권을 인정해주면 실제로 넘겨주는 시기는 미뤄져도 좋다는, 다시 말해 시정권을 당분간 러시아에 인정한다는 조건이 붙어 있었다고 한다. 시정권 반환 교섭은 주권 문제와 분리하여 계속 이어간다는 것을 시사하고 있었다.

이 제안이 현실화했다면 과연 어떻게 되었을까. 북방 네 개 섬의 주권은 일본에 귀속하고 정부는 분명히 만족했을 것이다. 하지만 시정권이 러시아에 있는 한, 그리고 러시아가 실효적으로 그 섬들을 지배하는 한, 네무로에 사는 사람들의 눈앞에 펼쳐지는 '눈에 보이지 않는 벽'은 그대로 남아 있었을지도 모른다. 실제로는 러시아가 가와나 제안을 거부했기 때문에 이는 실상과 반대되는 가상에 지나지 않는다. 하지만 만일 러시아가 미국처럼 명목상의 주권을 고집하지 않고 실효주권을 중시하는 나라였다면 홋카이도의 동단은 지금의 오키나와 본섬처럼 되었을지도 모르는 것이다. 그리고 여기에서도 시정권을 가진 러시아가 주권을 가진 일본보다도 강한 입장이었을 것이다.

주권이라는 말은 통치하는 측의 결정적인 대사이다. '주권 문제에서 양보하는 나라는 망한다'라고들 말한다. 명목상의 주권만 갖고 있어도 그러할 것이다. 정부와 외무성 관료 여러분, 실효주권이야말로 되찾아야 할 게 아니겠습니까. 오키나와의 '영토 문제'는 바로 주권 문제이기 때문에.

히로마쓰 와타루의 혜안

시라이 사토시白井聰
교토세이카대학 전임강사

히로마쓰 와타루廣松涉가 「동북아시아가 역사의 주역으로 – 중일을 축으로 '동아'의 신체제를」이라는 글을 『아사히신문』에 기고한 것은 1994년 3월 16일이었다.

히로마쓰가 이전부터 전전전중戰前戰中의 '근대의 초극론'이나 '세계사의 철학'에 깊은 관심을 보였고 1980년에는 『'근대의 초극'론』을 출간한 것을 돌이켜보면, 말년의 그가 일본의 '아시아주의적 속마음'을 유언처럼 공표한(히로마쓰가 세상을 떠난 것은 1994년 5월 22일이었다) 것에 불가해한 점은 없을지도 모른다. 하지만 '동아'의 신체제'라는, 싫든 좋든 대동아전쟁의 슬로건을 떠올리게 하는 히로마쓰의 표현이 당시의 논단에 몰고온 것은 경악과 당혹이었다고 나는 생각한다. 결국 "왜 좌익 중의 좌익인 히로마쓰 와타루가 우익적인 대동아전쟁 긍정론을 외치는가"라며 어리둥절해하는 사람들이 늘어갈 뿐, 거의 아무도 히로마쓰의 문제 제기가 지닌 의미를 이해할 수 없었던 것이다.

당연하게도 히로마쓰의 논의는 제2차 대전에서 일본이 취한 행동을 긍정하거나 찬미하는 것은 아니었다. 히로마쓰는 "대동아공영권의 사상은 과거에는 우익의 전매특허였다. 일본의 제국주의는 그대로 두고 구미와의 대립만 강조되었다. 하지만 지금은 역사의 무대가 크게 회전하고 있다. 중일을 축으로 한 동아의 신체제를! 그것을 전제로 한 세계의 신질서를! 이것이 지금은 일본 자본주의 그 자체를 발본적으로 다시 묻는 것을 포함하는 형태로 반체제 좌익의 슬로건이 되어도 좋은 시기일 것이다"라고 썼다. 그것은 전후 일본이 냉전체제 하 대미 종속구조에 기초하여 일찍이 식민지 지배를 하거나 침략한 국가나 지역과 허브 앤 스포크hub and spokes[1]의 관계를 맺음으로써만, 다시 말해 미국과의 관계를 필수적인 매개로 해서만 관계를 쌓아온 것을 비판하는 다케우치 요시미 등의 관점을 이어받은 것이었다. 요컨대 전전 중의 일본은 직접 아시아와 대치한 결과로 지옥에 떨어졌지만, 전후에는 미국이라는 매개를 통함으로써 직접적인 대치는 피했다. 아시아와 연대하는 데 실패한 역사를 애매하게 망각하는 한편 메이지 이래의 슬로건인 '탈아입구脫亞入歐'의 꿈을 경제대국화로 이루었지만, 이 모두를 가능하게 한 대국적大局的 구조로서 동서 대립이 사라졌을 때 '평화와 번영'의 외관 아래 감추어져 있던 뒤틀림이 머잖아 표면화하는 것은 필연적이었다. 오늘날 친미 보수 정권의 눈을 가린 채 우왕좌왕하는 행보는 이 뒤틀림을 바로잡을 수 없는 것의 불가피한 귀결에 지나지 않는다.

바로 그렇기 때문에 히로마쓰 와타루의 짤막한 논문의 선견지명에 눈이 번쩍 뜨이지 않을 수 없다. 히로마쓰는 논문의 전반부에서 그의 전문 영역

---

1 [옮긴이] 대도시를 거점으로 하여 각지의 도시에 들어서는 항공 회사의 노선 운항 방식.

이었던 철학적 세계관의 전환을 언급하면서 "새로운 세계관은 결국 아시아에서 생겨나 그것이 세계를 석권하게 될 것이다"라고 단언한다. 이 예언은 아직 그 실마리조차 보이지 않는다. 그것은 히로마쓰도 언급하고 있는 대로 "세계관이나 가치관이 일신되기 위해서는 그것에 상응하는 사회체제의 일신을 필요조건으로 하기" 때문이고, 여기에서 탈각되어야 할 세계관과 가치관이란 다름 아닌 서양에 기원을 둔 산업자본주의 문명의 귀결이기 때문이다. 히로마쓰는 마르크스주의자로서 '새로운 세계관'이란 포스트 자본주의의 사회형태를 기반으로 해서만 성립할 수 있다고 생각하고, 이러한 사회형태에서 가장 빨리 도달해야 할 것은 '동아'라고 논했던 것이다.

이 예언이 성취될 기미는 아직 보이지 않는다. 그러나 히로마쓰는 그렇게 되지 않을 수 없는 이유를 다음과 같은 말로 언표했다. "미국이 달러를 싸질러 놓는 한편 정반대로 세계의 수요흡수자absorber 역할을 연기하는 시대는 가고 있다. 일본 경제는 디딤발軸足, pivot foot을 아시아에 두지 않을 수 없다." 1990년대 중반 단계에서 세계 경제의 '글로벌 임밸런스global imbalance' 상황과 그 모순이 머잖아 드러나지 않을 수 없다는 것을 지적한 혜안에는 놀랄 수밖에 없다. 일본과 중국을 비롯한 아시아 각국이 물건을 만들고, 미국에서는 무제한으로 돈을 빌려 그것을 사들이는(빌린 돈을 갚는 방법은 거품에 의존한다) 블랙홀과 같은 구조는 2008년 리먼 쇼크에서 그 뒤틀린 모습을 드러냈던 것이다.

그러나 히로마쓰의 이 언설의 현실성actuality을 인식하기 위해서 2008년까지 기다릴 필요도 없었다. 1999년에는 아시아 통화 위기가 발생하여 마하티르 수상이 이끄는 말레이시아가 IMF에 대항함으로써 위기를 벗어난다. 마하티르는 냉전구조가 무너지자마자 동아시아공동체 구상을 제기하고 일본에 그 깃발을 들 것을 요구하고 있었다. 일본은 이에 응하지 않았고, 아시아 통화 위기에 대응하기 위한 아시아통화기금 구상도 미국을 두려워해 좌절시켰다. 이러한 일련의 사건은 '영속 패전'의 가장 가까운 기원이다. 히로마쓰와 마하티르의 비전은 금융장치의 비대화를 통해 노동을 수탈함으로써 자본주의를 무리하게 연명시키려는 구조에 대한 근원적인 비판으로서 서로 겹칠 수 있을 것이다.

'잃어버린 20년'으로 정말로 많은 것을 잃어버렸다. 1990년대의 좋은 기회를 잃어버린 것의 의미는 실로 무겁지만, 우리들은 이 엄중한 상황에서도 확실한 유산을 갖고 있는 것이다.

'류큐 독립론'에 관한 중국 미디어의 최근 보도

니지민倪志敏
류코쿠대학 객원연구원

근래 후텐마 기지의 헤노코 이설에 관한 일본 정부와 오키나와현의 싸움이 격렬해졌고, 양자의 대립은 법정 투쟁으로 발전했다. 헤노코 이설 문제로 오키나와 전체가 들끓고 있는 가운데 이전부터 '류큐 독립론'을 제창하고 그 연구로 이름을 알려온 마쓰시마 야스카쓰松島泰勝는 독립을 요구하는 오키나와 여론을 형성하기 위해 정력적인 활동을 계속해 중국에서도 큰 반향을 불러일으켰다. 이 글에서는 마쓰시마의 '류큐 독립론'에 관한 최근 중국 미디어의 몇몇 보도를 소개한다.

'류큐민족독립총합연구학회'의 성립과 중국의 반응

조금 지난 이야기이지만 2013년 5월 8일 중국의 『인민일보』는 「시노모세키조약과 댜오위다오 문제를 논한다」라는 논문에서 류큐의 법적 지위 문제를 제기했다. 11일 『인민일보』 외교판 『환구시보』는 사설에서 류큐 문제에 관하여 ① "민간 차원의 연구·토론을 개방하고 일본이 류큐를 불법 점령한 역사를 세계에 널리 알린다", ② "중국 정부가 류큐 문제에 관한 입장을 공식 변경하고 국제회의 등에서 문제를 제기한다", ③ "일본 정부가 중국과 적대하는 자세를 계속 취한다면 류큐국의 부활을 목표로 하는 조직을 중국이 육성하고 지지해야 한다"라는 세 가지 스텝을 제안했다.

때마침 5월 15일 마쓰시마와 그 동지들에 의해 '류큐민족독립총합연구학회'가 발족되었다. 마쓰시마는 같은 날 기자회견에서 "류큐는 일본에 점령되었다고는 하지만 자치권을 일본에 넘기지 않았고 독립의 결정권도 오키나와 현민이 쥐고 있다"라고 강조한 다음, "독립을 이룬 다른 나라의 경험 등을 연구하는 한편 유엔에도 '류큐 독립'의 뜻을 호소하고자 한다"라고 밝혔다.

이러한 움직임을 중국의 CCTV 등 주요 미디어는 속보로 전했고, 16일 『환구시보』는 사설에서 "중국의 민간은 학회를 지지해야 한다"고 호소한 다음, "학회는 장기적으로 보면 류큐국 부활 운동을 추진하는 중요한 노력이다"라고 강조했다. 같은 날 『환구시보』는 인터넷판에서 '류큐 독립을 지지하면 중대한 사태가 발생할까?'라는 앙케트를 실시하여 약 2만 9,000명의 회답을 받았다. 96퍼센트가 '발생하지 않는다', 4퍼센트가 '발생한다'라고 대답했다.

'류큐 독립론'에 관한 중국 미디어의 최근 보도

중국의 미디어는 줄곧 '류큐 독립론'을 주목해왔다. 2015년 6월 30일 『환구시보』 인터넷판은 「'독립론' 높아지는 오키나와, 진퇴양난에 빠진 일본 정부」라는 기사에서 5월 16일 열린 학회의 심포지엄 모습을 보도했다. 이 기사는 마쓰시마가 제시한 류큐 독립의 세 가지 플랜, 즉 ① 유엔의 탈식민지화특별위원회에 '비자치 지역'으로 등록될 수 있도록 현의회에서 결의를 한다, ② 등록한 후 유엔 감시 아래 주민투표를 실시하고 독립이 결정되면 독립을 선언한다, ③ 세계에 있는 50만 명의 류큐 출신자의 협력을 얻어 각국에 국가 승인을 요구한다는 계획을 소개한 다음, 금후 류큐 독립론의 행방에 관하여 "헤노코 문제가 어떻게 되느냐에 달려 있다고 마쓰야마는 말한다. 즉 일본 정부가 류큐를 선택할 것인가, 아니면 미군기지를 선택할 것인가가 문제다"라고 전하기도 했다. 9월 21일 『환구시보』 인터넷판은 「학회, 미국에서 류큐 독립에 관한 심포지엄 개최」라는 기사를 실어, "학회는 27일에는 류큐 독립 국제 심포지엄을 개최하고 28일에는 유엔본부에서 기자회견을 열 예정이다. 심포지엄에는 마쓰야마 교수가 발표한다"고 보도했다. 시나新浪, SINA, 이왕易網, e-express 등 중국의 주요 포털사이트를 비롯해 인민망人民網[1] 산시판陝西版, 중국사회과학원 홈페이지 등 약 1만 2,000개 사이트가 이 뉴스를 그대로 실었다. 9월 26일 미국의 중국어 사이트 '세계신문망'은 「류큐인, 일본에 반대─유엔본부 앞에서 독립선언 발표」라는 기사를 통해 그 활동을 상세하게 전했다. 중국에서는

---

1 [옮긴이] 인민일보가 뉴스를 중심으로 구축한 대형 온라인 정보 공유 플랫폼.

약 291개의 사이트가 이 뉴스를 그대로 실었다.

10월 15일, 『아사히신문』은 마쓰시마가 기고한 「'류큐 독립' 헛소리가 아니다」를 게재했다. 20일 『환구시보』 인터넷판은 「일본의 대학교수 '류큐 독립' 헛소리가 아니다 — 류큐는 장래 미국 독립선언을 참고할 것」이라는 기사에서 이렇게 보도했다. "마쓰시마 교수는 이 글에서 일본 정부가 류큐 사람들의 의견을 묻지 않는 까닭에 류큐가 독립해 하나의 국가가 되는 날이 올지도 모른다. 일본 정부가 류큐의 민의를 무시하는 정책을 펼칠수록 류큐인의 독립 주장은 강해진다. 일본 정부의 오키나와 식민지화는 류큐인에게 일본에 대한 불만과 절망을 안겼다. 일본 정부는 '오키나와는 일본 고유의 영토'라고 주장하지만, 류큐가 병합된 것은 1879년이다. 병합되기 전에는 미국 등과 우호조약을 맺고 있었고, 중국의 청나라와는 번속국藩屬國 관계였다. 류큐는 장래 미국 독립선언을 참고해 나라를 되찾을 것이다." 시나, 이왕, 소후搜狐 등 중국의 주요 포털사이트를 비롯해 인민망, 중화망中華網 등 1만 4,000개가 넘는 사이트에서 이 뉴스를 그대로 실었는데, 이는 '류큐 독립론'에 대한 중국의 관심이 얼마나 높은지를 잘 말해준다. 10월 30일, 중국의 포털사이트 시나는 마쓰시마의 인터뷰를 게재했다. 이 인터뷰에서 마쓰시마는 "오키나와는 독립해도 중국에 귀속하는 것은 아니다"라고 하면서, "오키나와와 중국은 500년 이상 역사·문화 교류를 이어왔다. 중국은 오키나와에 침공한 적도 없고 그 어떤 정치적 개입도 한 적이 없다"고 지적했다.

이러한 기사들에 대해 중구의 네티즌들은 다양한 코멘트를 남겼다. "류큐 독립을 지지한다. 류큐는 원래 하나의 나라였다"는 내용의 댓글이 가장 많았고, 두 번째는 "일본을 떠나 조국으로 돌아오는 것을 지지한다", 세 번째는 "류큐는 류큐인의 것, 일본인은 나가라"였다.

류큐 왕국은 일찍이 하나의 독립국가였으며, 류큐 민족은 독자적인 문화와 전통을 갖고 있다. 중국과는 500년에 이르는 조공 책봉 관계에 있었다. 1879년 일본은 '류큐 처분'을 단행하여 류큐 왕국을 무력으로 병합했다. 일본에 의한 류큐 병합 과정에서 이미 허약해진 청나라 왕조는 일본의 만행에 대해 거듭 항의했다. 제2차 세계대전 말기, '본토결전의 버린 돌'이 된 오키나와에서는 혹독한 지상전이 벌어졌다. 1952년 샌프란시스코평화조약이 발효되면서 일본은 주권을 회복했지만 오키나와는 본토로부터 버림받고 미국의 통치 아래 놓였다. 1972년 오키나와는 일본으로 복귀했지만, 재일 미군기지의 74퍼센트가 오키나와에 집중되어 있다. 오키나와의 미군기지 문제는 미국의 세계전략과 직결되어 있다. 오키나와는 지리적으로 중국에 가깝고, 한반도나 동남아시아에 접근하기 쉽다. 여기에 오키나와가 가진 지정학적 특질이 있다. 다른 한편 중국의 입장에서 보면 오키나와의 미군기지는 전략적인 위협이다.

이러한 역사적인 경위와 지정학적인 고려에서 중국은 류큐의 고난에 찬 발걸음에 깊은 동정을 보이면서 류큐 문제에 지속적으로 관심을 가져왔다. 중국에는 류큐 독립 지지 여론이 뿌리 깊게 존재한다. 중국 미디어에 의한 마쓰시마 등의 '류큐 독립론'에 관한 보도는 그것이 드러난 것이라고 말할 수 있다.

중국이 향후 다시금 류큐 문제를 제기할지 여부는 일본 정부의 대중국 정책에 달려 있다. 만약 일본이 동중국해, 남중국해 문제에서 중국을 계속 도발하고 또 다시 타이완 독립을 지지하는 등의 움직임을 보이면 중국은 류큐 독립 운동에 대한 지지 표명 등의 조치를 내놓을 것으로 예상된다.

삶이 추궁당하는 장소 오키나와

가네히라 시게노리金平茂紀
저널리스트

　오랫동안 도쿄를 발신지로 하는 매스미디어 안에서 일하면서 오키나와 보도에 관여해왔다. 취재차 도쿄에서 오키나와로 갈 때면 보통 하네다공항을 출발하여 대부분의 경우 나하공항에 내린다. 세 시간도 걸리지 않는 거리다. 하지만 이 거리는 생각해보면 미묘하게 가까우면서도 멀다. 하늘길로 가면 러시아의 블라디보스토크나 한국의 서울이 훨씬 가깝고, 중국의 상하이보다는 조금 멀다. 기후는 아열대에 가까워서 겨울철에도 햇볕을 쬐고 있으면 피부가 따갑게 타는 것을 알 수 있다. 오키나와에 가면 나는 우선 통과의례처럼 오키나와식 메밀국수를 먹는다. 나하의 국제대로國際通り 옆의 빌딩 2층에 있는 미야코소바宮古そば를 전문으로 하는 '도라에몬'이라는 작은 메밀국수 가게에 자주 간다. 돌이켜보면 1987년 이후 그야말로 수없이 오키나와를 다녀왔다. 나에게 오키나와는 왠지 나의 삶이 추궁당하는 자장磁場과 같은 장소이고, 그곳에 감으로써 줄곧 내가 서 있는 위치를 재확인해왔던 게 아닐까.

1953년에 태어난 나는 전쟁을 모르는 세대다. 하지만 부모 세대는 전쟁에 참가했다. 생전에 좀처럼 전쟁 중에 있었던 이야기를 하지 않았던 아버지가 "오키나와에 간 일이 있다"라고 언젠가 툭 내뱉으신 적이 있다. 하지만 그곳에서 무엇을 했는지는 말씀하시지 않았다. 1945년 8월 일본은 무참한 패배를 맛보았다. 그 후 연합국에 의한 점령시대가 6년 동안 이어졌고, 국제사회에서 주권을 가진 독립국으로 승인받은 것은 1951년 샌프란시스코 강화조약에 조인을 하면서부터인 것으로 알려져 있다. 하지만 이후 오늘날에 이르기까지 일본이라는 나라는 정말 독립국이기나 했을까. 참된 독립국이라면 이렇게 오랫동안 미국의 군사기지를 떠맡아 주둔시키고 있지는 않을 것이다. 또, 샌프란시스코 강화조약에는 북위 29도 이남의 오키나와를 포함하는 난세이제도를 미국의 신탁통치 아래 둔다는 조항이 포함되어 있었다. 바꿔 말하면 이때 일본은 주권회복과 교환하는 형식으로 오키나와를 내버리듯이 미국에 줘버렸던 것이다. 무엇보다 그 이전인 1945년 6월까지 오키나와는 미군의 군사력에 의해 수탈을 당했고, 이후 오키나와는 미국의 입장에서 보자면 이른바 '전리품'과 같은 처우를 받아왔다. 잊지 말아야 할 것은 오키나와에서는 앞선 전쟁에서 일본 영토 중 유일하게 처참한 지상전이 벌어져 현민의 네 명 중 한 명이 죽었다는 엄연한 사실이다.

1972년 오키나와는 일본에 반환되었다. 이 '반환'이라는 말도 미묘한 뉘앙스를 품고 있다. 오키나와를 주어로 하면 본토 '복귀'라고 말한다. 하지만 이러한 표현마저도 복잡하다. 오키나와에는 메이지 정부에 의한 폐번치현廢藩置縣에 이르기까지 450년 동안 류큐 왕국으로서 일본과는 별개의 국가로 존속해온 역사가 있다. 폐번치현 이후 고작 66년 동안의 일본

령이었다는 역사에 비추어 '복귀'라는 말을 사용하는 것이 과연 타당할까. 어쨌든 앞에서 말했듯이 우리는 현재 여권 없이 하늘길을 통해 나하공항에 내릴 수가 있다. '반환'에 즈음하여 미국 정부와 일본 정부 사이에서 밀약이 맺어졌다는 것이 알려지고 있다. 하나는 본래 미국이 지불해야 할 돈원상복귀 비용 등을 일본이 떠맡아 지불한다는 밀약이다. 일본이라는 나라가 정말로 독립국인지 여부를 의심할 만한 밀약 내용이다. 또 다른 밀약은 유사시 오키나와의 기지에 핵무기를 다시 들여온다는 것이다. 일본의 국시로 간주되어온 '비핵 3원칙'에 반하는 밀약이다. 이것도 일본이라는 나라가 정말로 독립국인지 여부를 되물을 만한 중대한 내용의 밀약이다.

복귀 후 오키나와에는 미국의 군사기지 73퍼센트 이상이 집중되어 있다. 이 기지의 유지와 운영을 위해 일본 정부는 '배려 예산'이라는 이름으로 거액의 자금을 투입하고 있다. 미국의 입장에서 보자면 이렇게 기쁜 일도 없을 것이다. 주권독립국에 자국의 군대가 주둔하고 게다가 상당한 돈까지 바치는, 세계에서도 특이한 관계가 형성되어 있는 것이다. 정말로 일본이라는 나라는 독립국이라 할 수 있을까. 하지만 이처럼 명백한 대미 종속 구조를 따지고 드는 목소리는 드물다. 너무나도 오랜 시간 그 구조 속에 놓여 있었기 때문에 우리의 감각이 마비되고 만 것이다.

그런데 요즘 '류큐 독립론'을 말하는 목소리가 심심찮게 들려오고 있다. 오키나와에 사는 사람들이 '자결권'을 근거로 마치 종주국인 것처럼 행동하는 일본 정부와 대치하고 있는 가운데 그러한 주장이 등장한 것은 오히려 자연스러운 일이며, 나는 그러한 흐름에 그 어떤 이의도 없다. 단, 오키나와 사람이 아닌 본토 사람들이 '류큐 독립론'을 칭찬하는 것처럼 보이는 움직임에는 정말로 신중한 게 낫다고 나는 생각한다. 오히려 일본이라는 나라야말로 진정한 독립국이 아니지 않는가라는 물음을 자신에게 던져야 하지 않을까. 위정자들이 헌법을 유린하고도 부끄러워하지 않으며, 안전 보장 정책이라며 특정 현에 복종을 강요하면서, 스스로는 특정 국가의 예속국이 된 현상을 따지지 않고 '류큐 독립' 응원단이 되어 어쩌자는 말인가. 그러한 자칭 지식인이나 학자, 저널리스트, 평론가를 나는 그다지 신용하지 않는다.

본토 매스컴과 현지 매스컴 사이에 오키나와 보도를 둘러싸고 괴리가 있다고들 말한다. 본토 매스컴의 일원인 나는 그러한 주장을 오키나와에서 지금까지 수도 없이 들어왔다. 비판의 중심은 본토 매스컴은 오키나와에서 일어나고 있는 일에 무관심하며, 정보가 정확하게 전달되고 있지 않다는 것이다. 확실히 많은 본토 매스컴의 오키나와를 향한 시선은 대체로 나가타초永田町[1]나 가스미가세키霞ヶ関[2]의 대변자처럼 보일 정도로 무참한 양상을 보이는 경우가 많다. 나 자신도 오키나와에 관한 보도를 내놓기가 어려워진 환경의 변화를 느끼고 있다. 본토 매스컴 vs. 현지 매스컴. 하지만 사태는 그렇게 단순하지 않고 복잡하게 뒤얽혀 있다. 『오키나와타임즈』와 『류큐신보』 같은 오키나와 본섬의 양대 일간지의 보도 자세에는 지방지로서의 긍지가 느껴져 경의를 표하고 싶지만, 지역 텔레비전의 경우는 오키나와 현민의 의식을 온전하게 반영하는 것으로 보이지 않는 예가 많다. 기자들이 현장에 발을 들여놓지 않게 되었다. 나하의 사옥의 컴퓨터 화면 앞에 앉아 있는 사람이 많다. 공무원이나 권력자에게 듣기 싫은 질문을 하지 않게 되었다. 오히려 몰래 여기저기서 긁어모으는 '어용기자'가

---

1   [옮긴이] 국회의사당, 수상 관저 등이 있는 지역.
2   [옮긴이] 관청 밀집 지역.

늘었다. 아니, 이것은 본토 매스컴도 다를 게 없지 않은가! 미디어 세계가 급속도로 저열해지고 있다. 바로 이것이 본토와 오키나와 현지 쌍방의 매스컴에서 일하는 우리가 가장 치열하게 싸워야 할 '적'이다.

동아시아와 오키나와의 시좌

메도루마 슌^{目取眞俊}
작가

　2014년 8월부터 헤노코의 바다 오우라만^{大浦灣}에서 카누를 타고 헤노코 신기지 건설에 반대하는 해상 행동에 참가하고 있다. 그 사이 항의 행동을 방해하기 위해 띄운 부표와 둘러쳐진 오일펜스를 넘어 해저 보링^{穿孔, bor-}ing 조사를 하고 있는 스퍼드식 바지선spud barge과 크레인을 장착한 바지선에 대한 항의를 반복해왔다. 그때마다 해상보안청의 고무보트에 붙잡히는 날들이 이어지고 있다.

　헤노코 앞은 히가시촌^{東村} 다카에^{高江}인데, 이곳에서는 헬리패드 건설에 반대하는 행동에 힘쓰고 있었다. 이곳에는 미군의 북부훈련장이 있는데, 헬기나 오스프레이와 연동하여 정글 전투 훈련이 실시되고 있다. 오키나와딱따구리, 흰눈썹뜸부기 등 희소 생물이 사는 숲이 살육과 파괴의 훈련을 위해 사용되고 있다. 오키나와섬 중에서도 풍부한 자연이 남아 있는 숲과 바다에서 최근 몇 년 동안 많은 시간을 보냈다.

　그런 곳에 머물면서 절실하게 느끼는 것은 일본 정부가 말하는 '오키나와의 기지 부담 경감'이라는 거짓말이다. 그 실태는 오키나와 미군기지 안에서 벌어지는 미군기지 돌리막기=가두기이고, 노후화한 시설을 최신예로 강화하는 것이다. 오키나와에 미군기지를 강제해 두면 기지 제공의 부담과 피해를 면제받는 야마토우본토를 뜻하는 오키나와 말에서는 주민이 미일 안보조약의 문제점을 끝내 생각하지 못하게 되며 정부의 안보 및 방위 정책에 대한 불만도 한정된다.

그러한 발상에서 정부는 '헤노코 이설이 유일한 해결책'이라고 되풀이한다. 큰 벌레를 살리기 위해 작은 벌레는 죽여도 괜찮다는 것이다. 야마토우의 평화와 안전을 위해 오키나와는 기지의 부담과 희생을 강요받고, 오키나와 안에서도 얀바루오키나와 본섬 북부 지역에 그것이 집중되도록 하고 있다.

나는 오키나와 본섬 북부의 나키진촌今歸仁村에서 태어나 현재는 나고시名護市에 살고 있다. 얀바루에서 태어나고 자란 사람으로서 그 지역에 기지 피해를 억지로 떠안기려 하는 정부와 그것에 동조하는 현내의 자민당과 공명당 세력이 추진하는 헤노코 신기지 건설에 반대해왔다.

그것은 나 자신이 기지 피해를 받는다는 입장에서 시작한 것이지만, 항의 행동을 하는 이유는 거기에 머무르지 않는다. 미군기지를 용인하는 것은 간접적이긴 하지만 미군이 벌이는 전쟁에 가담하는 것이다. 미군에게 살육당하는 사람의 입장에서 보면 나도 가해자가 된다. 그것을 거부하고 싶다는 생각을 늘 한다.

한국전쟁과 베트남전쟁, 아프가니스탄전쟁과 이라크전쟁 등 미군이 일으켰던 군사 침략에 오키나와 기지는 반복적으로 이용되어왔다. 기지에서 일하는 오키나와인 노동자는 탄약을 폭격기에 싣고 전투차량을 정비하는 작업을 맡아왔다. 오키나와전투를 체험하고 가족을 잃은 군노동자 중에는 자신이 전쟁에 가담하고 있다는 생각에 괴로워한 사람도 있었다.

한편에서는 베트남전쟁 무렵에는 경기가 좋았다는 둥, 술집에서는 카운터 밑에 있는 버킷에다 달러 지폐를 밟아 넣었다는 둥, 못내 그립다는 투로 말하는 소리가 들리기도 한다. 오키나와 사람은 왜 이렇게 감성이 둔한가라고, 한심한 생각을 할 때도 있다.

카누를 타고 있으면 기지 안의 바닷가에서 시행되는 미군의 훈련을 자주 목격하곤 한다. 수륙양용차와 고무보트를 이용한 해상훈련만이 아니라 육상의 사격 소리와 포격 소리가 바다까지 울린다. 하늘에는 헬리콥터와 오스프레이가 낮게 비행한다. 게이트 앞에서 항의 행동을 하고 있으면 병사와 물자를 실은 대형 트럭과 험비Humvee, 고성능 4륜구동 장갑 수송차량가 눈앞을 오간다.

이라크의 팔루자에서 학살을 했던 미 해병대 부대는 캠프 슈와브와 캠프 한센에 주둔하고, 오키나와에서 훈련한 후 이라크에 파병된다. 우리는 그 사실을 잊어서는 안 된다. 오키나와에서 훈련받은 병사들은 다음에는 어떤 전장으로 갈 것인가. 그곳에서 살해되는 사람들의 죽음과 오키나와에 사는 우리들은 이렇게 관련이 있는 것이다.

헤노코 신기지 건설과 자위대의 오키나와 배치 및 강화를 추진하기 위해 중국의 위협이 떠들썩하게 유포되고 있다. 중국의 패권주의적인 움직임에 대해서는 반대하는 것이 당연하다. 그러나 중국의 군사 강화에 대항하기 위해 헤노코에 신기지를 건설하고 자위대의 오키나와 배치를 추진하는 것은 야마토우를 위해 오키나와를 희생하는 구도의 확대재생산이자 오키나와 기지 부담의 강화이다.

그 근저에 있는 것은 오키나와까지는 전장으로 삼아도 괜찮다는 발상이다. '본토결전'에 대비해 오키나와에서 시간을 벌고 '버리는 돌' 취급을 했던 71년 전과 조금도 달라지 않았다. 일본 정부뿐만 아니라 그 정부를 지지하는 대다수의 야마톤추본토사람들도 자신들이 뱃속에 품고 있는 발상의 차별성을 자각하지 못하고 있는지도 모른다. 그것이 두렵다.

일본, 미국, 중국 세 대국 사이에 끼어 살아갈 수밖에 없는 것이 오키나와의 숙명이다. 동중국해가 싸움의 바다가 되면 봉변을 당하는 것은 오키나와다. 중국에 대해 적의와 증오를 부채질하고 오키나와의 기지를 강화하여 군사적 긴장을 높이고자 하는 움직임에 오키나와인은 경계를 게을리 하지 않으면서 이에 반대해야 한다.

앞으로는 중국과 역사적으로 깊은 관계를 유지해온 오키나와의 특성을 살리는 안전보장을 추구하는 방향으로 나아가야 한다. 그것 말고는 오키나와가 살아남아 발전할 길이 없다.

오키나와를 희생으로 삼지 않는 일본, 그것이 동아시아공동체의 길

노히라 신사쿠野平晋作

피스보트 공동대표

    일본의 패전은 일본에 침략당하고 식민지가 되었던 나라들에 해방이었다는 것은 일본에서도 널리 인식되고 있다. 그러나 일본에서 말하는 '전후'라는 시대 구분이 다른 아시아 국가들에는 들어맞지 않는다는 것은 뜻밖에도 의식되지 못하고 있다. 일본의 지배에서 해방된 아시아 사람들은 그 후에도 전쟁, 내전, 백색테러, 독재 등으로 점철된 대단히 힘든 시대를 살아왔다. 중국 대륙에서는 1949년까지 국공내전이 이어졌다. 한반도에서는 1950년부터 1953년까지 한국전쟁을 치러야 했고, 지금까지도 분단 상황이 계속되고 있으며, 이산가족은 천만 명이 넘는다. 타이완에서는 대륙에서 내전에 패해 도망온 국민당이 독재정권이 되어 백색테러를 자행했다. 해방 후 독재정권이 계속된 한국이 민주화한 것도, 타이완의 계엄령이 해제된 것도 1987년이다. 베트남에서 전쟁이 끝나고 통일된 것은 1975년이었다. 이처럼 일본에서 말하는 '전후'라는 시대는 다른 아시아 국가들에서는 결코 '전후'가 아니었다. '냉전'이라고 불리는 시대는 아시아에서는 서로 죽이는 열전熱戰이었다. '냉전'은 대가를 동반한다는 것이 상식이다. 그러나 일본은 달랐다. 한국전쟁과 베트남전쟁에서 경제 특수를 누려 '냉전'의 수혜자가 되었기 때문이다. 그렇기 때문에 '냉전'은 대가를 동반한다는 자각이 일본 사회에는 결여되어 있다. 2002년 조선민주주의인민공화국이하 북한이 일본인을 납치한 것을 처음 알았을 때, 일본의 여론은 일방적으로 북한 정부를 비난했다. 일본에서는 '냉전'은 대가를 동반한다는 인식이 없기 때문에 납치 문제는 북한 정부가 일방적으로 행한 만행으로 이해되었다. 일본은 미국과 군사동맹을 맺고 있고 '냉전'의 당사자이지만, 일본의 여론은 일본이 '냉전'에 가담한 당사자라는 의식이 없기 때문에 납치 문제를 이유로 일본을 일방적으로 피해자로 파악하고 있다. 일본에서 북한에 대한 제재를 요구하는 소리가 커진 데에는 일본 사회의 '전후'와 '냉전'이라는 시대에 대한 그러한 인식도 하나의 원인이 되지 않았을까. 일본은 과거의 침략 전쟁과 식민지 지배에 대한 인식이 결여되어 있다고 다른 아시아 국가들로부터 자주 비판을 받는다. 하지만 실은 '전전戰前'에 관해서만이 아니라 '전후'와 '냉전'이라는 시대에 관해서도 일본은 다른 아시아 국가들과 크게 인식이 어긋난다.

유럽이 하나의 공동체가 되기 위해 독일의 과거 청산이 전제가 되었던 것처럼 동아시아 국가들이 하나의 공동체가 되기 위해서는 일본과 다른 아시아 국가들의 역사 인식의 공유가 전제되어야 한다. 일본이 아시아 국가들과 역사 인식을 조율할 때 오키나와는 하나의 단면이 될 수 있지 않을까. 류큐 왕국이라는 독립국을 일본이 강제 병합하여 일본에 동화를 강요한 것은 일본과 조선의 관계와 가깝다. 더구나 '전후'와 '냉전'이라는 시대에 관해서도 오키나와는 다른 아시아 국가들과 인식이 가깝다. 일본에서 말하는 '전후'는 오키나와에서는 결코 '전후'가 아니었다. 샌프란시스코회의를 거쳐 일본이 국제사회에 복귀했을 때에도 오키나와는 버려졌다. 계속 미군 점령 하에 놓여 있었고, 총검과 불도저에 땅을 빼앗겼으며, 미국에 의한 다양한 인권 침해를 경험했다. 베트남전쟁 때는 베트남 사람들이 악마의 섬이라고 부를 정도로 오키나와의 미군기지가 미국의 전략상 중요한 역할을 했다. '냉전'이 열전인 것은 미군기지가 집중된 오키나와에서는 생생하게 실감할 수 있었을 터이다. 지금도 기지 피해가 끊이지 않고 있다. '전후'라는 시대는 결코 전쟁이 없는 시대가 아니라 '냉전'은 열전이며 막대한 대가를 동반한다는 것에 대해 오키나와도 인식을 같이하지 않을까. 그런 의미에서 오키나와의 일상은 아시아의 일상과 연결되어 있다.

일본에서는 전쟁 포기를 표방한 일본국 헌법과 미군의 주둔을 인정한 미일안보조약이 공존하고 있다. 일본 전체 면적의 0.6퍼센트에 지나지 않는 오키나와에 재일 미군기지의 74퍼센트가 집중되어 있기 때문에 '본토'에서는 기지 피해에 대한 인식이 결여되어 있으며, 불평등한 미일지위협정도 아직 한 번도 개정되지 않았다. 일본의 평화는 오키나와의 희생 아래 구축되고 있다고 말할 수 있지 않을까. 2015년 12월 14일, 정당, 시민단체, 노조, 평화단체, 기업 등이 결집하여 '헤노코 신기지를 건설하지 못하게 하는 올 오키나와 회의'가 발족했다. 지금 이에 호응하는 일본 '본토'의 대동단결한 대규모 운동이 요구되고 있다. 오나가 지사는 "일본에는 정말로 지방자치와 민주주의가 존재하는가?", "오키나와가 일본에 응석을 부리는 것인가, 일본이 오키나와에 응석을 부리고 있는 것인가?"라며 엄중하게 일본 정부와 '본토'의 여론을 규탄하고 있다. 오키나와를 희생으로 삼지 않는 일본을 세우는 것, 그것이 다른 아시아 국가들과 공존할 수 있는 일본을 형성하는 길로 이어질 것이라고 나는 생각한다.

'동아시아공동체' 실현의 열쇠는 일본인의 '시좌'에 있다

노리마쓰 사토코乘松聰子

'피스 필로소피 센터' 대표

캐나다의 밴쿠버라는 아시아계 주민이 많은 지역에 살면서 일본을 밖에서 관찰하다 보면 일본인은 역사 인식에서 아시아 이웃과 많은 차이가 있다는 것을 날마다 실감한다. 일본인은 대부분 일본이 메이지 개국 이래 서양이 걸어온 길을 따라 산업화·군국화軍國化하던 중 오키나와를 포함한 아시아에서 식민지 지배와 침략 전쟁을 확대하다가 파국을 맞이하기까지, 그러니까 '종전'까지 약 70년에 이르는 기간의 역사와 자국 군대가 아시아에서 저지른 가해 행위를 거의 알지 못한다. 자국 안에서도 재일 코리언, 오키나와, 아이누 사람들에 대한 차별이라는 형태로 남은 식민지주의를 아예 모르거나 알아도 모르는 척한다.[1] 이 가해자 의식의 결여는 '동아시아공동체' 형성의 최대 장애물 중 하나일 것이다.

EU는 독일의 전시 가해에 대한 반성과 교육의 철저, 과거 침략했던 나

---

[1] 知念ウシ, 『シランフーナーの暴力』, 未來社, 2013 참조.

라나 지역과의 화해라는 토대가 있었기 때문에 실현될 수 있었다. 아시아에서도 일본인이 앞서 서술한 부정적인 역사와 지금까지 이어지는 영향을 진지하게 배우고 겸허한 자세로 아시아 이웃들의 신뢰를 되찾는 노력을 하지 않는 한 '동아시아공동체'의 실현은 불가능할 것이다. 특히 현재는 아베 보수 정권이 앞장서서 저지르고 있는 역사 부정과 중국 적대시에 바탕을 둔 호전적 정책이 폐해가 되고 있다.

또, 일본에서는 아시아 이웃나라에 대하여 우호적일 것이라고 생각하는 사람들조차 야스쿠니신사, 난징 대학살, 일본군 위안부와 같은 역사 인식 문제에 관해서는 일본과 중국, 일본과 한국 사이의 '골을 메운다'거나 역사적 이해의 차이를 '조정한다'는 생각을 하고 있는 사람이 많은 듯하지만, 가해와 피해의 사이에서 '중립'이라는 것은 있을 수 없다. 나쁜 짓을 한 쪽이 나쁜 것이다. 일본인으로서 스스로가 역사적 가해자라는 입장에 서서 명확한 책임 의식을 보이는 것이야말로 화해의 첫걸음이다. 하토야마 유키오가 2015년 8월 한국의 서대문형무소 터에서 일본의 식민통치에 대해 성실한 사죄를 한 것은 그러한 의미에서 대단한 평가를 받을 만하며 경의를 표한다.

일본인의 가해자 의식의 결여는 영토 문제에서도 보인다. 한국 성공회대학의 권혁태 교수는 "일본에서는 식민지 문제와 분리하여 영토 문제를 보는 경향이 강하다"라고 말한다. 일본이 영토라고 주장하는 장소는 모두 19세기 후반 이후 일본이 제국을 점점 확대하는 과정에서 생긴 것이고, 현재의 논쟁은 식민지화 역사의 문맥에서 인식되어야만 한다. "동아시아의 영토 분쟁은 기본적으로 일본 문제이자 일본 제국주의의 문제다"라고 권혁태 교수는 말한다.『프레시안』 2012년 말 인터뷰 오키나와도 일본제국이 확대되는 과정에서 강제 병합된 나라나 지역에 당연히 포함된다. 독립을 포함해 오키나와와 일본의 금후의 관계에 관해서는 오키나와 안에도 다양한 의견이 있지만, 아직까지 식민지 상태로부터 해방되지 못하고 일본이 합의한 미일 안보에 따른 기지 부담의 태반을 오키나와에 떠맡기고 있다는 것에 대해서는 오키나와 사람 대부분이 불평등하며 차별적이라고 느끼고 있다. 그런데도 일본의 리버럴하다는 사람들 다수는 오키나와와의 '연대'를 아주 쉽게 입에 올린다. 일본인의 오키나와에 대한 가해의식의 결여는 다른 피해국과 피해 지역에 대해서보다 심각한데, 그것 자체가 계속되는 식민지주의를 상징한다.

작가 메도루마 슌은 『오키나와 '전후' 제로년』에서 전 일본군 병사가 중국에서 저지른 잔학 행위에 관해서는 반성하거나 사죄한 기록이 상당수 있지만, 오키나와전투 때 저지른 주민 학살에 관해서는 "왜 사죄나 반성, 검증을 하는 병사가 없는가"라고 지적하면서, "여기에서 드러나는 것은 오키나와인에 대한 일본인의 뿌리 깊은 차별 감정이 아닌가"라고 묻는다. 가해자 의식의 결여는 상대를 피해자로 대상화하는 능력의 결여이기도 하다.

'동아시아공동체' 구상에서도 '평화의 요석'으로서 오키나와를 본부로 삼고 싶다는 안도 있는 듯하다. 하지만 오키나와를 미일의 군사 식민지로 삼고 있는 상태를 바꾸지 않는 것에 그치지 않고 신기지마저도 저지할 수 없는 상황에서 어떻게 오키나와를 아시아 평화의 상징으로 내세울 수 있겠는가. 그런 비약 자체가 오키나와에 대한 무책임한 태도로 비치기까지 한다.

이와 같은 경향에는, 또 일본인이 오키나와의 기지 저항 운동을 '민주주의가 살아 있다'와 같은 말로 미화하는 경향에는, 메도루마 슌이 앞의 책에서 지적하고 있듯이, 스스로의 폭력기지의 강요를 없었던 일로 하고 오키나와를 '치유의 땅'으로 찬미하는 식민자의 자세가 얼핏 보이지 않는가. 일본인이 오키나와에 대해 할 일은 우선 역사적인 식민 지배, 강제 동화, 오키나와전투가 야기한 막대한 피해를 확실하게 인정한 다음, 전후부터 오늘날까지 이어지고 있는 군사요새화라는 자국의 부정의不義를 바로잡는 것이 아닌가.

이 책은 당초 '동아시아공동체와 오키나와의 시좌'를 주제로 삼았는데, 이 테마 중에는 역사 인식과 식민지주의에서 주체로서 빼놓을 수 없는 '일본'이 보이지 않는다. 사전적 정의에 따르면 '시좌'란 '사물을 인식하는 입장'이다. '동아시아공동체'가 가능할지 그렇지 않을지를 가르는 열쇠는 오키나와를 포함하는 아시아 각국 및 각 지역에 대해 일본 자신이 책임 있는 '시좌'를 갖느냐 그렇지 못하느냐에 달려 있는 것은 아닐까.

일본인으로서 '동아시아공동체'를 함께 실현해내고 싶은 생각에 쓴소리까지 포함하여 몇 마디 제언을 하는 바이다.

동아시아공동체,
오키나와 기지 문제의 해결 방법

사루타 사요猿田佐世
신외교이니셔티브 사무국장 · 변호사

내가 오키나와의 기지 문제에 깊이 관여하게 된 것은 미국의 수도 워싱턴 유학 중 오키나와의 소리가 워싱턴에 도달하지 않는 현실을 파고든 경험에서부터 출발한다. "오키나와의 인구는 2,000명인가"라는 말을 미 의회 하원 외교위원회 아시아 · 태평양소위 위원장으로부터 들은 것이 나의 첫 미 의회 로비 활동이었다. 그 후 미 의회와 정부에 오키나와 문제를 전달하는 작업을 이어온 지 7년. 나 자신의 로비 활동에 더해 나고시장을 비롯한 오키나와 사람들의 방미 행동을 기획, 동행할 기회도 여러 차례 있었고, 미국의 정부와 의회 그리고 다른 기관의 많은 정책결정권자들과 이야기를 나눌 기회도 있었다. 그 결과 이전에는 기지 문제를 '인권 문제', '환경 문제' 등의 관점에서 바라보았던 나는 이 문제를 '외교 문제'로서 깊이 생각할 필요성에 직면하게 되었다.

워싱턴의 많은 사람들은 오키나와나 일본에 이렇다 할 관심을 갖고 있지 않다. 문제를 너무전혀 모르는 많은 미 의원의 전형적인 반응은 "그러면 어떻게 하면 좋겠습니까? 대안은 있습니까?"라는 말이다.

미국의 외교정책은 안보·군사의 논리에 따라 움직인다. 그런 워싱턴에서 오키나와의 기지 문제, 특히 헤노코의 기지 건설에 관한 오키나와의 반대를 전하려면, "미국이 중시하는 '군사력'이나 '억지력'의 관점에서 보아도 미 해병대는 오키나와에 필요하지 않다"는 것을 논증하기 위한 논리를 단단히 갖춰야 한다.

내가 사무국장을 맡고 있는 신외교이니셔티브ND, New Diplomacy Initiative에서는 안보와 군사의 시점에서 이 문제를 정면에서 파악하고, 미 해병대의 오키나와 주둔 필요성 여부에 대해 검증해왔다. '허상의 억지력'이라는 임팩트 있는 제목의 책을 출판하여 늘 '억지력'이라는 말 한 마디로 정리되어버리는 미 해병대 오키나와 필요론에 의문을 제기하고, 미 해병대가 가진 기능 그리고 현재의 '위협'으로 간주되는 것에 대응하는 데 필요한 군사력 등을 분석하여 미 해병대는 오키나와에 존재할 필요가 없다는 회답을 지속적으로 발신해왔다.

민주당 정권 시절 하토야마 유키오 수상이 후텐마 기지의 현외 이설을 호소했는데, 그때 미국의 많은 지식인들은 헤노코가 아닌 다른 곳으로 이설해도 상관없다는 유연한 태도를 보였다. 그러나 나카이마 히로카즈仲井眞弘多 지사의 헤노코 매립 승인으로 "오키나와가 좋다고들 하면 어쩔 수 없지"라는 반응이 나타났고, 더욱이 최근 미국에도 광범위하게 퍼져 있는 '중국 위협론' 탓에 "중국과 대치하기 위해서는 미 해병대가 오키나와에 필요한 게 아니냐"며 의견을 바꾼 지식인도 있다. '위협론'이 무성해지면 갑자기 '억지력론'이 힘을 얻는다.

시사군도西沙群島와 난사군도南沙群島에서 중국이 보이는 행동이나 북한의 상황 등에 관한 보도를 보고 있노라면, 일본은 아무래도 위협에 둘러싸여 있고, 그것에 대응하는 억지력을 미군 또는 자위대가 유지하지 않으면 안 되며, 그렇기 때문에 지리적으로 뛰어난 위치에 있는 오키나와에는 미 해병대가 없으면 안 된다는 논의로 귀결되기 쉽다. 흔히 잊어버리곤 하지만, 오키나와의 기지 문제를 말할 때에 결정적으로 중요한 안전보장상의 시점은, "억지력론을 논의해야만 하는 사태를 동아시아 지역에서 제거하는 노력을 어떻게 할 것인가"라는 외교적 시점이다. '억지력'은 '위협'에 대항하기 위해 요구되는 것으로 간주되며, '위협'이 없으면 '억지력' 자체가 불필요하다. 억지력론이 그 존재를 전제하고 있는 '위협'을 현실적으로나 심리적으로 줄여나가는 것이 오키나와의 기지 문제의 해결에 대단히 중요하다.

동아시아공동체 그리고 그 논의의 단서가 된 아시아·태평양 지역의 공동체 개념은 1980년대부터 형식을 바꾸고 참가 예상국을 바꿔가면서 현재에 이르기까지 많은 형태로 제창되어왔다. 이 지역의 지역 기구를 대표하는 ASEAN의 착실한 대처는 출범 후 반세기를 맞이하고 있고, 상당한 수준의 분쟁 해결 기능을 담당하고 있다는 평가를 받고 있다. 또 그 외에도 현재 아시아·태평양 지역에는 동아시아공동체의 기초가 될 수 있는 지역 기구 및 지역 회의가 적지 않다.

그러나 그 발걸음은 결코 순탄하지 않다. 'ASEAN+3'을 내세우는 중국과, 중국에 대항하여 오스트레일리아와 뉴질랜드까지 끌어들이기 위해 'ASEAN+6'을 요구한 일본의 주도권 다툼으로 일단 형성되었던 큰 흐름이 정체되고 만 일도 있었다. 또, 예를 들면 동아시아 정상회의에도 미국과 러시아가 참가하게 되면서 '허브 앤 스포크'라고 불리는 미국과 동아시아 각국의 두 나라 관계가 제일 우선시되는 지역의 현상이나 냉전구조가 남아 있는 동아시아의 현실을 다시금 도드라지게 했다. 일본에서도 동아시아공동체는 하토야마 수상 시절에 대대적으로 거론된 후 정치의 구체적 논의에서 자취를 감추고 말았다. 동아시아공동체 창설을 향한 도정은 이 지역의 현상에 비춰보건대, 또 일본의 국내 정세에 비춰보건대 쉽지는 않을 것이다.

그렇긴 하지만 EU의 예를 보아도 알 수 있듯이 공동체의 창설을 주도하는 것은 그 창설로 가장 많은 이익을 얻을 수 있는 작은 나라이다. 지역 패권국의 지위를 다투는 일본과 중국의 입장에서 보자면 이를 주도할 만한 강한 인센티브가 실제로는 별로 없다.

오키나와는 하나의 나라는 아니지만, 아시아의 안전보장에 미국이 깊숙이 관련되어 있고 '억지력'을 이유로 미군기지가 오키나와에 다수 위치하고 있는 현실에서, 미군기지 문제를 해결하는 하나의 실마리로서라도 오키나와에는 동아시아공동체를 이끌어야 할 인센티브가 있는 것이 아닐까. 물론 그러한 이니셔티브를 쥘지 말지는 오키나와 사람들이 결정할 일이다. 기지에서 시작된 문제의 대응에 직면한 오키나와에 이 이상의 부담과 기대를 떠안기는 것이 적절하지 않다면, 오키나와의 기지 문제를 해결하고 싶어 하는 본토의 우리들이 기지 문제의 해결법의 하나로서라도 동아시아공동체를 목표로 내걸고 맞서는 것이 필요할지도 모른다.

'동아시아공동체'와
SEALDs/SEALDs RYUKYU

모토야마 진시로元山仁士郎
SEALDs RYUKYU 중심 멤버

'동아시아공동체'를 테마로 글을 써주었으면 한다는 부탁을 받았을 때 무엇을 쓸 것인지 고민했지만 좀처럼 글이 진전되지 않았다. '중국의 위협'이니 '북한의 위협'이니 하는 말들이 사람들 사이에 넘쳐나고 동아시아에서 긴장이 높아지고 있다고들 하는 지금, 과연 '동아시아공동체'라는 희망은 있는 것일까, 또 어떻게 하면 실현 가능할까. 그러나 SEALDs와 SEALDs RYUKYU가 내세우는 이념과 활동, 내가 하고 있는 일이 이 '동아시아공동체'라는 꽤 파악하기 어려운, 전도다난前途多難한 비전의 실현과 연결되어 있다고 믿고 여기에 몇 자 적으려 한다.

SEALDs가 생겨난 배경에는 2011년 일어난 '3·11', 특히 후쿠시마 제1원전 사고가 있다. 냉전 붕괴, 버블 붕괴, 한신阪神·아와지淡路 대진재, 옴진리교 사건, '소녀 폭행 사건', 동시다발 테러, 리먼 쇼크……. SEALDs의 오쿠다 아키奥田愛基도 "태어났을 때부터 버블이 붕괴되는 등 일본은 앞으로 나아지지 않을 것"이라는 말을 들었다 했고, NHK의 여론조사에서도

18~19세 젊은이 61퍼센트가 "일본의 장래는 밝다고 생각하느냐"라는 물음에 "그렇지 않다"고 대답했다.

그러한 '절망' 속에서 SEALDs를 비롯한 길 위에 선 세대는 태어났다. SEALDs RYUKYU도 그 하나이다.

SEALDs의 전후 70년 애니메이션에는 이렇게 적혀 있다.

전쟁이 끝난 지 70년이 지났습니다. 전후 일본의 평화와 번영은 앞선 대전의 크나큰 희생과 맞바꾼 것입니다. 우리들은 지금이야말로 이 나라의 평화헌법의 이념을 지지하고 그것을 동북아시아 그리고 세계의 평화 구축에 유용하게 이용해야 한다고 생각합니다. 자유, 민주주의, 보편적 인권. 이것들의 가치는 결코 종이에 쓰인 헛소리가 아닙니다. 사람들의 자유를 지키고 평화를 구축하기 위해 과거로부터 우리에게 전해진 소중한 씨앗입니다. 우리들이 체념하지 않는 한 일본국 헌법의 이념은 그 힘을 잃지는 않을 것입니다. 지성과 이성과 함께 우리는 평화와 아시아 국가들의 자유 및 민주주의의 존중을 계속 요구할 것입니다.

일본은 일본국 헌법을 손에 들고 동북아시아를 비롯한 여러 나라들과 함께 자유와 민주주의라는 공통의 가치 아래 평화를 구축해가야 한다는 것이다. SEALDs RYUKYU의 단체 소개문에도 "현재의 아마미군도奄美群島와 오키나와제도 및 사키시마제도先島諸島로 이루어진 류큐국은 교역을 통해 동아시아, 동남아시아를 중심으로 하는 나라나 지역과 관계를 쌓는 '만국진량'의 정신 아래에서 번영을 누려왔습니다", "류큐/오키나와가 가진 '만국진량'의 정신……을 존중하고, 자유롭고 민주적인 사회를 실현하기 위해 우리는 '지금-여기'에서 행동을 시작합니다"라고 적혀 있다. 류큐/오키나와의 역사를 딛고, 오키나와현이나 일본국이라는 틀을 넘어선 지역과의 협력, 문제 해결을 모색하는 자세를 보이고 있다.

이는 단순히 말로만 그치는 것이 아니다. 실제로 SEALDs와 SEALDs RYUKYU의 멤버와 동아시아 각국의 동세대 사람들과 교류가 시작되고 있다. 예를 들면 SEALDs에서는 홍콩의 '우산혁명'을 이끈 조슈아 웡黃之鋒과의 대화와 아그네스 차우周庭와의 교류, 타이완의 '해바라기 운동'을 이끈 천웨이팅陳爲廷과의 대화, 2015년 여름에 벌어진 국회 앞 항의의 현장 소개 등의 활동을 이어왔다. SEALDs RYUKYU에서도 '우산혁명'과 '해바라기 운동'에 참가한 학생을 헤노코와 다카에로 안내하여 관계를 두텁게 했고, 2015년 11월 14일 헤노코에서 펼친 가두선전에서는 같은 날 한국의 시위를 이끌고 있던 학생 및 젊은이 단체와 메시지를 교환했다. 그밖에도 나는 타이완 학생에게 이끌려 2016년 1월 16일 실시된 타이완 총통 선거 현장을 직접 찾아갔다. 선거 모습을 살펴보았고, 일본어가 가능한 학생이 총통 선거 투개표를 해설하는 인터넷 프로그램에 출연했다. 또, 4월 13일 실시된 한국의 국회의원 선거 현장도 직접 찾아가 살펴보았고, 현지의 학생 및 젊은이와 의견을 교환했다. 각각의 나라와 지역에서 길 위로 나와 소리를 외치는 동아시아의 학생과 젊은이가 지금 국경을 넘어서 연대하고 있다.

엄중한 동아시아의 정세 속에서 이러한 교류가 즉석에서 '동아시아공동체'가 될 수 있을까, 도대체 '동아시아공동체'를 어떻게 생각할 것인가, 어떤 비전을 갖고 있는가 등등 아직 서로의 이해를 깊게 하지 않으면 안 되는 부분도 많이 있을 것이다. 그러나 SEALDs와 SEALDs RYUKYU, 나 자신의 활동이 아시아 지역에서 신뢰 관계의 구축, 평화와 안정을 목표로 하는 '동아시아공동체'의 받침돌이 될 것이라고 굳게 믿고 싶다. SEALDs 와 SEALDs RYUKYU의 활동이 이 어두운 시대를 비추는 한 줄기 환한 빛이 되기를 바라마지 않는다.

오키나와의 독자적인 교육에서부터
동아시아의 평화를

다마키 아이玉城愛

메이오대학 학생, SEALDs RYUKYU

오키나와류큐는 사쓰마 침공1609과 '류큐처분'1879을 통해 최종적으로 일본에 병합되었고, 그 이래 '일본인'이 되어야 하는 강제적인 동화정책 아래 놓이게 되었다. 그 후 오키나와 주민의 1/4 이상이 희생된 오키나와전투와 '총검과 불도저'로 상징되는 미군에 의한 가혹한 점령·통치를 겪어왔다. 그리고 '일본 복귀'1972 후 40년 이상이 지난 지금도 광대한 미군기지는 변함없이 남아 있다.

이와 같은 부조리한 역사를 살아온 오키나와인류큐인의 마음과 혼이 오키나와의 자연과 문화에는 살아 잠자고 있다. 그러나 나는 교사와 학생의 사회적 정치적 논의가 없는 학교 교육의 현장에서 자신의 진정한 뿌리와 아이덴티티, 자신이 사는 오키나와류큐와 동아시아라는 지역에 대한 깊은 이해 없이 자라왔다. 또, 텔레비전에서 흘러나오는 오키나와류큐 및 아시아 각국의 문화나 풍습을 사뭇 얕잡아보는 듯한 영상만 보다 보니, 자신도 모르는 사이에 그 영향을 받아 오키나와류큐는 뒤처져 있다는 열등감과 아시아 각국은 '일본보다 뒤떨어져 있는 나라'라는 차별의식을 갖고 있었다. 특히 동아시아 지역에 사는 사람들에게 눈을 돌려보면, 텔레비전을 보고 키운 부정적인 인상과 고정관념으로 국적을 판단해버리는 풍조가 오키나와·류큐를 포함한 일본 사회에 만연해 있다는 것을 잘 알 수 있다.

요즘 "오키나와도 일본이란 말이야"라는 얘기를 들을 기회가 많다. 말인즉슨 당연한 '상식'일지 모르지만, 나는 그 말에 저항감을 갖게 되었다. 오키나와·류큐가 일찍이 지니고 있었던 독자적인 문화와 역사에 관하여 무지한 상태로 있었다면 나 역시 아무 생각 없이 "오키나와는 일본이야"라고 말했을지도 모른다. 그러나 지금의 나는 더 이상 그렇지 않다. 오키나와의 현 사회가 미래의 나에게 맡기고자 하는 것은 오키나와·류큐의 역사와 문화를 배우고 그 독자적인 아이덴티티를 언어와 문화의 토대 위에서 어떻게 다시 구성할 것인가라는 과제이다.

본래대로라면 오키나와 독자의 교육과정이 꾸려져야 하고, 교과서도 오키나와·류큐 문화와 대조한 것이면 아이들의 공부와 생활에도 보다 긍정적인 영향을 줄 것이라고 생각한다. 이것은 일부러 '반일교육'을 하려는 게 목적이 아니라 어디까지나 오키나와나 류큐의 시점에 서서 사물을 보고, 생각하고, 논의해야 한다고 느끼기 때문이다. 만약 싫은 것에 대하여 'NO'라고 말할 수 없었던 연장선장에서 저 오키나와전투와 일본의 항복이 있었던 것이라면 오키나와와 일본은 그것을 다시 되풀이해서는 안 된다.

또, 오키나와에 사는 아이들이 오키나와를 느끼고 생각할 때 주위 어른의 의식이나 시점에 의해서도 결과가 크게 좌우되는데, 이때 사고정지 상태여서는 안 된다는 감각이 중요하다. 그리고 지적으로 논의가 활발한 공동체에 속하는 사람과 속하지 못하는 사람은 크게 다른 인생을 보내게 되지 않을까. 결국 현대사회에 떠돌고 있는 아이와 어른의 정치적 사회적 논의 속에서 아이의 말을 파괴하고 아이를 단념하게 만드는 것은 어른이라는 것을 알아야만 한다.

중학생 때부터 정치적 교양이 중요하며 논의를 하는 문화가 정착할 필요가 있다는 것을 나는 호소하고자 한다. 논의를 하는 것은 싸우는 것이 아니다. 그 근저에는 왜 사회에 관하여 생각할 기회를 어른에게 빼앗겨서는 안 되는가라는 생각이 놓여 있다. 그리고 부모나 담임선생의 의견이 전부라고 굳게 믿는 학생들의 태도, 그러니까 자신의 의견을 갖지 못한, 가질 수 없는, 가지려 하지 않는 태도가 결국은 오늘날 아베 정권을 낳은 것이라는 사실을 잊어서는 안 된다고 생각하기 때문이다. 아이들에게는 자유롭게 누군가의 의견을 듣거나 신문을 읽고 해석할 권리가 있고, 이것을 바탕으로 논의하고 발신할 수 있는 힘을 기를 수 있다고 생각한다.

오키나와 독자의 교육과정을 꾸릴 때 반드시 넣고 싶은 분야 중 하나가 '이문화異文化 이해'이다. 그도 그럴 것이 이질적인 공동의 사회가 당연한 모습일 터인데도 '단일민족'의 가치관이나 시야에서밖에 국제관계를 파악할 수 없는 현대 일본 사회(오키나와를 포함한다)에 대해 위기감을 느끼기 때문이다. 극단적으로 말하면 나와 혈연관계에 있는 형제조차 사물을 보는 방식, 가치관, 경험이 달라서 100퍼센트 일치하지 않는 것이 당연하다. '10인 10색'이나 '다 달라서 다 좋아'라는 말은 자주 공유되고 수긍하는데도 왜 의견이 다른 것을 일본 사회(오키나와를 포함한다)는 배제하는 것일까.

나는 '이문화 이해'라는 분야 중에서 동아시아 각국의 아이들과 오키나와의 아이들이 언어와 국경을 넘어 참된 의미에서 '국제교류'를 한다는 구체적인 제안을 하고 싶다. 이제까지의 활동을 보건대 많은 교육 관계자는 '국제교류'를 얕고 좁게 이해하는 게 아니냐며 비판하고 싶어질 때가 있다. 예를 들면 오키나와 현내의 어떤 시장은 타이완과 중국의 아이들이 그 도시의 아이들과 언어를 넘어선 교류를 할 것을 제안한다. 그 제안에서는 경제적 문화적 우호 친선을 내걸고 있지만 한편에서는 이상한 형태로 '중국 위협론'과 '북한 위협론'을 내세우며 자위대 배치를 계획하고 있다. 뭔가 모순을 느끼지 않는가. 그러한 시장이나 시정에 대하여 뭔가 이상하다고 생각하지 않는 많은 시민에게도 의문을 품지 않을 수 없다. 그러나 문화가 다르다는 이유로 부정적으로 받아들이는 시민을 육성할 것이 아니라, 다른 문화에서 배우는 재미를 체험하면서 왜 각각의 나라나 민족이 의견을 달리 하는지 생각할 기회를 줄 필요가 있다.

'중국 위협론'이나 '북한 위협론'은 시민의 불안을 부추겨 국가에 의한 통제를 철저히 하는 데는 도움이 되겠지만, 여기에서 잊어서는 안 되는 것이 있다. 그것은 그러한 위협론이 또 새로운 위협론을 낳고, 최종적으로는 전쟁으로 발전한다는 과거의 교훈이다. 이대로 전쟁으로 내달리기보다는 '이문화 이해'를 통한 교류를 하고 "어떻게 해야 전쟁이 일어나지 않을까"를 생각해야 할 것이 아닌가.

요즘 생각하는 것은 일본이라는 섬나라에 서서 세계를 보기보다 오키나와라는 일본 국토의 0.4퍼센트 면적의 작은 섬에서 세계를 보아야 지구를 넓고 즐겁고 확실하게 주시할 수 있다는 것이다. 이것을 조금 의식하는 것만으로 세계가 달리 보이기 시작한다. 동아시아 지역이나 사람들과의 관계를 일본을 통해 전하는 것만이 아니라 오키나와琉球 독자의 시점과 입장에서 보는 것이 중요한 이유이다. 오키나와가 류큐 왕국 시대에 지니고 있었던 만국진량의 정신은 시간과 공간을 넘어 큰 힘을 발휘할 수 있을 것이라고 생각한다. 이제부터 오키나와류큐에서 살아갈 젊은 시민의 한 사람으로서 교육 분야에서 '이문화 이해'를 발신하고 싶다.

오키나와 2016년

개번 맥코맥 Gavan McCormack
오스트레일리아국립대학 명예교수

오우라만에 새로운 해병대 기지 건설을 강요하는 일본 정부와 오키나와현의 기지 반대 항쟁은 최근 20년 가까이 오키나와를 뒤흔들어왔다. 신기지 반대 투쟁은 오우라만이나 오키나와만의 문제가 아니라 일본의 법치, 민주주의, 미일 관계 그리고 동중국해 구역 전체에까지 중대한 관련이 있다.

제로섬 게임의 결과로 세 가지 가능성을 생각할 수 있다. ① 재판에서 결정적인 판단이 나와 쌍방이 깨끗하게 판결을 받아들인다. ② 일본의 국내외 여론의 압력에 따라 어느 한 쪽이 단념한다. ③ '캠프 슈와브 게이트 앞 투쟁'의 승리로 어느 한 쪽이 항복한다.

오키나와현 지사 취임 후 1년, 오나가 다케시 지사는 오우라만의 매립 승인을 취소하고, 2015년 12월 일본 정부와 오키나와현은 법정 투쟁에 돌입했다. 미군기지 관련 과거 판례는 오키나와에서 극히 엄격하다.

1959년 12월, '스나가와砂川 사건'에 대한 최고재판소 판결이 나왔다. 판결 취지는 다음과 같았다. 헌법 9조는 타국에 안전보장을 요구하는 것을 금하는 것은 아니다. 또 안보조약처럼 '고도의 정치성을 가진' 것에 관해서는 위헌인지 아닌지 법적 판단을 내릴 수 없다. 미군 주둔이라는 사실이 존재하는 이상 규정 사실을 존중하고 법적 안정성을 지키는 것이 법의 원칙이다. 판결은 안보조약을 일본국 헌법의 상위에 두었고, 미군 주둔의 위헌성을 묻는 길을 차단했으며, 미군 주둔을 고정화하게 되었다.

1995년 미군 용지用地 사용 기간 만료를 앞두고 오타 마사히데 오키나와 현 지사는 지방자치의 원칙과 오키나와의 기지 과중 부담을 이유로 대리 서명을 거부한다고 표명하고 국가와 법정에서 싸웠다. 1996년 7월 오타는 20분에 걸쳐 기지 문제 해결을 절실히 바라는 오키나와 현민의 생각을 호소했지만, 8월 최고재판소는 고작 두 줄로 상고를 기각했다.

과거의 최고재판소 판결은 미국 추종까지 포함하여 일관되게 체제 옹호의 자세를 명백히 했으며 사법 독립에는 관심이 없었다. 2016년의 재판도 과거의 반복이 될까. 오나가 지사가 오키나와인의 정체성에 기초하여 현정縣政을 펼치는 것을 보면 '올 오키나와'로서, 보수와 혁신의 벽을 넘어, 그 결집력의 넓이와 깊이가 오키나와 정치사상政治史上 단연 눈에 띈다. 2015년 11월 류큐신보는 지사 부인 미키코樹子가 캠프 슈와브 앞에서 기지 반대 운동을 벌이고 있는 시민들에게 기지 건설을 저지하기 위한 '온갖 방책이 바닥나면' 남편과 함께 캠프 슈와브 게이트 앞에서 연좌농성을 하겠다고 약속한 것을 보도했다.

그러한 결의에 대해 정부는 어떤 선택을 할까. 현지사도, 현지사를 둘러싼 시민도 완력으로 배제할 것인가. 시민과 현지사를 때려눕히고, 체포하고, 반대파를 기소하고, 공사를 추진하는 것도 가능하다. 오우라만의 보링 조사는 내외의 미디어가 아무런 주목도 하지 않고 보도도 하지 않는 가운데, 지난 18개월 동안 폭력을 휘둘러가며 강행해왔다. 그러나 아베 정부가 오키나와현 경찰에 현민에게 인기가 있는 오나가 지사를 체포하라고 명령을 내리는 것은 다른 차원의 문제다. 오나가 지사가 정부의 의사에 굴복당하는 사태에 이르면 오키나와의 분노와 울분이 폭발하는 계기가 될 가능성이 크고, 현민의 기지 반대 투쟁의 사기는 전례 없이 높아질 것이다. 그럴 경우 미국 측은 오키나와의 기지 전체로 반대 운동이 확산하는 것을 우려할 것임에 틀림없다. 어쨌든 재판이 헤노코 문제를 간단하게 해결할 수 있는 길이 아니라는 것은 명백하다.

다른 방책은 없을까. 오나가 지사는 도쿄의 외신기자클럽에서 오키나와의 기지에 관하여 강연을 했고, 2015년에는 워싱턴과 제네바를 방문해 미국 정부와 유엔 관계자에게 기지 반대에 대한 이해를 호소했다. 국내외의 반기지 운동에 대한 지지는 확대되고 있지만, 여론이 결정적인 압력으로 작용할 가능성은 아주 낮다.

유엔에 류큐의 원주민으로서 일본 정부의 오키나와 차별과 자결권 유린을 제소하는 길도 없지는 않다. 하지만 오키나와 사람들의 감각에 비추어 원주민의 권리를 주장하는 것은 아무래도 무리가 있다.

이것저것 감안해 보아도 결국 최종적으로는 캠프 슈와브 게이트 앞에서 온몸을 던져 투쟁하는 것 말고는 유효한 수단이 남아 있지 않은 듯하다. 가능한 모든 비폭력 수단을 동원하여 건설 공사를 저지하고자 하는 시민들적으면 50명, 많으면 500명이 매일 최후의 수단으로서 게이트 앞에서 연좌농성을 벌인다. 기동대와 해상보안청 경비원이 항의하는 시민들에게 폭력을 휘두르지만 시민들은 의기양양하고 사기는 높다. 아베 정권은 대대적으로 체포나 기소를 했다가는 오키나와 현민의 분노가 벌집 터지듯 폭발하는 사태에 이를까봐 자제하고 있다. 게이트 앞도 바다 위도 줄타기처럼 위험하고 긴장감으로 가득 차 있다. 정부는 예측불허의 사태가 일어나지 않더라도 매립 건설 공사는 5년 이상 걸릴 것으로 예상하고 있다. 시민들의 반대 운동이 효과적이면 효과적일수록 정부의 폭력은 거세지지 않을까. 이러한 긴장상태를 5년 이상 이어갈 수 있을까.

그러나 5년은 짧으면서도 길다. 기후온난화 등 국가와 민족의 경계를 넘어 지구적 규모로 협력하지 않으면 안 되는 사태가 다가오고 있는 때, 타국을 무력으로 위협하여 분쟁을 해결하는 것을 염두에 둔 군사 기지를 건설하는 어리석음. 일본은 보다 높은 견지에 서서 세계에 공헌할 수 있어야 할 것이다.

오바마의 위험한 아시아 기축 전략에서 오키나와의 역할

피터 쿠즈닉Peter J. Kuznick

아메리칸대학 교수

2014년 8월, 노리마쓰 사토코와 조지프 가슨 그리고 나 세 사람은 오키나와에서 최고위 미국 정부 관리인 알프레드 매글비Alfred R. Magleby 오키나와 주재 미국 총영사와 면회했다. 수년에 걸친 오키나와 현민의 조직적인 저항을 외면한 채 미국은 오키나와 본섬 북부의 손때 묻지 않은 지역인 헤노코로 후텐마의 미 해병대 기지를 이설해야 한다고 한결같이 주장한다. 경험이 풍부한 외교관인 매글비 총영사는 그 이유를 설명하면서 이렇게 말했다. 오키나와만큼 전략적으로 중요한 위치에 있는 자산은 달리 없다. 오키나와 사람들은 본의가 아닌데도 따르도록 강제당해서는 안 되지만, 일본의 이익을 위해 희생해야 한다. 이것을 편협하고 근시안적이어서 이해할 수 없다면 그것은 오키나와 현민의 문제다. 매글비는, 스스로 인정하는 바와 같이, 오키나와 현민의 설득을 이미 내팽개친 상태였다. 오키나와 현민은 기지에 반대한다는 점에서 '이성을 결여하고 있다'는 것이다.

이것은 극히 이례적인 미 외교관의 고백이어서 오키나와 양대 신문의 1

면을 장식했다. 그 후 매글비는 오키나와를 떠났지만, 그의 한심하기 짝이 없는 태도는 미국 정부 고관들 사이에서뿐만 아니라 아베 신조 정권의 우익적인 맹우들 사이에서도 공유되고 있다. 유감스럽지만 캐럴라인 케네디Caroline B. Kennedy[1] 주일 미국 대사도, 악명 높고 대단히 비민주적인 방법에 의한 토지의 수탈과 '저항하는 섬resistant islands'— 개번 맥코맥과 노리마쓰 사토코가 적절하게도 오키나와에 붙인 명칭—의 군사적 점령을 지지하고 나섬으로써 아버지와 작은아버지의 빛나는 진보적인 명성에 먹칠을 하고 있다.

매글비를 비롯한 미국 정부 고위관리가 이렇게까지 오키나와에 이끌리는 것은 오키나와가 중국과 북한을 상대하는 위치에 있기 때문이다. 조지 W. 부시와 딕 체니, 폴 월포위츠, 리처드 펄Richard Perle 그리고 그들의 신안보주의적인 맹우들과는 대조적으로 오바마 대통령의 세계전략은 스스로 발표한 '기축基軸, pivot'을 중심으로 전개된다. 다시 말해 그것은 석유자원은 풍부하지만 상대적으로 인구가 희박한 중동에서 장래의 보물이 될 아시아·태평양으로 '기축'이 이동하는 것을 가리킨다. 이 기축의 이동을 더욱 열심히 제창하는 사람은 힐러리 클린턴이다. 클린턴은 2011년 11월 잡지 포린 폴리시Foreign Policy에 '미국의 태평양 세기'라는 오만한 타이틀을 단 소론을 발표해 기축의 이동을 드높이 선언했다. 오바마와 클린턴은 이라크와 아프가니스탄에서 희생이 큰 비참한 침략을 끝내고, 다시 중국 봉쇄에 힘을 쏟는다는 의도를 분명히 했다. 그러나 오바마와 클린턴 그리고 리버럴 제국주의적인 맹우들에게는 불운하게도, 부시와 신보수주의자

---

1 [옮긴이] 존 F. 케네디의 딸.

가 혼란을 초래한 까닭에 혼미한 중동 지역에서 미국을 철수시키는 것이 명백히 거의 불가능하다. 오히려 오바마 정권 자체도 전략상의 잘못을 저지르고 있다. 그 결정적인 계기가 된 것이 근시안적인 공중폭격으로 리비아의 세속적인 독재자 가타피를 실각시킨 것이다. 그 결과 중동 전역에 혼란이 발생하는 바람에 오바마 정권은 그토록 열렬하게 바랐던 아시아로의 기축 이동을 거의 단념하지 않을 수 없는 상황에 이르렀다. 무기제조업자(이른바 '죽음의 장사꾼'이며, 시체를 모독한다고 오늘날 비난받는 일이 많다)는 오바마와 클린턴이 추진하는 아시아·태평양 지역의 재군비화에서 뭔가 이익을 얻고자 부끄러움도 모르고 인도와 필리핀 등 재정적 여유가 없는 나라들에 대한 무기 매각을 늘려왔다. 한편 기축 이동에 관한 광범위한 정책 구상은 실현되지 않고 있다. 하지만 지역의 선동자들은 모든 측면에서 위기적 상황을 유지하고자 공작을 펼치고 있다.

일본의 아베 신조는 많은 점에서 아시아·태평양 지역에서 가장 호전적이고 위험한 책략가이다. 아베 수상의 군국주의적인 정책은 일본의 평화헌법을 위법하게 뒤집었을 뿐만 아니라 아시아·태평양 전역에 걸쳐 긴장을 부채질하고 있다. 아베 수상은 최근 미국으로부터 대단히 큰 압력을 받아, 전시戰時에 몇 만 명이 넘는 여성을 성적 노예로 삼은 일본의 책임을 둘러싸고 한국의 박근혜 대통령과 '타협'에 도달했다. 그런데 아베 수상은 자민당 내의 극단적인 내셔널리스트의 압력에 금방 굴복하여 한국과의 합의를 성실하게 이행하려 하지 않는다. 다른 한편 칭찬받을 만한 것은 생존해 있는 '위안부'가 스스로 일본의 불성실한 태도를 드러냈을 뿐만 아니라, 이번 한일 합의로 일본이 가장 성실하게 사죄하고 책임을 지는 셈이라는, 사기나 다름없는 인상조작印象操作에 한국 정부가 가담했다고 폭로한 것이다. 그렇다 하더라도 미국의 입장에서 보면 대부분의 한국인이 일본에 대해 품고 있는 뿌리 깊은 증오와 시의심猜疑心―20세기 전반 대부분의 기간 동안 일본은 조선을 점령하고 착취했다―을 뛰어넘는 것이 오바마가 모색하는 대중국 통일전선 수립을 향한 첫 걸음이었다. 그러나 한일합의는 이번에도 무너지려 하고 있다.

일본이 '보통' 국가로서 새롭게 글로벌한 역할을 하려는 것과 아울러, 아베와 오바마는 또 중국에 대한 시의심을 불러일으키고 그것을 일본 독자의 군사적 모험주의의 구실로 이용하려고 필사적이다. 일본 국민의 반대에도 아랑곳하지 않고 아베는 미국이 지구 전체에서 수행하는 일련의 전쟁에 일본을 휘말리게 할 우려가 있다. 물론, 미국인이 한 세기가 넘게 경험했듯이, 일본인 청년이 해외에서 군사적 모험을 하다가 유해가 되어 귀국하는 일이 벌어진다면 일본 국민은 전제적인 아베 정권을 무너뜨릴지도 모른다. 그러나 아베는 부시와 오바마가 깔아놓은 노선을 따라 일본 국민을 위협하여 자신의 정책을 묵인하게 할 수 있다고 확신한다.

아베에 대한 최대의 지원은 중국과 북한이라는 생각지도 못한 곳에서 이뤄졌다. 일본이 직면한 위험을 강조하기 위해 아베가 처음부터 지적한 것은 중국에 의한 군사력의 근대화와 확대, 동중국해와 남중국해의 분쟁 중인 섬들에 대한 중국의 경직된 태도이다. 지역적 패권을 확립하고자 하는 중국의 야심에는 불온한 무엇이 있을지도 모른다. 하지만 패권의 목표를 달성하기 위해 전쟁을 시작할 정도로 중국의 지도자가 무모하게 행동할 우려는 거의 없다. 다만 북한의 경우는 이야기가 다르다. 김정은은 군사력에 의한 위협을 되풀이하고 있지만, 그것은 북한 주민에게 전혀 무익하다. 그뿐만 아니라 마음만 먹으면 사용도 매각도 가능한 대량파괴무기를 보유한 불안정하고 예측 불가능한 국가라는 악몽과도 같은 불안이 머리를 스친다. 아시아·태평양 지역에 8만 명의 병력을 주둔시키고 정기적으로 군사연습을 행하고 있는 것처럼 보이는 미국, 여기에 일본과 한국 3개국은 북한의 호전적 태도를 유발하고, 그것을 교묘하게 이용함으로써 지역의 긴장을 유지할 뿐만 아니라 무절제한 군사비 지출을 정당화하고 있다. 이상할 정도의 군사비를 정당화하는 데 적을 필요로 하는 사람들은 평양에 최고의 아군이 있다는 것을 알고 있다. 그 역도 그러하다. 지난번 '수소'폭탄 실험[2]은 아시아·태평양 전역을 다시 일촉즉발의 위기로 몰고 간 대표적인 사례다. 미국, 일본, 한국은 아시아·태평양 전역의 경계태세를 높이기 위해 김정은의 주도면밀한 도발에 즉각 편승했다. 필리핀의 경우, 이전부터 중국으로부터 위협을 느끼고 있었기 때문에 최고재판소는 2016년을 맞이하면서 필리핀 전역의 기지에 미군이 주둔하는 것은 합법하다고 인정했다. 필리핀 의회는 약 20년 전 미군을 내보냄으로써 옛 식민지에서 미국의 제국주의적인 자부심에 타격을 가했지만, 이것을 이번 최고재판소 결정은 무참하게도 뒤엎어버린 셈이다.

확실히 중국은 독자적인 강경 정책을 늦출 기미를 거의 보이지 않고 있다. 그렇긴 하나 북한의 지도자가 사태를 더욱 악화시키는 데 대해 중국의 지도자는 격노하는 것 같다. 아시아·태평양 지역에서 미국 주도의 군사화가 진행되는 것은 중국이 가장 바라지 않았던 일이다. 중국의 시진핑 국가주석은 북한을 포위해 지역의 긴장을 완화하고자 진력했고, 핵실험을 더 이상 하지 않겠다는 약속을 예측 불가능한 북한의 지도자로부터 받아

---

2 [옮긴이] 북한은 2016년 1월 6일 수포폭탄 실험에 성공했다고 밝혔다.

냈을 정도이다. 그러나 그 약속이 휴지조각이 된 것은 분명하다. 미국은 어떤가. 미국은 결과적으로 발생한 지역의 불안정과 불확실성을 교묘하게 역이용하는 데 한시도 소홀함이 없었다.

돌고 돌아 이제 오키나와 차례. 매글비 오키나와 주재 미국 총영사는 오키나와의 전략적 위치의 중요성에 관하여 말했을 때, 오키나와가 중국이나 북한과 상대적으로 가까운 점을 언급하는 것이라고 확언했다. 오바마가 자랑하는 기축은 당분간 보류되었지만, 뒤로 미뤄진 것이지 철회된 것은 아니다. 탈레반의 부활과 이라크·시리아·이슬람국가IS의 확장주의, 사우디아라비아에 선동당한 수니파와 시아파 대립의 현재화顯在化 등등의 상황 속에서 미군은 당분간 계속 관여하지 않을 수 없을 것이다. 그러나 어디까지나 미국 정부의 고위관리는 아시아·태평양 지역이 장래의 전쟁터가 될 것으로 상정하고 있다. 수년에 걸쳐 세계 경제의 성장을 이끌어온 중국의 강력한 경제력이 약체화할지도 모른다는 징후는 미국 정부의 고위관리에게는 실로 좋은 조짐일 터이다.

그렇다 하더라도 보다 선견지명이 있는 미국의 정책결정자라면 다음과 같이 이해할 것이다. 아시아·태평양 지역의 정세는 제로섬 게임이 아니라, 이 지역 전체 특히 오키나와에서 볼 수 있는 미국의 비대화한 영향력은 미국의 안전보장도 일본의 안전보장도 강화하지 못할 것이라고. 이것은 열성적인 일본 전문가인 조지프 나이Joseph S. Nye마저도 주장해온 것이다. 나이에 따르면, 전투가 벌어질 경우 오키나와의 고정기지에 주둔하고 있는 미군은 중국의 미사일 공격에 특히 취약하다. 나아가 그는 혐오시설인 새로운 기지를 오키나와 현민에게 강요해서도 안 된다고 덧붙인다. 그런데도 아베뿐만 아니라 오바마도 기지를 오키나와 현민에게 강제할 준비가 되어 있는 것처럼 보인다. 아베 수상이 오키나와 현민의 입을 강제적으로 열어 오바마 대통령이 기지를 억지로 받아들이게 할 것이다. 제2차 세계대전 이후 특히 아시아에서 미국의 지도자들은 필요하다면 무력을 사용해서라도 생각대로 행동하는 데 익숙해져 버렸다. 일본의 지도자들은 미국의 요구를 추종하는 데 길들여져 버렸다. 그러나 오키나와 사람들이 이 파멸적인 사이클을 끊어야 한다며 위협하고 있다. 오키나와 현민이 이에 성공한다면 승리는 그들의 몫이겠지만, 세계의 진보적이고 평화를 사랑하는 사람들에게는 하나의 위업偉業이자 격려가 될 것이다.

젊은 여성이 또 오키나와 기지의 미군 군속軍屬인 전 해병대원에게 강간
당한 후 살해되었다.

이 사건에서 볼 수 있는 것은 오키나와의 미군기지가 일본의 안전을 보
장하는 것이 아니라 안전을 계속 침해하고 있는 현실이다. 그리고 일본의
평화와 안전보장이라는 것이 오키나와 주민의 끊이지 않은 희생을 바탕
으로 하고 있는 현실이다.

따라서 물어야 할 것은 '오키나와 문제'가 아니다. 오키나와에 지속적으
로 희생을 강요해온 '일본 문제'다. 일본 기축론과 미일 안보와 억지력이
라는 대의명분 아래 세계 최대 규모의 군사기지를 극동의 작은 섬에 70년
이상이나 두고 있는 '미국 문제'이다.

전후 약 70년, 하토야마 민주당 정권의 등장을 계기로 오키나와 기지
삭감 움직임이 떠올랐다. 사람들은 유럽 통합의 역사를 떠올리면서 동아
시아공동체를 구상하기 시작했다. 그리고 공동체의 수도를 오키나와의
나하에 두고, 아시아·태평양의 물류와 인류人流와 문류文流의 기지로 바꾸
는 구상이 논의되기 시작했다.

21세기 정보혁명의 파도가 아시아 경제 일체화의 움직임을 강화하고,
지역통합의 물결이 동아시아에도 밀려오기 시작했다. 그 물결 속에서 다
시금 오키나와 기지의 존재이유가 무엇이냐는 질문이 제기되고 있다. 누
구를 위한, 무엇을 위한 기지냐는 질문이.

오키나와의 자립 없이 일본의 자립은 없으며, 일본의 자립 없이 아시아의
평화와 번영은 없다. 그 자립을 향한 길을 근대의 종언 속에서 다시 자리매

김했을 때 보이는 것은 류큐 왕국 400년의 역사가 아닐까. 그것이 21세기 류큐/오키나와의 자립을 향한 길에 공통적으로 흐르고 있다.

이 책은 날카로운 정치학자 기무라 아키라의 제안에서 출발했다. 편자의 요구를 받아들여 뛰어난 원고를 보내주신 선배 학자 여러분께 마음으로부터 감사의 말씀을 드리고 싶다. 그들의 글이 없었다면 이 책은 세상에 나올 수 없었다. 또, 출판 불황 중에도 간행을 흔쾌히 수락한 히라다平田勝 사장과 편집담장 야마구치山口侑紀 씨에게도 감사드린다.

신도 에이이치

***

　어떤 장소와도 인연이라는 게 있을까. 인연이 있다고 생각한다면 그것은 개인의 삶과 생각을 구성하는 요소들이 그 장소가 간직한 사연과 어느 지점에서 만나기 때문일 것이다. 나에게 오키나와는 그런 장소들 중 하나인 것 같다. 바다 한가운데 아슬아슬하게 떠 있는 새끼줄 같은 섬들을 만나거나 그 섬들과 그곳에 사는 사람들의 이야기를 읽고 들을 때면 다시금 또렷하게 오키나와류큐의 모습이 떠오른다. 옥빛으로 빛나는 바다, 산호의 기억이 아득한 바닷가 모래밭, 나직한 산들, 가주마루를 비롯한 아열대 식물들…….

　그러나 아름답고 경이로운 자연과 선명한 대비를 이루는 '흉터들'이 더욱 선명하다. '류큐처분'1879 이후 제국주의 일본에 강제 병합되어 '류큐인'의 정체성이 위협당했던 곳, 태평양전쟁 당시 일본 본토를 수호한다는 명분으로 치러진 오키나와 전투에서 주민의 4분의 1 이상이 희생되었던 곳, 그리고 지금까지 수많은 원혼이 하늘과 땅을 헤매고 있는 곳…….

　오키나와의 시련은 여기에서 그치지 않는다. 패전 후에는 '총검과 불도저'로 상징되는 미군의 가혹한 점령 통치 아래 신음해야 했으며, '일본 복귀'1972 후 50년이 지난 지금까지 일본의 내부식민지로서, 아니 미국과 일본의 이중 식민지로서 희생을 강요당하고 있다. 그 대표적인 사례가 미군기지이다. 일본 전체 면적의 0.6퍼센트에 지나지 않는 좁은 땅에 주일 미군기지의 74퍼센트가 집중되어 있는 현실이 모든 것을 말해준다. 특히 오키나와에 있는 미군기지야말로 미국의 '속국'인 일본이 내부식민지 오키나와에 가한 비열하고 무자비한 폭력의 증거라 아니할 수 없다.

***

이 책은 여러 필자들이 다양한 관점에서 '오키나와 문제'를 검토하면서 새로운 오키나와의 길을 모색하는 글들을 모아놓은 책이다. 필자에 따라 정도의 차이는 있지만 대부분의 필자가 '오키나와의 자립또는 독립을 통한 동아시아공동체의 건설'이라는 목표를 제시하고 있다. 안전보장과 미일동맹을 위해 일본이 미국에 바치는 '공물' 역할을 강요당했던 오키나와가 동아시아공동체의 허브가 되어야 한다는 것, 그러기 위해서는 기지 문제를 해결해야 한다는 것, 기지 문제 해결을 위해서는 오키나와 전체가 저항의 주체가 되어야 한다는 것이 이 책을 관통하는 논점이라 할 수 있다. 마무리하는 글에서 기무라 아키라는 이렇게 쓴다.

오키나와의 기지 문제는 오키나와만의 문제가 아니라 본래는 일본의 문제 그리고 미국의 문제이다. 또, 오키나와 문제는 군사와 안전보장의 문제이기 전에 인권과 민주주의와 지방자치의 문제이다(물론 환경 문제이기도 하다). 이러한 오키나와 문제를 정말로 해결하기 위해서는 미일 안전보장 체제의 본질인 '자발적 종속 동맹냉전형 사고'에서 벗어나 진정으로 독립한 평화국가를 실현함과 함께 일본인 속에 깊이 침투해 있는 속국의식, 노예근성(이것이야말로 진

짜 자학사관이다)을 묻지 않으면 안 될 것이다.264쪽

　'기지의 섬', '희생의 섬' 상태에서 벗어나 동아시아공동체의 거점이 되고자 하는 오키나와의 꿈이 쉽게 이뤄질 수 없다는 것을 필자들도 잘 알고 있는 듯하다. 특히 하토야마 유키오 총리가 추진하고자 했던 미군기지 현외 이설이 일본 정부와 사법부의 농간에 무산된 사례는 그 꿈의 실현이 쉽지 않다는 것을 잘 보여준다. 무엇보다 대미 종속 상태에서 벗어날 생각을 하지 못하는 일본인의 속국의식과 노예근성이 문제이다. 패전 이후 미국 중심의 세계 전략에서, 영리하지만 비열한 이인자로서 정신승리법에 익숙해진 일본(인)이 독자적인 철학과 가치관에 따라 행동할 가능성은 썩 높아 보이지 않는다.

　일본인이 왜 이렇게 노예근성에서 헤어나지 못하는지 그 역사적 경위 역시 오키나와 문제와 밀접한 관련이 있거니와, 동아시아공동체와 미군기지 현외 이설을 내세움으로써 '비교적' 독자적인 노선을 걷고자 했던 하토야마 정권이 허망하게 무너진 것은 미국 정부에 의해서가 아니라 미국 정부의 영원한 지배를 바라는 일본 국내 세력에 의해서였다. 다시 기무라 아키라의 빌리면 "지배당하는 것에 길들여진 이 나라의 정계, 관계, 재계, 학계, 언론계의 리더들은 문을 열고 새로운 세계로 나아가고자 했던 하토야마를 내리눌러 문을 열지 못하게 했다. 그들은 새로운 세계를 보는 것이 무서웠던 것이다".283쪽 과거의 사고에 갇혀 있는 일본이 '오키나와의 꿈'을 용납할 리 없다.

＊＊＊

이 책의 필자들은 대부분 일본이 진정한 의미에서 민주주의 국가도 아니고 독립적인 주권국가도 아니라고 입을 모은다. 특히 아베 정권의 언론 통제와 정보조작은 심각한 수준이며 일본 국민의 '우민화' 정도는 우려스러울 정도라고 말한다. 일본의 '본토'에 사는 일본인이 오키나와 문제에 무관심한 것도 이와 관련이 있다. 무관심에 머문다면 차라리 낫다. 무관심의 이면에는 냉소와 차별 그리고 혐오가 버티고 있다. 그리고 이는 혐한론으로, 북한 위협론으로, 중국 위협론으로 확산하며, 자민당 '극우' 정권은 근거 없는 혐오와 위협에 근거하여 평화헌법 폐기와 전쟁이 가능한 국가를 꿈꾼다. 그것이 '메이지의 꿈'이든 '쇼와의 꿈'이든 일종의 파멸 충동에 가깝다는 점에서 우려스럽지 않을 수 없다. 일본의 파멸은 일본의 파멸로 그치지 않는다. 한반도를 비롯한 동아시아 역시 그 폭풍으로부터 자유롭기 어렵다. 일본 극우의 언어가 한국의 미디어와 공론장에서 끊임없이 출몰하는 것은 위험한 신호다.

오키나와가 타전하는 호소에 귀를 기울여야 하는 것도 오키나와의 과거, 현재, 미래가 우리의 과거, 현재, 미래와 긴밀하게 맞물려 있기 때문이다. 오키나와의 과거를 돌아보면 일제 강점기의 역사가 보일 것이고, 오키나와의 현재를 들여다보면 한반도의 운명과 미국의 관계가 보일 것이며, 오키나와의 미래를 상상하면, 희망적이든 그렇지 않든, 한반도와 동아시아의 미래가 그려질 것이다. 아울러 오키나와가 감당해야 했고 또 감당해야 하는 고통과 시련이 오키나와의 몫만은 아닐 것이라는 감각이 더욱 예민해질 때에야 우리를 억누르고 있는 폭력의 정체가 무엇인지 인식할 수 있을 것이다. 오키나와라는 거울에 비친 일본, 오키나와라는 거울에 비친 미국, 오키나와라는 거울에 비친 한반도, 오키나와라는 거울에 비친 동아시아……

이 책의 필자들은 오키나와와 동아시아공동체의 결절점이 될 수 있고 또 되어야 한다고 말하지만, 꼭 오키나와가 아니어도 좋다. 자기중심주의의 미망에 사로잡히지만 않는다면, 어디든 결절점이 될 수도 있고 가교가 될 수 있을 것이다. 우리는 제국주의적 지배와 전쟁에 반대하는 저항의 주체로서 자기를 재정립하려 분투하는 오키나와를 향해 동아시아의 시민으로서 기꺼이 협력과 연대의 손길을 내밀 수 있어야 할 것이다. 그 협력과 연대의 길로 나아가는 데 이 책은 하나의 길라잡이가 될 것이다.

***

그곳을 생각하면 마음 한쪽이 아릿해오는 것이 아무래도 오키나와와 나의 인연은 예사롭지 않은 듯하다. 오키나와를 갈 때마다 나는 오시로 다쓰히로, 마타요시 에이키, 메도루마 슌의 소설을 읽곤 했다. 소설에서 그린 것보다 곳곳에 남은 흉터가 더욱 생생하게 다가올 때마다 나는 부접을 할 수가 없었다. 그 수많은 흉터를 읽는 것은 근대의 폭력 일반을 읽는 것과 맞먹는 무게로 다가왔다. 어떻게 그 무게를 감당할 것인가. 함께하면 그

짐이 조금은 덜어질 수 있을까.

이 책의 번역을 마친 후 나는 지금도 헤노코 앞바다에서, 캠프 슈와브 게이트에서 기지 반대 시위를 이어가고 있을 메도루마 슌을 비롯한 많은 오키나와 시민들을 생각한다. 어쩌면 이 책을 읽으면서 우리는 마음으로나마 그곳에 있는 이들과 함께할 수 있을지도 모른다.

번역을 마무리하기까지 많은 시간이 걸렸다. 번역자의 게으름 탓이다. 그 동안에 오키나와를 더 깊이 알게 되었다고 하면 변명이 될까. 이 책을 기다린 이들에게 송구스럽기만 하다.

2021년 7월 25일
정선태 적음